CORPVS

SCRIPTORVM ECCLESIASTICORVM

LATINORVM

EDITVM CONSILIO ET IMPENSIS
ACADEMIAE LITTERARVM CAESAREAE
VINDOBONENSIS

VOL. XXV (SECT. VI PARS 2)

S. AVRELI AVGVSTINI

CONTRA FELICEM DE NATVRA BONI
EPISTVLA SECVNDINI CONTRA SECVNDINVM
ACCEDVNT
EVODII DE FIDE CONTRA MANICHAEOS
ET COMMONITORIVM AVGVSTINI QVOD FERTVR

RECENSVIT

Verlag der
Österreichischen Akademie
der Wissenschaften
ÖAW

PRAGAE F. TEMPSKY. — VINDOBONAE F. TEMPSKY — LIPSIAE G. FREYTAG.

BIBLIOPOLA ACADEMIAE LITTERARVM CAESAREAE VINDOBONENSIS.

MDCCCLXXXXII.

SANCTI

AVRELI AVGVSTINI

CONTRA FELICEM DE NATVRA BONI

EPISTVLA SECVNDINI CONTRA SECVNDINVM

ACCEDVNT

EVODII DE FIDE CONTRA MANICHAEOS

ET

COMMONITORIVM AVGVSTINI QVOD FERTVR

PRAEFATIONE VTRIVSQVE PARTIS PRAEMISSA

RECENSVIT

IOSEPHVS ZYCHA.

Verlag der
Österreichischen Akademie
der Wissenschaften

ÖAW

PRAGAE
F. TEMPSKY.

VINDOBONAE
F. TEMPSKY

LIPSIAE
G. FREYTAG.

BIBLIOPOLA ACADEMIAE LITTERARVM CAESAREAE VINDOBONENSIS.

MDCCCLXXXXII.

PRAEFATIO.

Antequam codices, quorum fide memoria eorum quae editurus sum Augustini operum nititur, atque eas editiones, quibus emendationem promotam esse manifestum est, enumerare et censere aggrediar, praemonenda mihi quaedam uidentur, non ut quam rationem in arte critica factitanda secutus sim ostendam — nam mihi non noua uia ingredienda erat, sed tritissima uestigia premebam — sed ut quorum in manus libellus deuenerit, eos edoceam et quae cum prioribus editoribus retinuerim et in quibus rebus a more tralaticio recesserim. atque seruaui ordinem opusculorum a Benedictinis institutum eosdemque in diuisione obseruata in singulis scriptis ita sum secutus, ut capitula retinuerim, non quo mihi ex omni parte illa probaretur — est enim nonnusquam peruersissima, ueluti cum in libro de fide contra Manichaeos cap. 47 sententiae posterior pars a priore dirimitur — sed ne legentium commoditati partitione noua officerem, paragraphos excepto libro de utilitate credendi omiserim; in opusculo quod est de duabus animabus nescio quo modo accidit, ut pro capitulorum numeris numeri paragraphorum retinerentur. a qua diuisione ubi editio princeps discedit, in apparatu critico adnotaui. hanc rem eam ob causam silentio non esse praetermittendam duxi, quod in optimis codicibus uno opusculo quod contra Adimantum inscribitur excepto diuisionis nec uola nec uestigium exstat. in titulis, quos singulis operibus scriberem, a prioribus editoribus ut recederem cum breuitatis studium me commonuit tum Augustini auctoritas; eius enim testimonia in Retractationibus prostantia secutus sum modo consentientibus modo aduersantibus codicibus. in quibus autem a prioribus deflexi, ea neque multa sunt et ita comparata, ut non uariandi uel etiam nouandi studio abreptus ab illis deflecterem. etenim rei nouitas non inducta a me, sed mihi necessitate quadam imposita est. nam si quis opera, quae unum tamquam corpus conficiunt, quorum uerba ad unius codicis uel plurium tamen consimilium testimonia restituenda sunt, in lucem sit emissurus, iam inde efficietur, ut oratio scriptoris eundem colorem prae se ferat. at mihi Augustini opera complura — sunt enim numero duodecim — et quae non uno uel duobus tribusue sed plurimis codicibus et saeculorum interuallis inter se disiunctis propagata essent, adornanda erant. nam scripta singula singulis fere libris manu scriptis seruata sunt; codicum enim quorundam plures tractatus amplectentium ea condicio est, ut ad emendationem parum ualeant. unde fit, ut non solum locos e scriptura sacra petitos sed etiam alias sententias, quas occasione data repetere Augustinum non taedet, uarie uarii codices referant. ac maxime quidem in rebus ad orthographiam pertinentibus discrepant. quae cum ita essent, illi rei satisfeci, ut codices in suo quemque opusculo duces sequerer, huic, ne oratio tamquam pannus undique consutus appareret, ita mederi studui, ut omne genus orthographicum quod dicitur ad certam quandam normam redigerem, haud ueritus, ne librorum concordia discordans inconstantiae crimen incurrerem. quod quale sit quo luculentius appareat, ne multa in hanc rem coaceruem, uno exemplo conficiam. codex Petropolitanus omnium quos adhibui et antiquissimus et praestantissimus paene constanter exhibet pronominum formas, quales sunt *quidquid*, *quidquam*, et coniunctionem *quum*, ceteri miro consensu semper *quicquid*, *quicquam*, *cum* praebent. idem codex accomodationem praepositionum cum aliis uocibus compositarum tum commendat, tum grauatur, ceteri eorundem uocabulorum assimilationem plerumque dissuadent. non minus codices in nominibus propriis quae dicuntur uariant, uelut pauci hic illic *Manichaeum*, plurimi constanter *Manicheum*, alii *Mosen*, alii *Moysen* referunt. id cum ita esset, libris consentientibus calculum adicere non sum cunctatus. sed tametsi res ad orthographiam spectantes ad certam quandam legem dirigere uolui tamen libros bonos ita duces sum secutus, ut in eis uocibus, in quibus constanter inflexa esset praepositio, retinuerim assimilationem, respuerim eandem in eis, in quibus praepositiones genuinas ab auctore conseruatas esse exemplis declaratum uiderem. etenim hae res suapte natura non tam certis finibus circumscriptae sunt, ut non semper quaedam exspatientur, quas unius canonis seueritate exaequari ratio sana prohibeat. itaque scripsi — certe scribere uolebam — *asto, astringo, aspicio, appello, conecto, corrumpo, commodus, immolo, exurgo, expecto, existo, impero, impetro,* al. sed de his quidem hactenus. pergamus ad alia.

Saepius ac maxime quidem in amplioribus opusculis eaedem sententiae repetitae iisdem codicibus uarie traditae sunt. quos locos ita tractaui, ut quae scriptura mihi probaretur, etiamsi postea occurreret, eam reponerem neque priore loco quicquam adnotarem. testibus ipsis ita usus sum, ut antiquissimos et probatissimos quasi duces sequerer nec, nisi ubi natiuam scripturam siue casu quodam seruatam siue felici diuinatione restitutam referrent, ad deteriorum testimonia deflecterem. in codicum descriptione eam rationem tenui, ut id agerem, ut quae scienda essent primo quasi obtutu conspicua essent. quam uiam ingressum molestas repetitiones euitari non posse haud me fugiebat. at malui hoc crimen incurrere quam perspicuitati parum consulere. neque illud non est commemorandum in grauibus quaestionibus, quae in fide ac religione Manichaeorum explananda uersantur, me multum adiutum esse eis, quae de eisdem rebus disseruerunt F. Chr. Baur „Das Manichaeische Religionssystem 1831“ et ei quorum libellos memorat, Fr. et Paul Böhringer „Die alte Kirche XI. Theil 2. Aufl. 1877“ ,Dr. Konrad Kessler „Mani. Forschungen über die Manichaeische Religion Berlin 1889“. sed iam ad rem propositam redeamus.

I.
DE UTILITATE CREDENDI LIBER.

In satis magno numero librorum manu scriptorum et antiquitate et bonitate facile principem locum obtinet codex Ch Cheltenhamensis numero 12261 signatus membranaceus miscellaneus forma magna foliorum 197 litteris langobardicis hic illic charactera uncialem prae se ferentibus saeculi VIII exaratus. quaterniones more tralaticio in calce foliorum appositi sunt. de utilitate credendi opusculum fol. 66—95 exhibetur. inscriptio litteris uncialibus extremo folio 65ᵇ confecta haec est: *Inc̃ lib beati Aug̃ de utl̃ creddĩ;* subscriptio eiusdem modi litteris facta fol. 95 offertur: *Explicit liber de utilitate credendi.* amplectitur haec praeterea opuscula. fol. 1 *Tunc etiam de uera religione* (litt. uncial.); supra manus saec. VIIII scripsit: *Titulus hic ex libro retractationum beati Augustini epi in quo manifestat librum se de uera religione fecisse quod in hoc codice continetur*; fol. 5 *Liber b. Augustini de uera religione* (a m. 2). *Cum omnis uita bona;* fol. 63 *expl sci Augst eccl ca||tholice de uera religione;* fol. 95 *Incipit epla beati Aug epi ad bonifatium ‚Domno etc. Ornet mores tuos';* fol. 95ᵇ *Bonifacii Tuae scitatis epla. Incipit prologus de libro* (libro s. l. a m. 2) *soliloquiorum;* fol. 96ᵇ *Explicit prologus. incipit liber tertius de soliloquiorum.* haec debeo summae H. Schenkl commoditati. de ceteris scriptis conferenda sunt quae A. Zangemeister in eo libro qui inscribitur „Die Bibliotheken Englands p. 580 Sitzungsberichte der k. Akademie der Wissenschaften Bd. 84" adnotauit. liber totus ab uno librario confectus suum correctorem expertus est. is litteras syllabasue addidit, uocabula, quae eius qui librum scripsit oculos effugerunt supra lineam suo loco posuit, abundantia punctis suppositis delenda assignauit. idem ut multis mendis sublatis librum mundiorem reddidit, ita haud raro corrupta manifeste etiam corruptiora dedit, uelut cum 42, 1 ex uoce *com mutorum* i. e. commotorum l littera superscripta *commultorum* effinxit, 43, 22 *uolute* i. e. uolantem in *uoluntatem* commutauit. cuius libri quamuis exigui cum fide et integritate ceteris longe praestet quae sit indoles atque condicio, quibus uitiis sit deprauatus exposuisse me non sine fructu fore putabam.

Atque omnium primum hoc habet, ut inepta uocum diremptione consonantes sequentis uocabuli ad uoculam antecedentem attrahantur: 5, 7 *hortatū eo;* 6, 4 *tū ea;* 31, 13 *laudes euenire,* ut complura uocabula in unum corpus conflentur: 8, 24 *auicinis* = abici nisi; 3, 16 *putantesse;* duo infinitiui perfecti temporis etsi dissimiles tamen qui memorentur digni mihi uidentur: 20, 4 *audiesse,* 39, 13 *credidiesse.* haud ita raro fit, ut uocalis aut consonans uocis sequentis praecedenti affigatur: 5, 20 *electiones sed,* 26, 16 *grauia auctoritate.* consimili modo manus prima eo peccauit, ut easdem similesue litteras syllabasue aut omitteret aut bis scriberet: 27, 13 *quid;* 19, 5 *mirationum;* 31, 1 *inquius;* 45, 1 *continentiusque;* 20, 2 *si in;* 23, 6 *humana natura.* saepius is qui codicem exarauit eo lapsus est, quod sequentia uocabula ab antecedentibus grammatice pendere iussit neque sententiam saluam integramque custodiuit: 43, 10 *tanto uero,* 46, 8 *tui generis.* neque illius mendositatis, qua alii eiusdem aetatis codices saepe scatent, quae uocalium et consonarum permutatione continetur, hic liber prorsus expers est. quo saepius fit, ut secunda et quarta declinationes quae dicuntur misceantur: 29, 25 *ullu;* 33, 10 *pactu;* 43, 1 *certu;* 44, 1 *uisos.* quae alia ad uocalium confusionem pertinent nihil habeo quod dicam, nisi quod saepius pro ae (ę) legitur e et aspiratio aut omittitur aut ponitur, ubi uulgaris usus eam respuit 5, 3 *exaustus,* 10, 2 *aut,* 25, 2 *hachademicorum.* consonantium autem saepissime u et b permutantur: 8, 24 *auicinis;* 29, 16 *uis;* 33, 11 *probauilia;* 37, 15 *nauis;* 38, 12 *superaedificauit;* 23, 5 *personabilis;* 23, 17 *faborque;* 33, 26 *superuiae;* 47, 10 *uiolauile* al. d et t confunduntur: 16, 26 *ad,* 29, 17 *dicendi,* 25, 2 *aut;* ph f littera redditur: *freneticus.* saepe secunda et tertia, tertia et prima personae permutatae leguntur: 18, 22 *expedires,* 30, 2 *credas,* 28, 19 *existimet,* 9, 10 *audiret,* 32, 23 *opinatur,* 16, 14 *absconderem.* alia uitia omnibus codicibus communia cum nisi raro non occurrant persequi nihil ad emendationem conferre neque aliam ullam utilitatem suppeditare arbitratus silentio transmittere satius duxi. orthographia codicis ad certas leges exacta est. consonantes praepositionum cum nominibus et uerbis compositarum paene omnibus locis genuinam formam referunt.

Codicem meum in usum G. Hartelio intercedente A. Swoboda in illa bibliotheca ubi asseruatur anno 1887 contulit.

S Aetate proxime accedit codex Sangallensis 152 membranaceus miscellaneus in 4° paginarum 380 saeculo VIIII exaratus; numeratur enim in eis libris, quos *'item Hartmotus post Grimaldum abba constitutus sub Hludowico supradicto rege et filio eius Karolo imperatore in diebus regiminis sui* (i. e. a. 872—883) *fecit conscribi'* Mon. Germ. II 72. 95. quae Augustini scripta contineat, patescit ex catalogo confecto a G. Scherrer p. 57. de utilitate credendi opusculum exhibet p. 9—76 quinque fasciculis. incipit p. 9 ita: *Liber sci Aureli Augustini epi de utilitate credendi* (litt. uncial.); similiter subscriptum est p. 76 *Explicit liber beati Augustini de utilitate credendi.* quaternionum numeri in calce ultimae cuiusque paginae adpicti sunt; in singulis paginis lineae 21 incisae sunt. liber i. e. ea pars, qua hoc opus continetur, in integra membrana ab uno librario diligentissime confectus est. is cum omissa uocabula supra lineam addidit, abundantes uoces punctis infra positis uel lineis perductis deleuit, litteras syllabasue corrupte traditas emendauit, totum librum omni uitiorum genere perpurgauit. sed correctoris quoque codex manum passus est, qui non solum singulas litteras et singula uocabula aut addendo aut expungendo sed etiam totas sententias infra textum ponendo de libri emendatione bene meritus est. si qua res dubitationem ei mouerat, signum quod est N apponebat, siue ut ipse inspecto alio exemplari postea corrigeret siue ut legentis animum aduerteret. illud quoque memorabile uidetur, quod et librarius et corrector saepissime consonantes praepositionum uerbis aut nominibus praefixarum modo adsimiles fecerunt modo genuinas reliquerunt; ita ille *inbutus* et *inmissa* in *imbutus* et *immissa* mutauit, hic *adferri* in *afferi*, *ammonenti* in *admonenti* correxit. quid illud quod p. 79 graphio in margine adnotatum est *'hoc est amborum'* sibi uelit, utrum ad corrigendi rationem referendum sit, an aliud quid ualeat cum ignorem certi aliquid affirmare uereor. ceterum conspicuis quibusdam uitiis codex liber atque immunis est, ut nihil fere habeat, quod tamquam praecipuum et singulare prae se ferat, nisi quod semel u pro b in uocabulo *uis* et semel e pro i in uoce quae est *perneciosus* occurrit.

Librum a praefectis eius bibliothecae reuerendissimis Vindobonam transmissum anno 1887 ea qua decebat diligentia ad editionem Mignianam ipse examinaui.

Codex Parisinus numero 13360 signatus membranaceus P
miscellaneus in 4° saeculo VIIII exaratus foliis 93 quaternionibus duodecim constat. numeri quaternionum more etiam alias usitato in calce ultimae cuiusque paginae appositi numerantur; singulae paginae sunt 24 linearum. unde qua uia in bibliothecam Nationalem Parisinam peruenerit, fol. 93^{a} *'liber sci petri corbeie'* et fol. 1 *'Ex libris petri Corbeiensis'* et infra *'Sti Germani a Pratis* 740 *olim* 208' cognoscitur. cum Leopoldus Delisle in codicis descriptione nimiam breuitatem sectatus sit, iuuabit fortasse addi quae Augustini scripta complectatur. sunt autem haec. fol. 1^{a}—3^{b} *Expl. retractatio. Incipit liber de utilitate credendi ad Honoratum;* fol. 30^{b} *explicit de utilitate credendi. Item eiusdem* (a m. 2) *liber' beati Augustini de gratia noui iestamenti ad Honoratum. ex libro retractationum sci Aug cap.* LXII. *Incipit prologus;* fol. 31^{a} *hic liber incipit* ∻ *liber sci Aug de gratia noui testamenti ad Honoratum* (in mg. m. 2); fol. 69^{b} *Explicit liber sci Aug de gratia noui testamenti ad Honoratum. Liber beati Augustini de natura boni. Incipit prologus ex libro retractationum cap.* XXXV. *Liber de natura boni aduersu manicheos* ∻; 70^{a} (in mg.) *Liber sci Aug. de natura boni;* 89^{b} *Explicit liber sci Augustini de natura boni. item eiusdem de octo quaestionibus ex uetere testamento;* 92^{b} *Explicit tractatus sci Augustini de octo quęstionibus ueteris testamenti;* fol. 93^{a} adnotatio offertur.

cuius supra mentionem fecimus, ad libri originem spectans: fol. 93^b nihil legitur nisi numerus quaternionis duodecimi. liber ab uno librario scriptus est, correctus autem non solum a prima manu, quae singula uocabula aut emendauit aut omissa addidit, sed etiam a duobus correctoribus. quorum is, quem P^3 significaui, nonnisi perpauca eaque minutila menda sustulit; ille autem, qui notam P^2 prae se fert, negotium emendandi terminis non tam anguste circumscriptis factitauit neque non aliquid bonae frugis plenum ad perpoliendum codicem attulit corrigendo ea, quae a librario male essent exarata; idem uero multis locis scripturam tentaminibus suis corrupit, corruptam corruptiorem reddidit. uelut optime quidem ille 31, 27 uerba ex retractatione in textum illapsa delenda assignauit, in deteriorem autem partem 33, 14 *quare* in *qua de re,* 36, 14 *posset* in *potest* correxit. idem commode in formis quales sunt *quemammodum*, *ammoneam*, consonantes adsimiles dissimiles fecit, infelici manu *inlustrauit* et similia assimilationem sectatus aggressus est. sed de rebus ad orthographiam spectantibus nolo iam pluribus.

p Codex Parisinus nr. 13358 membranaceus miscellaneus in 4° saeculo VIIII exaratus de utilitate credendi opusculum fol. 33^a—51 exhibet. ad codicis originem spectant, quae fol. 1 in margine superiore adscripta sunt: *Sti Germani a pratis n.* 755 *olim* 173. quae Augustini scripta praeterea comprehendat, fol. 1 adnotatum est: *De mirabilibus S. Scripturarũ, de gratia noui testamenti; eiusdem in prouerbia Salomonis ab eo loco 'mulierem fortem' usque ad illa uerba 'et laudent eam'.* liber bonitate excellens ab uno librario conscriptus unam manum emendatricem expertus est, quae tamen nihil nisi syllabas quasdam compendiis breuiatas plenis litteris reddidit: fol. 44^a *ms̄*, *ammonetī*, fol. 44^b *ducēdos*, 46^a *sequēdi*, *pollicētes*, fol. 48^a *confirmatc*. quae emendandi ratio licet editorem aliquem redolere uideatur (num eius qui monachis a S. Mauro collationem fecit?) cum huius coniecturae probabilitatem argumentis aliunde petitis sustentare nequeam ne quid temere iudicasse uidear, rem in medio relinquendam esse arbitror. neque illud non est commemorandum aspirationem praeter usum uulgarem hunc codicem aspernari fol. 53[b] *austus, abuit,* fol. 44[b] *is* al.

Hos duo codices ipse Parisiis anno 1888 ad editionem Mignianam contuli.

Codex Monacensis numero 249 (22220 (Windberg 20) M
in eius bibliothecae in qua asseruatur catalogo insignitus membranaceus miscellaneus saeculo XII descriptus fol. 196 fasciculis 24 constat. quaterniones numeris in calce foliorum appositis numerantur; paginae bipertitae uersibus tricenis binis implentur. auctorem produnt quae fol. 1 sunt odnotata: *Iste liber pertinet ad scam mariam in Windberg quem fecit scribi scds eiusdē ecclę uenerabilis et dignę memorię abbas Gebhardus pro obtentu grę di et beatę marię et tuarum lector orationū. Si quis eum quocumq' ecclę huic abalienauerit anathema sit.* eius inscriptio fol. 71 legitur: *Incipit liber sancti Augustini cpi de utilitate credendi;* eodem modo subscriptum est fol. 87[b] *Explicit liber de utilitate credendi.* prae illis libris, quos supra scripsi, et hic codex et ei quorum mentionem sum facturus nullius est fere auctoritatis, ut paene uerear, ne nonnullis displicuerim, quod uarietatem discrepantium scripturarum in adnotationem criticam recepi paene plenam.

Codex Monacensis n. 806 (23605 (ZZ 605 ex Ranzhofen) m
membr. miscell. saec. XII, cuius descriptio confecta est in eius bibliothecae catalogo uol. IV p. 80. liber ab uno librario edolatus unam correcturam perpessus est. is qui hoc munere fungebatur signa qualia sunt R, N̄ in margine apposuit, ut aut scripturae discrepantiam notaret aut se haesisse in rebus quibusdam indicaret. hos duo codices mihi Vindobonae, quo summa liberalitate eorum qui illi bibliothecae praesunt transmissi sunt, comparare licuit.

Codex Vindobonensis nr. 1046 (Uniu. 89) membr. miscell. V
in 4° saeculi XII folio 9[b]—34[b] hoc opusculum exhibens ex interpolato fonte haustus et ipse interpolatus exiit. tamen hic illic genuinam lectionem cum optimo codice offert. ad eius

originem spectat adnotatio in parte interiore tegumenti impressa: *Emptus est iste liber per nos doctorem Ioannem Fabrum episcopum Viennensem et coadiutorem noue ciuitatis — Ferdinandi pientissimi. Actum Viennae in episcopali Curia prima die Septembris anno Salutis 1540.*

Praeter hos quibus usus sum codices in bibliothecis Parisinis, Anglicanis, Italis alii ad triginta numero asseruantur. quae res documento est, quam assidue hic liber lectitatus sit. etiam contra Faustum libri et de natura boni liber et epistula quam uocant Fundamenti in pari honore fuerunt, cum cetera opuscula offerentium codicum minor numerus exstet. atque uetustiores ita examinaui, ut certis quibusdam locis quantum scripturae cum meis aut consentiant aut discordent inuestigarem quidem sed discreptantes lectiones cum usui non essent ne selectas quidem asciuerim. sunt autem hi.

1 Codex Bononiensis 254 olim S. Bertini saec. VIIII (conf. Cat général des depart. III 129); 2 Codex Bononiensis 150 olim S. Bertini saec. X (conf. Cat. général des depart. III 82); 3 Codex Parisinus 9539 saec. X (conf. L. Delisle Inventaire des mss.); 4 Codex Laudunensis 129 saec. X (conf. Cat. général des depart. I 109); 5 Codex Virdunensis 57 saec. X (conf. Cat. général des depart. V 463). in catalogo bibliothecae Bernensis ab Hagen confecto codex A 91. 2 memoratur; sed falso. nam cum librum Vindobonam transmittendum curassem, praeter Retractationem nihil eum continere repperi.

Quoniam omnes codices, ad quorum testimonia constitui textum, percensui, restat, ut quae sit singulorum fides, quae cognationis rationes inter eos intercedant paucis quidem sed expressis lineamentis adumbrem. atque codices quos enumeraui omnes quidem sed diuersis riuulis ex uno fonte manasse ex amica eorum in maximis et minimis rebus conspiratione facile euincitur. abeunt autem in partes duas ita, ut alterius familiae testis exstet codex Cheltenhamensis unus, alterius autem quamuis fide et auctoritate inter se diuersi sint reliqui. etenim ille solus duobus locis (36, 28 *nisi—crederes,* 37, 3 *ac proferendum*) uocabula offert, 32, 5 *a] ac non* SPMVpmb a ceteris differt, hi 81, 27 uerbis ex Retractatione ascitis interpolati sunt omnes. quae cum ita essent, illum ducem fidissimum secutus tam certa et tuta uia sum grassatus, ut ab hoc fundamento mihi recedendum esse non putarem, nisi ibi, ubi deformem quandam scripturam procudere eum manifestum esset. at iis locis, qui ita essent comparati, ut testimonia codicum SPp maiorem quandam ueritatis speciem, si quidem continuationem sermonis spectes, prae se ferre uiderentur, in librorum dissensu, dummodo locutionis integritati integer intellectus responderet, Ch codici calculum adicere non sum cunctatus continetur autem librorum SPp utilitas eo potissimum, ut iis in subsidium ascitis lacunae singulorum uersuum, quibus Ch foedatur, commodissime suppleantur. horum igitur codicum, quibus alteram repraesentari classem supra memoratum est, in proborum numero habendi sunt SPp, codices MVm autem nisi rarissime scripturam bonae frugis plenam non exhibent. conexi sunt autem eo necessitudinis uinculo, ut suum cuique tamquam gradum locus natalis assignet. stant enim ab unis partibus Pp Gallicani, ab alteris SMVm Heluetici et Germani. inter hos autem, quos postremo loco posui, tamen SM codices et Vm libri, etiamsi omnes eandem originem in fronte prae se ferant, artius inter se cohaerere labore exempla congregandi quibus demonstrem supersedeo remittens plura desideraturos in adnotationem criticam. denique hoc tenendum est: memoria de utilitate credendi libri codicum ChSPp fide nititur; ceteros excussi, quippe qui facile parabiles essent, quorum tamen testimonia plena me in adnotationem recepisse paene est cur doleam.

II.
DE DUABUS ANIMABUS.

Codices, quorum fide de duabus animabus libri emendatio nititur, nec numero frequentes nec uetustate insignes sunt. quorum qui et aetate et bonitate primus est, dico Mediolanensem numero M 67 signatum membranaceum miscellaneum in 4° foliorum 191, — nam codicis Bruxellensis n. M

10800 sign. saec. VIIII—X unum folium tantum idque a tineis ualde erosum exstat — saeculum X attingere fertur; nam a Reifferscheidio in eo libro, qui inscribitur Bibliotheca Patrum Latinorum italica uol. II p. 17 ad saeculum X—XI refertur, C. Wotke, qui intercedente G. Hartelio eius collationem meum in usum confecit, codicem saeculo X ineunte descriptum esse affirmat. quam sententiam amplector, non quo illi parum, nimium huic tribuam, sed quod Wotke Agilulphi abbatis (893—901) inici mentionem contendit, qua memoratione codicis annus natalis satis certis terminis finitur. ceterum eius erit periculum et praestare. singulas paginas scriba fecit uersuum 28. opusculum foliis 179ᵇ—191 comprehenditur. inscriptio litteris uncialibus rubris confecta haec est: *Incipit Aurelii Augustini· de duobus animis;* eiusdem modi litteris subscriptum est: *Expl in xpo ihu dno nro.* codex ab uno librario confectus est. idem opus relegit et retractauit et multis locis, ubi archetypum uitiose transscripserat, emendauit, cum non solum litteras redundantes punctis infra et supra positis deleuit sed etiam omissa uocabula supra lineam loco debito superscripsit et omissas sententias in margine apposuit. quae intacta reliquit uitia aperta, ea numerum exiguum non excedunt. sed liber expertus est correctoris manum aetate fere coaequalis. a quo quae profecta sunt, neque multa sunt neque omnia eiusmodi, quae tibi probentur; nam ut ille leuia quaedam menda sustulit, alia, quae manu prima inter scribendum, id quod raro euenit, omissa erant, in margine suppleuit, ita nonnullas bonas scripturas et quae corruptelae suspicionis expertes sint deprauauit, uelut cum 55, 18 ad uocem quae est *distare* t litteram, 54, 4 ad *uidere* uirgulam et t litteram adglutinauit, ut cognita magis obscuraret quam cognoscenda illustraret. quem librum licet aetate non magnopere commendetur at uniuerse arbitranti fide, quippe qui Augustini uerba et optime et plenissime seruauerit, cum ducem sim secutus in textu qui dicitur refingendo, pauca liceat addere de mendorum genere, quibus inquinatus est, etsi is qui eum exarauit tam religiose munere suo perfunctus est, ut, quod non est dolendum, pauca relinquantur, quae digna sint memoratu. atque uocalium quidem permutatio, quod genus in aliis manuscriptis latissime patere solet, in hoc in angustiorem orbem coartata est. uelut i pro e positum est: 69, 10 *respondit;* 70, 12 *dicit;* 63, 9 *reciperunt;* 65, 12 *pinnam.* ae (plerumque ę) raro per e redditum, contra ea pro e praesertim in formis aduerbiorum in e terminatis frequentatur. oe pro ae semel occurrit in uocula paene. in consonantium genere haec uidentur esse memorabilia. t et c saepius confunduntur (*pertinatia iuditium*, *peruicatia*), item b et p (*obtimi*, *oblatam*). praepositionum consonantes cum nominibus et uerbis conflatarum genuinam formam referunt, nisi quod 67, 14 *quippiam* praebetur. quas lacunas codex bis correctus tamen offert, earum haec est ratio, ut similiter proximis desinentibus quomodo fieri potuerit, ut particulae interiectae interciderint, facile cognascas.

Codex Bononiensis numero 52 eius bibliothecae in qua asseruatur (conf. Catalogue général des departements tom. IIII p. 606) insignitus membranaceus in 4° saeculo X litteris minusculis exaratus 20 foliis constat. unde originem trahat, ex nota in margine folii primi appicta patescit: '*Liber Sc̃i Bertini. si quis abstulerit ab omı̃potente sit maledictus*'. in singulis paginis priorum foliorum quattuordecim incisae sunt lineae 35, sex posteriorum singulae paginae uersibus 30 implentur. libellus duo Augustini opera minora complectitur: prius a fol. 1 '*Incipit liber aurelii augustini de duabus animabus*' usque ad fol. 10 *Explicit de duabus animabus amen*' decurrit; alterum fol. 10—20 '*contra Fortunatum disputatio*' continetur. B

Codex Bononiensis confectus est a duobus librariis, qui in scribendo ita se exceperunt, ut alter fol. 1—6ᵃ (69, 22) *uiderem in* perscriberet, alter inde a uerbis *definitione uoluntatis* negotium continuaret ad finemque perduceret. iidem opuscula relegentes multotiens correxerunt, omissa uocabula litterasue singulas supra uersum ponentes, litteras syllabasue luxuriantes expungentes; compluribus autem locis prouinciam suam ita administrabant, ut supra singulas uoculas praeposita uoce quae est *l* siue de coniectura siue codice alio ascito alias superscriberent: 89, 9 *ait* (l agit), 89, 18 *uideri* (l uersari) al. sed utrumque opusculum corrigentium manus passum est. atque prioribus sex foliis praeter scribentem manus correctoris fere coaequalis facile dinoscitur. quam cum ad emendandum librum nihil conferat silentio praeteriri par est. deinde manus recentior totum librum perpurgauit. huius manum emendatricem liber multis locis non sine fructu est expertus. idem hic illic super scripturas manu prima datas praeposito *l* fere uerba ministrat ad eam formam conformata, quae comparent in aliis codicibus. quod utrum e coniectura an alio codice in subsidium adhibito suggesserit, affirmare non audeo.

Ceterum de eis, quae huius codicis sunt propria, nihil addam, nisi quod pro ae semper fere e posita est. illud quoque mihi uidetur, quod memoretur, dignum pro *existimandi* uerbo et *patet* forma omnibus locis *ęstimare* et *paret* exhiberi.

Codicem G. Hartelio et Leopoldo Delisle intercedentibus Bononia in bibliothecam Nationalem Parisinam transmissum Parisiis cum anno 1888 morarer ipse ea qua dignus est diligentia comparaui.

A Codex Arnulphensis nunc Metensis numero 141 (conf. Catalogue général des departements Tom. V pag. 60) membranaceus miscellaneus in 4° saeculo XI scriptus paginas 180 complectitur. quem cum Vindobonae, quo summa illius bibliothecae praefectorum liberalitate transmissus est, comparabam, neque foliorum neque paginarum numeris instructus erat. sed postea, cum scriberem praefationem, bibliothecarius litteris a me rogatus codici paginarum numeros apposuit. unde originem duxerit, pag. 180 adnotatum legitur: *liber sc̃i arnulphi.* in pagina 1 haec inscripta sunt: *Quae sint introrsus quaerens hic dispice sursum: Liber Augustini contra Manicheos de duabus animabus; interrogatio Apollonii et responsio Zachei; altercatio Augustini et Fortunati; sermo de sc̃o Mathia apło;*

passio sci Barnabę apli. atque de duabus animabus opusculum pag. 6—25 exhibitum hanc inscriptionem litteris maiusculis pictam prae se fert: *Incipit liber sancti Augustini epi contra Manicheos de duabus animabus.* subscriptio refertur pag. 28: *Explicit tractatus Aurelii Augustini de duabus animabus.* hoc loco corrigi uelim ea quae pag. 51 et 80 peccasse me fateor, scribentem inscriptionem et subscriptionem omissas esse. singulae paginae uersibus 27 implentur excepta pag. 7, quae est linearum 8, et pag. 28, quam scriba fecit uersuum 23. contra Fortunatum disputatio pag. 155—176 occupat. omissa inscriptione uerba auctoris incipiunt. subscriptionem offert pag. 176: *Explicit conflictus Augustini et Fortunati.* in singulis paginis incisae sunt lineae 28. illud opusculum, id est de duabus animabus, a duobus librariis conscriptum est, quorum alter maiorem partem a §. 19. 76. 6 usque ad finem edolauit. quem satis rudem fuisse iam inde apparet, quod breuiatam uocem *subia* plene per *superbia* bis reddidit. correctus est liber multis locis non solum a prima manu sed etiam manu correctoris. ab ambobus saepius in deterius, uelut cum ille probam scripturam, quae est *cu* 56, 6, in *tum, intemperantes* 56, 13 in *intemperatas*, *quorsum* 68, 8 in quo rursum deprauauit, hic 55, 12 *praestringenti* peruerse in *perstringenti,* 75, 16 *eligente* in *eligendu*, 75, 8 *delirare* in *deliberare* mutauit, quamuis omnes hi loci ita sint comparati, ut prudenti lectori quidquam nouare in mentem non ueniat. lacunis quoque liber multis turpiter deprauatus est. at sunt etiam loci aliquot, ubi solus natiuam scripturam praebeat.

Codex Sorbonicus (non Sorbonnicus ut fortasse uitiose p. 50. 82. 114 scripsi) numero 15302 insignitus membranaceus miscellaneus forma maxima saeculo XIII. exaratus foliis 361 constat. paginae bipertitae sunt, uersuum numerus singularum paginarum uariat: aliae quadragenis octonis, aliae quinquagenis ternis lineis implentur. cui originem debeat, fol. 1 indicatur: *Iste liber est .... maioru de sorbona ex legato magni gerodi de abisuilla precii* XXX *fl.* supra scriptum S est: *Sorbonne* 250. codex non tam bonitate quam fecunditate insignis. amplectitur enim omnium quos cognoui codicum Augustini operum uel eorum quae Augustini nomine feruntur plurima. sunt autem haec: *1. contra epistulam fundamenti 2. contra Adimantum Manichei discipulum 3. liber soliloquiorum 4. de disciplina christiana 5. de uita christiana 6. de natura et origine animae ad uincentium 7. de baptismo paruulorum 8. agones de nouo et ueteri testamento 9. de correctione et moribus donatistarũ ad uicentiũ 10. de correctione donatistarũ ad bonifaciũ 11. de decem cordis 12. de uita beata 13. acta contra fortunatũ Manicheũ 14. de duabus animabus 15. de achademicis 16. de ordine 17. de moribus Manicheorum 18. de genesi ad litteram uersus Manicheos. de moribus ecclesię catholicę 19. contra mendaciũ 20. de cura pro mortuis gerenda 21. regula Augustini ad clericos 22. sermo eius ad penitentes 23. de penitentia 24. de pastoribus 25. de ouibus 26. de mendacio 27. de* XII *gradibus abusionis 28. de conflictu uitiorũ et uirtutũ 29. de patientia 30. de utilitate credendi 31. de gratia noui testamenti 32. de cathezizandis rudibus 33. de adulterinis coniugiis 34. de quantitate anime 35. ad renatũ de natura et origine anime 36. ad petrum presb. de eadem re 37. de orando deo ad probum 38. de uidendo deo 39. de fide et operibus 40. sub qua cautela manichei debeant recipi 41. de perfectione iustitię*. atque opusculum de duabus animabus fol. 165^b—169^b comprehensum inscribitur: *Incipit liber aurelii augustini de duabus animabus contra Manicheos*. haec pars ab uno librario litteris nitidissimis confecta et ab eodem hic illic correcta ceterum lacunis aliisque communibus uitiis referta est. in genere orthographico liber luxuriante t littera pro d posita est conspicuus. opusculum quod inscribitur disputatio contra Fortunatum fol. 160^b—165^a offertur. *retractatione finita liber incipit:* V^o *Kl septembris* sqq. *finit disputatio aurelii augustini contra Fortunatum manicheum fol.* 165^a hic quoque tractatus ab uno librario conscriptus est; idem pauca quaedam emendauit. codex mirum in modum lacunosus est. peccat enim maxime eo quod oculo librarii aberrante uel omittuntur quae poni debebant uel quae locum non habent ponuntur. sunt autem etiam loci ubi similiter desinentia in causa non fuerint cur ille laberetur. sed ne iniustus sim, libens profiteor duos esse locos, ubi ex hoc codice solo uera scriptura eruatur: 91, 17 *distant*, 111, 16 *dei uoluntate*. cum libri fidem minorem esse his quae disputata sunt appareat, ne eadem repetendo legentibus taedium moueam, in illis scriptis, quae primo et secundo loco posita sunt quae fol. 1 sqq. exhibentur easdem uirtutes librarii, eadem uitia orationis cerni quas in superioribus inesse ostendi strictim mihi monendum esse uidetur.

Praeter hos libros comparaui codicem Trecensem numero T
1085 signatum saeculo XII exaratum, cuius uariantes lectiones cum ad emendandum librum nihil ualere uidissem, ut in adnotationem reciperem a me impetrare non potui.

Codicem M pro fundamento criseos habui; ut eum unum ducem uniuerse sequerer erant multa quae dissuaderent, ut in subsidium asciscerem codicem B aliquot gradibus bonitate inferiorem, unde singulas scripturas repeterem. ut enim fieri solet, istae codicum familiae primum in diuersa abeuntes annis uoluentibus contaminatione quadam ita inter se coaluerunt, ut ex altera in alteram quaedam migrauerint. de archetypis ita contaminatis M et B deriuati sunt. ueteris igitur recensionis testes M et B exstant, cum quorum recensione A et S modo consentiunt modo discordant.

III.
CONTRA FORTUNATUM DISPUTATIO.

Codex Bononiensis n. 52 saec. X idem, cuius testimonia B
ad uerba libri de duabus animabus constituenda nobis eximio usui fuerunt (cf. p. XIII), hoc opusculum foliis 10—20 conseruat. orationi inscriptionis instar haec praemittuntur: *Incipit Augustini presbiteri catholici quinto Kalendas septembris archadio augusto bis et quinto rufino ũ c̃c̃ cons̃* (in mg. additum est: *uiris clarissimis consulibus*) *actis habita disputatio aduersũ fortunatũ manicheũ presbiterũ in urbe ipponensiũ regionũ in*

balneis sossii sub praesentia populi. hoc loco non praeter rem mihi uidetur eos docere, quos lectores hic liber habiturus sit, cur in textu pag. 83, 3 aduersantibus codicibus omnibus pro *quinto* scribi iusserim *'sexto et quinto'*, ne quam causam opinionis habuerim lateat. cum pag. 97, 4 (huius edit.) legatur: *Postera die adhibito iterum notario res acta sic est*, ii qui ante me haec opera ediderunt, cum dissuadentibus codicibus atque uetante Augustini in Retractationum libris testimonio, ubi duarum disputationum mentio fit nusquam, duas esse statuendas disputationes sibi persuasissent, tamen pag. 83, 3 etsi luce clarius est biduo esse disputatum in lectione, quae est V. Kalendas Septembris acquieuerunt. quam discrepantiam consideranti mihi suapte sponte coniectura nata est, ut texto et quinto legendum esse censerem. itaque ualde me gauisum esse haud diffiteor, cum occasione data interrogatus a me Pius Knöll, uir doctissimus mihique amicissimus, futurus Augustini Retractationum editor, mihi cum alia ad titulos singulis opusculis praefigendos pertinentia tum hoc commodissime respondisset in codice Sangallensi n. 153 sign. saec. VIIII exarato contra aliorum codicum testimonia non V sed VI, Kal. Septembris offerri.

Librarius codicis — erat enim unus — cum ex exemplo minus emendato et in quo partes quaedam turbatae essent transscriberet, aut aliud exemplar in auxilium asciuit aut, si id usui ei non uenerit, satis non solum curae uerum etiam ingenii ad officium exsequendum contulit. uidentur autem in eius archetypo in eam partem quaedam permixta fuisse, ut utri interlocutori certis quibusdam locis sententiae adtribuendae essent ageretur. atque haec non ubique felici manu digessisse dicendus est; in aliis erroribus omnis generis tollendis dextre uersatus est uelut pag. 84, 20; 85, 17; 104, 20; 83, 13.

Praeterea codex multas correctiones habet ab alia non coaeua sed recentiore manu additas, quae totum castigauit. eius manum correctricem liber multis locis non sine fructu est expertus. factitat autem munus suum hic illic ita, ut super scripturas manu prima datas praeposita uoce, quae est uel (*l*) — qui idem mos corrigendi etiam a librario obseruatur — fere uerba ministret ad eam formam conformata, quae comparent etiam in aliis codicibus. quod utrum e coniectura an alio codice in subsidium adhibito suggesserit, in medio relinquendum esse arbitror. liber uno loco pag. 95, 6 lacuna complurium uocularum hiat.

Codex Arnulphensis nunc Metensis n. 141 saeculi XI, A cuius accuratiorem descriptionem supra confeci, hoc opusculum paginis 155—176 exhibet, quae lineas duodetricenas habent. codex inscriptione carens statim Augustini uerba offert; subscriptio refertur pag. 176 *Explicit conflictus Augustini et Fortunati.* codex ab uno librario scriptus est, cuius inscitiam neglegentia superat. nam cum ex fonte satis puro hausiss: uideatur, tamen librum nobis reliquit tot mendis scatentem, tam multis lacunis hiscentem, quae quidem non tam ambitu quam numero insignes sunt: 83, 7; 84, 8; 84, 17; 85, 25; 87, 2; 89, 9. 17; 90, 24; 91, 25; 92, 21. 26; 93, 20; 96, 4; 97, 16 al. sed relegit ille quod scripserat et quater 104, 16; 107, 8; 93, 27; 101, 26 genuinam lectionem restituit. alius manus emendatricis uestigia deprehenduntur nulla. semel 'necne' uoci accentum addidit 99, 5, *négne*. quae codicum eiusdem aetatis propria esse solent, ea omnia hic quoque prae se fert. ita formae michi, nichil uulgares sunt, e ubique ae uice fungitur, oe per ae redditur, i et e uocales permutantur. aspiratio contra usitatum morem aut admittitur aut neglegitur. consonantium t et c plerumque confunduntur. in rebus orthographicis non tantum ab usu trito abhorret. bonitas eius autem eo continetur, quod eius ope turbas, quae in B codice conflatae sunt, facili negotio explicare licet.

Codex Parisinus numero 2093 signatus membranaceus P miscellaneus forma magna foliorum 196 saeculo XIII exaratus est. ad eius originem et migrationes spectant quae fol. 1 adnotata sunt: 84 *Alme ecclesie sci amandi in pabula spectat hic liber qui Augustinus appellatur.* uersu proximo offertur: *Codex Telleriano-Remensis* 250 *Regius* 3633 . 3 et extremo codice adicitur: *Liber Sti Amandi elnonensis Cenobii.* haud scio an non sit idem, cuius in Bibliotheca Belgica I 31 sq. mentio fit. nam quod Sanderus codicem circa annum 1066 scriptum esse scribit, non tanti est, ut eleuetur opinio mea. fol. 2 haec habentur: *In hoc uolumine continentur: Beati Augustini ypponensi epi Contra Cresconiu libri* IIII^or. *De duabus animabus liber unus. Contra Fortunatum liber unus. Contra Felice libri duo. Contra Pelagiu et Celestiu libri duo. Responsio ad Orosium de Priscillianistis. De mendacio liber unus. Contra mendaciu liber unus. De opere monachorum liber unus. Uersus de incendio ecclesie Sci Amandi et de miraculis eius.* codex praeter haec scripta satis longam seriem laudationum funebrium continet et folio ultimo post orationem funebrem domni Leonis de Branda haec adicit: N3 *scripsit* a. MDXXXIX. *Si approbes, fac innotescere fratribus et filiis nostris propter quos hoc onus michi dedignatus es imponere. Si autem aliquid retrahendum uel emendandum uidetur rescriptis tuę beatitudinis nouerim.* in paginis, quae binas columnas habent, uersus 39 decurrunt. atque opusculum contra Fortunatum fol. 76^b post Retractationem absoluatam refertur: *Hoc opus sic incipit:* V° *Kl septembris* sqq. desinit fol. 83^b *Explicit altercatio contra Fortunatum.* tractatus ab uno librario litteris pulcherrimis diligenter exaratus est. adeo enim operae suae ille non pepercit, ut quidquid relegens male scriptum offendisset, deleret atque ueram scripturam in litura reponeret. quod quidem bene multis locis occurrit, sed alterius manus castigantis immunis est.

S De codice Sorbonico n. 250 nunc Parisino n. 15302 membr. miscell. saeculo XIII scripto conferenda sunt ea, quae p. XV disputauimus.

Praeter hos codices, quos supra scripsi, examinaui codicem
T Trecensem n. 40 saec. XII confectum, eundem qui alii scripto probus testis existet. is in multis rebus cum B codice concordat neque tamen quidquam habet, quod ad libri emendationem ualeat, ut eius scripturae diuersitatem ne selectam quidem subiecerim.

Iam ex hoc recensu quem habuimus codicum omnium ad

textum constituendum adhibitorum apparet nullum aut uetustate aut bonitate excellere. nam uetustissimus, dico Bononiensem, saeculum X non superat. ac non solam antiquitatem bonitatem fidemue codicis facere etsi concedo, tamen, si idem multa habet, quae nullam prae se ferant speciem ueritatis aut certe uerisimilitudinis, summa cautione in eo adhibendo opus erit saepiusque rationis ui et argumentandi ueritate monumentorum fidem superari necesse erit. quae cum ita sint, hoc est tenendum me codicem B ducem secutum esse non auctorem omni fide dignum sed quod alium probabiliorem inuenirem nullum. quo codex A etiam aliquot gradibus auctoritate inferior est neque manifestae interpolationis suspicione caret uelut cum pag. 109. 25 *dico uel loquor* exhibet. ceteri codices nisi eorum hic illic speciosa quaedam scriptura eluceret, neque omnino in uerbis refingendis ullum considerationis momentum efficerent. neque codices classium discrimine disponendi sunt; non enim ex uno fonte tamquam riuuli fluxerunt, sed in singulis rebus coeuntes tamen uniuerse in diuersas partes abeunt. atque artiore uinculo quamuis saeculorum interuallo disiuncti bonitate cum illis haud comparandi PS inter se continentur, in aliis autem modo B recensionem sectantur, modo ad A aggregantur. B et A uero ad unam familiam non pertinere cum aliis rebus differentibus tum uarietate lectionum pag. 83. 10 et 109. 20 euincitur. hinc mihi interdum uel ex deterioribus libris singulas scripturas repetenti fore ut uenia detur spero confidoque, cum praesertim quas rationes hoc habuisset quamque salutare fuisset non semel docti sumus.

IIII.
CONTRA ADIMANTUM.

Codex Parisinus numero 12217 (olim Sangermanensis 760) P eius bibliothecae in qua asseruatur insignitus membranaceus miscellaneus in 4° scriptura langobardica saeculi VIIII exaratus foliis 210 constat. contra Adimantum opusculum exhibet fol. 56—112 fasciculis septem, i. e. ab undetricesimo usque ad tricesimum quintum, quorum numeri in calce ultimae cuiusque paginae adpositi sunt. paginae lineis uicenis singulis implentur. oratio incipit fol. 56ᵃ hac inscriptione praemissa: *Incipit lib. Augustini contra Adimantum* (litt. uncial. rubric.); fol. 112ᵃ ita subscriptum est: *Exp. contra Adimantu Manicheu. Incipiunt capitula sci Augustini* (haec duo uocab. s. l. a m. 2) *contra Arrianos n* CXCII. excepto folio quinquagesimo nono, ubi et litterarum ductus et immodestior compendiorum usus facile nouam manum arguit, liber totus in membrana integra ab uno librario diligenter et accurate descriptus uerba auctoris optime tradita atque plenissima conseruat, nisi quod fol. 65 (127, 23) *ex eo—oderunt* et fol. 76ᵃ (140, 8) *cur in murem non potest* interciderunt. correctus est autem multis locis, saepe a librario ipso, qui omissas litteras syllabasue supra uersum suo loco scripsit, abundanter scripta punctis suppositis delenda assignauit, singula uocabula uitiis laborantia perpurgauit. duobus tamen locis scripturas genuinas infelici manu aggressus esse dicendus est, dico locum 148, 3. 18 ubi pro uoce *uoluptatem* una litterula commutata *uoluntatem* occupare iussit, et 167, 20 *corrigere* in *corripere* deprauauit; tertio loco 141, 16 e uocula *claritate* effinxit *gloria*, quod quamquam miro consensu omnes codices praebent, tamen haud scio an memoriam secutus non errauerim. loci e scriptura sacra petiti signis. quae sunt („“) inducuntur. post eum, qui librum scripsit, duo correctores eum castigauerunt. quorum is, quem nota P^2 significaui, ut manifesta primi scribae menda sustulit litteras syllabasue adiciendo, singulas litterulas emendando uel totam sententiam in margine 140, 10 supplendo, ita haud raro uocabulis superfluis inculcatis scripturam deprauauit, aperte deprauata, quae tamen ita sunt comparata, ut sententiarum continuitate spectata suapte natura nascatur emendatio, magis deprauata dedit, uelut 115, 17; 115, 20; 153, 24; 158, 13; 160, 13; 139, 3. idem cum s et r litteras scriptura langobardica exaratas dinoscere nesciret, 139, 10 *sectę* temere temptauit. cuius correcturas cum ad exemplar illum non legisse pro certo affirmari possit opinationes et coniecturas esse tenendum est, ne si forte qua speciosa lectio occurrat multum ei tribuas. simili modo is, quem signo P^3 instruxi, prouinciam suam administrauit: cuius operam post duos correctores nauatam mancam exiisse apparet. tamen de libri emendatione hunc bene meritum esse diceres, nisi formam, quae est uetere in ueteri mirabili constantia deformasset. neque illud non est commemorandum prima quaeque uocabula Adimanti dogmata refutantia litteris rubris depicta esse.

Quoniam descriptionem ea qua pretiosum uolumen dignum est diligentia confecimus, restat, ut de mendorum genere, quibus hic illic inquinatus est, paucis exponamus. unum idque latius grassans uocalium et consonantium permutatione continetur. atque uocales quidem, ut hinc principium capiam, ita fere semper purae seruantur, ut spurcae illius mendositatis, qua alii libri manu scripti eiusdem aetatis eademque scriptura exarati scatere solent, codex Parisinus expers sit. attamen nonnumquam etiam in eo uocales uocalibus mutatae occurrunt. ita e et i crebrius confunduntur: 160, 8 *habetes;* 145, 12 *discensura;* 145, 12 *maiestate;* ae plerumque per ę reddita saepius pro e contra tralaticium usum legitur: *facię, ęscam, repręhenderet, cępęrant, pręcibus.* oe per e exprimitur. rarissime u pro o offertur: 124, 6 *diabulo.* atque haec, quae de uocalium affectione notarem, habui. de consonantium autem inter se permutationibus haec fere digna sunt, quae memorentur. pro c saepe positum est qu: *quur, quoinquinare, loquutus, loquutio.* unde fieri potuit, ut 171, 23 *quem* pro *cum,* 173, 1 *qui unus* pro *cuius* scriberetur. item b et u perraro confunduntur: 131, 21 *adnuntiabit,* 177, 7 *inucterabit.* b pro p semper fere in uocabulis *scriptum* et *scriptura* redditur. saepius t et c mutantur *pacientia, pocius, inpudiciciam, sotios, iuditia.* d pro t in particula *atque* positum plerumque m. 1 aut m. 2 correctum est. p contra uulgarem morem uel omittitur uel ponitur: *contemtus contempneret;* f pro ph in uocabulis barbaris legitur: *stefanus, apocrifas.* tum is, qui codicem conscripsit, eo peccauit, ut in fine praecedentis uocis consonans omissa sit ea, qua insequens uocabulum incipit: 155, 3 *quide*, contra ea consona sequentis uocis praecedenti affigatur 181, 24 *legis seruiebat,* 124, 13 *dicit tribus.* de rebus ad orthographiam spectantibus nihil amplius addam, nisi quod consonantes praepositionum cum nominibus et uerbis compositarum plerumque non accomodantur.

Post hunc librum et aetate et bonitate secundum locum G suum uindicat codex Parisinus numero 12220 signatus membranaceus miscellaneus formae quadratae saeculi X, qui foliis 155 fasciculis undeuiginti constat. quaternionum numeri in margine inferiore more usitato insigniti sunt. is unde in bibliothecam Nationalem Parisinam migrauerit, in margine superiore fol. 1 adnotatum est: n. 251 *olim* 216 *Sti Germani a Pratis* et infra additum est: *Liber S. Petri Corbeiensis.* inscriptio omissa est, cum initio aliquot folia desiderentur. incipit enim hoc usculum fol. 1 a cap. 9 his uerbis: *neque uerbum eius habetis in uobis manens* (133, 15) et finitur fol. 31 *Explicit Liber Aurelii Augustini aduersus questiones* XXVIII *adimanti* (XXVIII s. l. m. 2; supra *adimanti* add. m. 2 MANTIUM) *Amen. Incipit expositio quarunda propositionu ex epstl Pauli apostoli ad Romanos.* comprehendit praeterea haec scripta Augustini: *Expositio in epistolas ad Romanos et Galatas.* fol. 88 *Incipit liber beati Aug. contra Pelagium et celestiu qd appellatur ypometricon* fol. 97; *de praedestinatione contra eosdem seu liber tertius; Expositio in psalmum Cuiges. sec. Contra Pelagianos epistola seu libellus ad Sixtum; Epistola ad Hilarium; Epistola concilii Carthaginiensis ad Innocentium Papam; Innocentii Papae responsum ad episcopos Carthagine congregatos.* hunc librum monachi a S. Mauro ad editionem suam adornandam contulerunt. nam etsi illi numerum libri nusquam nominauerunt, tamen monitus catalogo a Leopoldo Delisle (Le Cabinet des manuscrits Tom. II) memorato, cum unius tantum contra Adimantum libri mentio iniecta sit, Benedictini autem se adhibuisse librum Corbeiensem scribant, hunc librum esse comparans arbitrabar. et recte me iudicasse ex iis, quae R. Kukula ex cod. Lat. 11656 fol. 58 exscripta ad usum meum conuertenda permisit patescit; ibi enim haec adnotantur: *Coll. cum Mss:* VV C. 2. *in quo initium deest usque ad capitis*

9 *medium.* supra haec adscripta sunt: *collatus cum ms. Corbeiensi designato* per C. 2.

Codex a duobus librariis conscriptus est. qui in scribendo ita se exceperunt, ut unus a folio primo usque ad folium 9ᵇ medium, i. e. ad uerba cap. 13 (147, 1) *ubi ait dominus: nemo bonus* edolaret, alter inde a uerbis *nisi unus · deus* usque ad finem litteris ductu parum dissimili atramenti colore dispari opus perduceret. sed correctus est liber non solum a prima quaque manu, quae omissa uocabula uel litteras supra lineam superscripsit, litteras uocesue redundantes expunxit, sed etiam a correctore recentiore, qui totum librum perpurgauit. is cum hic illic unum alterumue folium praesectum sit, singula uel etiam plura uocabula cum fide in margine suppleuit. quae alia ab eo profecta sunt, pertinent eo, ut consonantium praepositionum cum uerbis et nominibus compositarum, quae a prima manu dissimiles depictae essent, constanter fere assimilat onem efficeret et formam *uetere* omnibus fere locis ubi occurreret in ueteri deprauaret. neque felicius idem in aliis uersatus est multaque manu emendatrice conturbauit; 162, 18 uero *puta* in *putat* corrigendo cumulum temeritati addidit. iam cum editio Maurina scripturam *putat* offerat multaque alia indicia exstent, quae huius correctoris negotium emendandi illustrent, conuenientia. haud puto me a uero aberrare dicentem hanc manum emendatricem esse eius, qui Monachis a S. Mauro collationem confecit.

Codex Trecensis numero 40 uol. II, cuius accurata descriptio confecta est in Catalogue général des bibl. des departements Tom. II 33 sqq., membranaceus miscellaneus forma magna saeculo XII scriptus foliis 207 constat; paginae bipertitae sunt. contra Adimantum tractatus ab uno librario diligenter nitidis litteris minusculis edolatus multisque locis correctus hoc singulare habet, ut loci e scriptura sacra petiti in capitulis prioribus non sint plene redditi, sed post perticulas quasdam laudatas uoce *etcetera* addita reliqua tamquam nota lectori omittantur. capitulorum numeri meis prorsus respondentes appositi sunt omnes. complectitur praeterea opuscula duo huius uoluminis, dico contra Felicem libros duo et contra T epistulam quam uocant Fundamenti: de quibus postea scripturus sum. contuli codicem aetate anni 1888 cum Trecis morarer.

C Codex Colbertinus nunc Parisinus nr. 2044 membranaceus miscellaneus forma magna saeculo XIII exaratus folia 157 habet. hoc opusculum a fol. 27ᵃ *Retractatio S. Aug. contra Adimatum discipulum manichei*, 27ᵇ *Explicit retractatio. incipit liber* usque ad fol. 46ᵇ *Explicit liber sci Augustini contra questiones Adimanti. Aug. incipit de summo bono* lineis bipertitis decurrit. uerba huius codicis nisi locis sacris a textu tralaticio parum discrepant. septem priorum capitum numeri omissi sunt. librum unus librarius confecit, atque hic illic quaedam uitiose descripta radendo uel expungendo correxit. correctoris alius manum non est expertus.

S Codex Sorbonicus nunc Parisinus nr. 15302 saec. XIII scriptus est. de quo conferenda sunt ea, quae pag. XV disputauimus.

V Codex Vindobonensis 785 (Uniu. 275) membranaceus miscellaneus in 4° litteris saeculi XIII exaratus foliorum est 179. in paginis bipertitis lineae 61 incisae sunt. hoc opusculum incipit fol. 65ᵇ *Retractatio sci augustini in libro contra Adimantum*, finitur fol. 73ᵇ subscriptione omissa. liber mendis omnis generis inquinatus a ceteris auctoritate multum distat. praeter eius qui codicem scripsit correctiones etiam alterius manus correcturae deprehenduntur.

Antequam disputandi finem faciam, libet pauca quaedam de singulorum codicum bonitate eorumque inter se cognatione addere. atque omnium librorum, quos adhibui, facile principem locum pretio suo P obtinere certissimum est. is enim uerba auctoris et plenissime et integerrime conseruat, ut mirandum sit Benedictinos, quantum iudicare possum, eum neglexisse, nullam ob aliam causam credo, nisi quod scriptura langobardica minus commoda iis esset. hunc ducem fidissimum ita amplexus sum, ut, nisi lectiones a sana sententia abhorrentes offerret, eum non relinquerem. ad alteram autem classem referendus est G codex excellenti bonitate, et libri TCSV. qui quam arte cohaereant, ex his exemplis apparebit: 117, 2 *modo] nunc* TCSV; 119, 13 *coniunxit] coniunxit in unum* TCSV; 121, 2 *dicit: uiri] dicitur* TCSV; 127, 22 *recte dictum esse] rectum esse* TCSV; 132, 23 *dixit—dicitur* om. GTCSV; 135, 28 *zelare] adorare* GTCSV; 138, 11 *occidere possunt] occidunt* GTCSV; 140, 14 *crudelitatem] credulitatem* GTSVC; 146, 13 *hunc mundum] terram* GTCSV; 148, 10 *participare] communicare* GTCSV; 150, 4 *et resurrexit:* om. GTCSV; 151, 1 *diiudicat] discernit* GTCSV; 152, 4 *illud, quod idem] idem illud quod* GSCV; 156, 29 *consequentia] cum||scientia* G[1] *conscientia* CSV; 160, 12 *perditos mores et eorum:* om. GTCSV; 162, 24 *obseruamus] celebramus* GTCSV. illud quoque memoratu dignum est editionem principem omnibus locis quos supra posui cum deterioribus codicibus facere.

V.
CONTRA EPISTULAM FUNDAMENTI.

Codex Petropolitanus Lat. Q. v. I. 3., olim Corbeiensis, P membranaceus miscellaneus in 4° saeculo V exeunte, ut illi quidem, qui eum meum in usum comparauerunt et descripserunt, confidenter affirmant, litteris uncialibus exaratus foliis 152 uel, si folium primum inscriptiones gerens et ipsum numero fol. 1 insignitum adnumeres, fol. 153 fasciculis XX constat, id est duobus trionibus (I fol. 6 et VIII fol. 60) et septemdecim quaternionibus; nam quaternio XVIII desideratur, id quod etiam in codice adnotatum est. super quaternionem XVII enim manu recenti scriptum uidemus: *hic desunt plura folia.* numeri quaternionum et trionum in margine inferiore ultimae cuiusque paginae adpositi sunt. unde qua uia in bibliothecam Caesaream Petropolitanam demigrauerit in fronte fol. 1^b orationem Augustini non exhibentis adnotatum est: *Ex libris S. Petri Corbiensis* et fol. 1^a itemque fol. 152 legitur: *Ex Museo Petri Dubrowski.* qua de re confer Leop. Delisle ‚Le Cabinet des manuscrits II 55 sqq.' et Neues Archiv für Geschichtskunde. Neue Folge Bd. V 24 sqq.' eodem folio 1^b haec habentur: *Aureli Augustini ad interrogata Simpliciani* (a manu prima); infra a manu alia: *libri duo contra epistulam fundamenti*‖*de agone christiano*‖*de doctrina xpiana*‖et paulo infra manu recenti haec exarata sunt: *Hic habentur Libri duo S. Augustini ad interrogata Simpliciani*‖*Contra epistolam fundamenti*‖*De agone Christiano*‖*De Doctrina Christiana.* sequentibus foliis ea scripta, quae supra memorata sunt, hoc ordine decurrunt. folio 1ᵃ — folium 1 bis signatum est — *Domino beatissimo . . . patri Simpliciano Augustinus in dno salutem;* fol. 1ᵇ *Aureli Augustini ad interrogata Simpliciani lib* I; fol. 2 incipit oratio: fol. 29ᵇ *incipit liber secundus;* fol. 49ᵃ *Aureli Augustini ad interogata Simpliani* (ci *superscr.*) *liber* II *explicit; incipit aduersus epis. quae fundamenti dicitur deliramentis plenam Manichei;* fol. 86ᵃ *Aug. episc. aeclesiae catholicae lib.* I *aduersus quae fundamenti dicitur deliramentis plena exp. incipit de agone christiano Aureli Augustini. Corona uictoriae non promittitur nisi certantibus* . . . fol. 106 *Explicit de agone . incipit de doctrina xpiana episcopi aeclesiae catholicae liber* I *amen. Sunt praecepta quaedam tractandarum scripturarum* . . . fol. 127 *Augustini episcopi eclesiae catholicae de doctrina xpiana liber primus exp. incipit secundus. Quoniam de rebus* . . . fol. 132ᵇ (quatern. XVII finitur ita: *ad Timotheum duabus ad Titu ad Philaemonem ad Hebreos Petri duabus.* ibi codex lacuna laborat. fol. 133 sic incipit: *nimus non enim audiendi sunt terrores gentilium superstitionum qui nouem musas iouis;* desunt igitur uersus duo cap. 8, capita 9—16 (capitis 16 duae syllabae uocis inuenimus exstant) siue pag. 41—49 edit. Mignianae; fol. 152 *Explicit liber secundus* (*secundus* al. manu) *de doctrina christiana. Legè et ora pro me peccatore. Augustinus.* paginae bipertitae sunt; uersuum numerus uariat.

Codex Petropolitanus ab uno librario diligenter scriptus uerba huius opusculi Augustini omnium codicum optime et plenissime conseruat. nam lacunae, quibus hic illic inquinatus est, numero sunt paucissimae singulaeque ambitu perexiguo. sunt autem hae: 193, 4 *per quem omnia;* 196, 13 *aucta uetustate;* 205, 22 *Iesu;* 206, 26 *facillime;* 211, 12 *inter;* 194, 10 *patientem in;* 220, 21 *pium;* 226, 28 *si non intel-*

legimus; 229, 1 *mens;* 236, 10 *unitatem;* 239, 28 *foeditas—rectitudinis;* 240, 16 *si;* 240, 24 *et—corruptio.* correctus est autem quater: primum a librario ipso, qui omissas litteras syllabasue supra uersum loco debito additit, redundantes deleuit; idem duobus locis deprauatis medela allata magis deprauata dedit: 193, 6; 211, 21. a manu paulo recentiore duae correcturae originem traxerunt, quarum una 217, 2 proba est, altera 230, 12 inepta. tum manus saeculi VIIII textum compluribus locis perperam traditum de coniectura restituit, unum uocabulum bonum in deterius emendauit. postremo manus recens obsequiosa lenitate scripturae parcens duos locos reposuit, duas uoculas probe traditas corrupit. quae conicturae posteriorum manuum ita sunt comparatae omnes, ut correctores non ad exemplar aliquod sed de suo ingenio emendationem uel deprauationem factitasse facillime agnoscas.

Cuius codicis descriptione confecta ut libri et propter insignem antiquitatem et propter infucatam fidem cognitu dignissimi quam fidelissimam imaginem oculis subiciam, licet opusculum pusillum sit, relinquitur, ut de mendis, quibus passim deprauatus est, pauca adiungam. atque omnium uitiorum latissime patet illud genus, quo is qui codicem conscripsit eo peccauit, ut syllabas singulaue uocabula aut totas sententias omitteret. quod genus plerumque ex aberratione oculorum librum scribentis originem ducere notissimum est, cum scriba a simili terminatione uocis uel uocum ad similem similesue delabitur. atque singulae quidem syllabae perraro interciderunt 229, 28; 241, 19. saepius uero uoces uel totas sententias desiderari supra monuimus.

Aliud genus mendorum inde natum est, ut aut uirgula euanuerit aut finalis m littera parasitice addita sit: 237, 6 *contra natura;* 195, 18 *quouis iudicem;* aut ut scriba casus continuorum uocabulorum similiter formauerit: 215, 11 *uerbi gratiam.* quod 211, 8 *non* pro *nunc* legitur, ad compendiorum rationem pertinere uidetur. etiam illud memorabile est multa menda ex uocalium et consonantium confusione originem trahere. atque uocales quidem, ut ab iis exordium capiam, fere semper purae traditae sunt. attamen etiam hic codex hic illic uocales uocalibus commutatas habet. ita i pro e occurrit 210, 24 *responditis*, 234, 28 *pinnati*, 200, 28 *uirginitati*. uno loco u pro o legitur: 202, 13 *adornatu*; item i pro y 205, 2 *quirenen* maxime contra usum tralaticium ae et e fluctuant neque eae constanti aequabilitate; nam eaedem uoces in eadem pagina repetitae modo per ae, modo per e redduntur, uelut *saeuire, haerere, ḥaereticus, reprehendere*; in uoce *Manichaeus* e pro ae semper scribitur. saepissime ae pro e legitur in aduerbiis in e terminatis: *occultae, figuratae* alia. in consonarum permutationis genere haec fere sunt, quae memoratu digna uideantur. b et u, t et c, c et g singulis locis permutantur. in uoce *scriptura* et formis perfecti temporis uerbi scribendi b et p uariant. pro c saepe qu scriptum legitur uelut *quur* plerumque, *quius, sequuta, quirenen*. in uocabulo *cum*, ubi coniunctionis uice fungitur, semper fere; rarius ibi, ubi praepositionis ui ualet. aspirationem contra consuetudinem usitatam aut aspernatur aut admittit: *theofile, frygiam, tensaurus, exibeatur, haeretichorum*. d et t confunduntur: *aput, aliut, quot* = quod. interdum consonantes geminandae simplices scribuntur: *eclesia, insuflauit*. pro mpt et mps hic illic mt et ms admittitur: *temto, assymserat*. consonantes praepositionum cum nominibus et uerbis compositarum plerumque non adsimiles factae sunt, ut scripta legas: *inprudentius, inluminat, inmaculabilis, inmensorum, inpulsus, inpigros, inparem, inmanis, inmurmurant, inridere, adferat, adtribuunt, adfigerem, adtestatum, adcommodatas, conlocati, conliniant, conprehensum, conmenticio, conponentes, subportentur*; a quo usu sunt formae quae abhorreant: *immensae, immanitas, implicatos, improbos, incommutabilis, comprehendit, dirrumpat, ammissarius, ammonitus, ammonitionem, assumserat, attenderit* al.

Codicem intercedente Hartelio et Schenkelio mediis academia Io. Cholodniak meum in usum contulit. quae ad eius descriptionem pertinent, ea Kreisberg Petropolitanus intercedente directore Koenig litteris a me rogatus commodissime mecum communicauit. qua occasione data non possum uiris praestantissimis maximas gratias non agere.

Codici Petropolitano et aetate et bonitate proxime accedit codex Harleianus numero 3039 signatus membranaceus H miscellaneus formae quadratae maioris folia 110 complectens, quem Zangemeister in eo libro, qui inscribitur: Die Bibliotheken Englands pag. 15 ad saeculum X refert, A. Swoboda, qui intercedente Hartelio librum in meum usum contulit, saeculi VIIII uel X ineuntis esse dicit. opusculum incipit fol. 30 hanc inscriptionem referens: *Contra epistulam fundamenti Manichcorum;* finitur fol. 48 *Aurelii Augustini contra epist. fundamenti Manicheorum explic.* liber ab uno librario in membrana integerrima scriptus est. compendiorum et tritissimorum quidem usus est permodestus. manum emendatricem ter passus est, primum a scriba ipso, qui leuiora quaedam menda inter scribendum eliminauit et uocabula dupliciter posita expungenda notauit. grauioribus autem corruptelis sublatis corrector aetate paulo recentior librum mundiorem reddidit. manus recens uero ad emendationem nihil contulit, nisi quod 245, 27 ad uocem *secundum* praue pro *secum dum* exhibitam in margine *quod* coniunctionem adscripsit. idem 194, 8 ad locum e scriptura sacra petitum II *Tim.* 2 addidit et 242, 4 in margine scholion ,*quid esset malum*' adpinxit. codex Harleianus aetate quidem multo inferior, auctoritate autem non multum Petropolitano posthabendus hoc habet proprium — quod in recentioribus codicibus occurrit, cum in Petropolitano eius rei uestigium exstet nullum — ut non quidem capitum numeros sed K litteram, quae quin caput incipiens indicatura sit non est dubium, in margine atramento adpictam prae se ferat. quorum capitum 5. 7. 9. 16. 23. 38 cum Benedictinorum capitulis conspirant, 2. 3. 4 omittuntur, cetera a capitulatione editione principe instituta a prioribus editoribus plerumque recepta recedere in apparatu critica ubique adnotaui. ceterum liber auctoritate eminens non uulgaribus solum uitiis uerum etiam grauioribus infectus est. quod quo luculentius appareat, quaedam mendorum genera exemplis hinc illinc petitis illustrabo. atque lacunis quidem non est deprauatus; exstat enim amplior lacuna uno tantum loco 233, 4, sed eo saepius peccatum est, quod oculo librarii ad proxima aberrante praesertim iisdem consonantibus uel uocabulis continuorum uocum se excipientibus uel male adduntur quaedam uel ad aliorum similitudinem corrumpuntur: 232, 1 *l intransitus;* 198, 28 *qui successerit;* 204, 23 *nationes sunt;* 238, 11 *auocare;* 239, 28 *loco corporeo.* uocalium uero et consonarum mutatione, quod genus in aliis codisibus latissime peruagatur, hic raro afficitur, ut e pro i ponitur 199, 15 *dices;* ae plerumque per e reddita contra usum occurrit in *praetiosis* al. frequentior est consonantium confusio, ut b legatur pro u, c pro qu: *locuntur, secuntur,* d pro t in uoce *inquit,* t pro c: *mendatio,* contra *solacia.* aspiratio uel omittitur uel inepte intruditur: *horas, umoris.* earum geminatio bis neglecta est: *aparatu, supletus.* atque de Harleiano quidem hactenus. ii autem codices, quos infra scribam, in deteriorum numero habendi sunt omnes.

T Quorum agmen incipit codex Trecensis n. 1085 eius bibliothecae insignitus, membranaceus, miscellaneus in 4° saeculo XII exaratus hoc opusculum a fol. 178ᵇ *Liber sci Augustini contra epistola fundamenti Manicheoru* usque ad fol. 197ᵃ *Explicit Liber sci Augustini contra epistola fundamenti Manicheoru* exhibens. liber ab uno librario confectus ab eodemque multis locis correctus cum omni mendorum genere inquinatus sit, manum emendatricem correctoris recentioris cum fructu expertus est. comparauit codicem meum in usum intercedente Hartelio F. Klein.

R Codex Trecensis n. 40 membranaceus miscellaneus forma maiore saeculo XII scriptus foliis 207 constat. hoc opusculum uolumine secundo continetur. ceterum commoda eius descriptio praebetur in Catalogue général des bibl. depart. II 33 sqq opus ab uno librario diligenter nitidissimis litteris minusculis edolatum multotiens correctum est. contuli codicem anno 1888 Trecis commorans, pauca tamen, cum ad librum emendandum nihil conferre uidissem, in adnotationem uarietatum recepi.

V Codex Vindobonensis n. 785 (Uniu. 275) signatus membranaceus miscellaneus in 4° saeculo XIII exaratus folia 179 habet. paginae bipertitae 61 uersibus implentur. contra Adimantum opusculum incipit fol. 65ᵇ et finitur subscriptione omissa fol. 73ᵇ; praeterea complectitur ,*Aug aduersus Manicheorum contra epistolam fundamenti* fol. 59—65, quod item subscriptione caret. opuscula ab uno librario conscripta et perpurgata correctoris quoque manum perpessa sunt. memorabile liber hoc habet, quod compendia et abbreuiationes usitatas quidem conspicua quadam aequabilitate prae se fert. cum hoc libro plerumque concordat codex *Laudunensis* 128 (olim 92) in 4° saeculo XIII exaratus foliorum 270 membr. miscellaneus. L

Codex Colbertinus nunc Parisinus n. 2044 membranaceus miscellaneus in 4° saeculo XIII scriptus opusculum contra Adimantum fol. 27ᵇ sqq. exhibet; subscriptum est: *Explicit liber sci Augustini contra quaestiones Adimanti.* paginae bipertitae sunt. librum unus scripsit, cuius correcturam passus est ita, ut scriba prauas scripturas deleret, expungeret, transfigeret. a capitulo 8 capita more usitato numerantur. locis, qui e scriptura sacra petiti sunt, exceptis paene omnia cum editione Migniana concordant. Epistula fundamenti Manichaeorum occupat folia 121ᵇ—135ᵃ. uerba Augustini, si fastigia rerum spectes, plerumque cum codice Harleiano consona sunt. ipse examinaui codicem Parisiis cum 1888 morarer. C

De codice Sorbonico confer quae pag. XV disputata sunt. S

Quoniam omnes quibus usum sum codices descripsi, reliquum est, ut quorum fide fundamentum textus constituendi iaci oporteat paucis ostendam atque quo affinitatis uinculo coniuncti sint adumbrem. atque omnium primum illud pro certo affirmari potest memoriam huius libri codicum PH fide niti, ceteros ad emendandum nihil conferentes tantum ad historiam textus quam dicunt persequendam aliquod considerationis momentum efficere. omnes autem quos enumeraui codices diuersis quidem uiis tamen ex uno archetypo descendere et eorum integritate et mira omnium quae alicuius momenti sunt rerum consensione uero uerius euinci potest; nam discrepantiae et deprauationes, quas exstare adnotatio critica docet, si summam rerum teneas, eiusmodi sunt, quae per uolumina saeculorum uerba scriptoris trahere eorum comparatione codicum, quos alium ex alio de eodem fonte fluxisse certis testimoniis efficitur, primo conspectu edocemur. neque ii in classes abeunt, sed efficiunt omnes unam. magna autem gratia habenda est fortunae, quod eius beneficio is potissimum codex, qui aliquot lustris tantum post Augustini obitum exaratus est, miris casibus interuenientibus ad nos peruenit.

Hoc loco mihi non alienum uidetur adnotare errasse eum, qui in Woelfflinii Thesauro linguae latinae t. III 70 sqq. infinitiui cum praepositionibus coniuncti usum tractans etiam ex hoc Augustini opere cap. 40 (246, 3. 4. 11. 15 huius edit.) exemplum repetitum ,tendit ad esse' affert, et errasse inuitum necnon et illum, qui ei exemplum suppeditauit petens ex editione Maurina. nam codices P et H, qui uni digni sunt qui respiciantur, ,*tendit esse*' tradunt. quod eam ob causam adnotari utile duxi, ut ii qui opera quae sunt de moribus eccl. cath., de diu. quaest. ad Simpl., enarr. psal. edent adtendant, num praepositiones *in* et *ad* illis locis optimis codicibus offerantur.

VI.
CONTRA FAUSTUM LIBRI XXXIII.

L Codex Lugdunensis numero 526 signatus membranaceus in 4° saeculo VIII exeunte uel VIIII ineunte exaratus 19 quaternionibus foliis 155 constat. singuli quaterniones numeris in calce ultimae cuiusque paginae appositis numerantur neque tamen omnes oculo discerni possunt aut exstant. nam cum liber compingeretur, accidit, ut foliorum margines praesecarentur, ut numerorum XII et XVI leuissimae reliquiae dispiciantur, numeri IIII V VII VIIII X XI XIIII XV XVII XVIII paene toti resecti sint. eiusdem bibliopegae incuria in culpa fuit, quod singulae adnotationum litterae in margine adscriptarum trucidatae sunt nec non et fol. 1^b signorum a bibliothecario quodam supra inscriptionem a manu prima factam 'L 23 *Aug. contra Faustum*' summi apices deperierunt. ad fasciculum

XVIIII adglutinata sunt folia tria, quorum duo priora uerba libri XXXIII continent, tertium omni oratione caret. membranae sunt tenuissimae. quo factum est, quia chartae bibulae erant, ut librarius fol. 34ᵇ et 79ᵇ uacua relinqueret. quae fata liber habuerit, unde originem ducat, ex adnotatione fol. 1ᵃ inscripta patescit. *Leidratus eps* — fuit autem episcopus Lugdunensis intra annos 798—814 — *istum librum tradidit ad altare sci stephani* || *qui furto* (to *in ras.*) *exinde* (*deinde sic*) *sublatus et inuentus alia manu nouo titulo insignitus est quia prior sicut euidenter agnosci potest a furti auctore abrasus* ⟨fuerat⟩. exhibet opus contra Faustum fol. 1ᵇ—154ᵇ. inscriptio litteris uncialibus confecta haec est: fol. 1ᵇ *Incipit liber Aurelii Augustini contra Faustum hereticum*; uolumen primum finitur fol. 96ᵇ *Aureli Augustini aduersus* || *Faustum Manicheum uolumen primum* || *Incpt aduersus eum uel aduersus* || *eius heresem de uita patriarcharu* || *uolumen secundum feliciter* || *do gratias amen;* uolumen secundum pertinet ad fol. 154ᵇ *Explicit deo gratias. Utere felix. Salus. Amen. Explicit liber Aurelii Augustini episcopi contra Faustum Manicheum secundum uolumen de uita patriarcharum uel figuris prophetarum. Item deo gratias.*[1]) liber confectus uidetur a duobus librariis: quorum eius, qui priores et ultimos libros edolauit, manus litterarum ductu facile dinoscitur, is autem, qui maiorem operis partem scripsit, auctoritatem suam et maioribus litteris et orthographia paulum discrepanti prodit. correctus est autem non solum a librariis ipsis, qui litteras redundantes lineola perducta sustulerunt, uocabula inter scribendum omissa super lineam posuerunt, super litteras perperam exaratas probas superscripserunt, sed etiam manu recenti correctoris. cuius opera finibus non tam angustis circumscripta est. sed utinam ille emendandi studium coercuisset. nam ut quaedam maximam partem leuidensia menda sustulit corrigendo litteras, addendo delendoue syllabas punctis suppositis, ita saepissime uerba auctoris bona corrupit,

[1]) Cf. Leopoldi Delisle Notices sur plusieurs anciens manuscrits de la Bibliothèque de Lyon. Paris, 1880 pag. 390 sqq.

corrupta corruptiora dedit. ne congeriem sternam inutilem, pauca quaedam luculentaque exempla afferam: 264, 6 *sacramento*; 415, 23 *saturus*; 434 1 *auctorem*; 439, 26 *credideritis*; 442, 27 *conducibile*; 457, 20 *ueteribus legibus*; 484, 7 *agendum*; 562, 17 *acuandam*; 660, 18 *adolandam*. idem hic illic formam uerbi, quae est *intellegere*, in *intelligere* mutauit, plurimis locis — neque enim totas easque ampliores partes perpurgauit — *ẽ* suppleuit ita, ut scriberet *ẽ''* — hic illic uirgula erasa —. ne quid ad certam ac fidam effigiem illius correctoris, paene dixi corruptoris, deficiat, hoc quoque quod memoretur dignum uidetur. cum illi, qui codicem exarauerunt, hac compendii forma — plerumque in fine uersus, rarius in medio uersu— uterentur, ut scriberent: *homin, testification, expression, sermon, profession, ration* alia, corrector omnibus locis e litteram superscripsit. ab eodem correctore scholia aliquot foliis apposita profecta sunt uelut fol. 16^a, fol. 17^b (pag. 317 huius edit.) *cur maria mulier uocetur*; ibidem lector ad locum scripturae' sacrae remittitur; fol. 24^a (343) additum est: *enoch, noe, aqua, arca*; fol. 28^a (358) *exitus ex aegypto* al.; fol. 28^b (359) *botrus, rahab, hiericho, iudicum, Samson, iohal, uellus, arca*; fol. 29^a; fol. 47^a alia. quas correcturas ita esse comparatas, ut ad editorem referantur auctorem, qui codicem operis imprimendum dederit, neminem esse puto, qui negauerit. fuisse autem eum, qui editionem Lugduni a. 1560—63 in lucem emissam adornauit, multis lectionibus a Benedictinis memoratis ut opiner adducor; affirmarem confidentius, si eam editionem eruere potuissem.

Codex L licet sit testis probissimus, tamen uitiorum omnis generis haud immunis. atque ii, qui codicem scripserunt, praeter cetera communia menda eo maxime peccauerunt, ut similium earundemue litterarum aut syllabarum aut uocum repetitione decepti aut bis ponerent, quae semel essent ponenda, aut media inter similes uoces interiecta omitterent: 784, 21 *dignissima scripsit*; 730, 21 *loca testantur*; 378, 18 *probabatis*, quod m. 2 cum ba syllaba expungenda esset in *probabitis* deprauauit; 532, 17 *libros sed*, quod m. 2 peruerse in *libris* detorsit; 446, 18 *fecisse si;* 450, 26 *nonne uangelium;* 463, 27 *disseminatur illi;* 573, 30 *eas sint;* 589, 24 *reliquis* al. ita fit, ut uocabula monosyllaba *et, ut, cum, in* saepe omittantur. uerum et ampliores lacunae, quibus liber hic illic laborat, ea scribentis aberratione oculorum ortae sunt. ita exciderunt: 276, 5 *docetis*, 277, 16 *nisi*, 310, 20 *si*, 313, 28 *ut paruulus cogitabam*, 327, 25 *per*, 375, 12 *et scientiae*, 517, 17 *aut a concupiscenda re proximi*, 519, 2 *uiuebant eodem modo*, 585, 14 *uel magis—mala*, 649, 12 *ac diuinitatem*, 700, 17 *si macta et manduca*, 731, 18 *naturam* alia. huic generi consimilia uitia inde proficiscuntur, ut antecedens uel succedens attributum quod dicitur grammatice praecedenti uel sequenti nomini accomodetur: 656, 8; 716, 21; 614, 25; 311, 1 alia. aliud genus mendorum neque id minus propagatum additione m litterae parasiticae continetur, ut exeant formae quales sunt: 277, 7. 376, 20 *ex fidem;* 290, 23 *a purgationem;* 374, 11 *sine praedicantem;* 408, 21 *ex maledictionem;* 408, 22 *ex benedictionem;* 543, 14 *a uirtutem;* 686, 2 *a praesignationĕ;* 690, 18 *cum hoc habitū;* 676, 16 *stabilem fundamentŭ;* 542, 12 *lumen inaccessibilem;* 390, 16 *praesepem;* 537, 3 *scismam;* 539, 4 *eam;* 757, 11 *Paulo clamantem;* 431, 11 *tanta turpitudinem;* 432, 19 *praeuaricationem addita;* 507, 8 *eadem cirumcisionem;* 533, 13 *eadem scripturam;* 556, 12 *domino destruentem;* 305, 25 *Christo occurrentem;* 559, 12 *sacrosancta obliuionĕ;* 730 6 *compagem redditam;* 762, 2 *obtutum sanissimum;* 713, 26 *concubitum—affectum;* 786, 21 *memorabilem;* 787, 1 *obsecrationem;* 788, 5 *de centurione*. saepe m littera uel uirgula m. 2 deletur. contra ea bene multis locis uirgula omissa est uel, quod codicis indolem aestimanti uerisimilius apparet, decursu temporum euanuit uelut 256, 26 *secundum uoluntate*, 368, 22 *per electione*, 309, 5 *secundum natura*, 301, 13 *spem*, 263, 7 *ea*, 383, 24 *nulla*, 449, 27 *positu*, 715, 8 *ad sanguine*, 579, 10 *extra culpa* al. simili modo formae pronominis, quae est quo, d littera parasitice haud ita raro affigitur: 473, 10; 478, 24; 594, 11; 588, 13 al.

Genus autem mendorum longe frequentissimum originem trahit ex permutatione confusioneue uocalium et consonantium. atque uocalium, ut ab his principium capiam, i et e saepissime confunduntur: *eligerint, proficerint, accidit, praeciperat, rėpetire, consuistis, texeritis, gignirentur, deficisse, uegitare, differrentur, elegam, audere, sidere, dimissum; corregendo, delere delerent, ridebetis, mercis, sedis, heris, publices, altere, ueredice, ineruiter.* unde genetiui prodeunt: *fines, nolentes, pinguedines, similes, quaestiones, difficultates, denuntiantes, uolentes, homines;* ablatiui formae: 307, 28 *dulce,* 454, 25 *gentile,* 608, 2 *nuptiale,* 774, 17 *uerisimile;* datiui: 399, 11 *nomine,* 449, 18 *opere,* 573, 12 *inbecillitate,* 585, 10 *gente,* 590, 1 *origine,* 608, 13 *nemine,* 627, 18 *libidinem,* 720, 14 *maiestate,* 787, 13 *altere;* infinitiui pass. gen. 675, 1 *sustinere,* 698, 26 *interemi,* 434, 12 *implere,* 448, 1 *repperire,* 500, 12 *adimplere,* 604, 21 *respondere.* aliae formae singulares sunt: *relegione, testemoniis,* 483, 18 *teloneum,* 557, 28 *demitte,* 562, 12 *antestitum,* 580, 19 *deleramenta,* 727, 20 *se* = si, 782, 22 *ridebetis,* 651, 5 *paret,* 305, 14 *accepis* al. quae cognitio ad artem criticam recte exercendam haud spernenda est. nam cum mihi omnia opuscula huius editionis uelut sub uno aspectu quasi contexta ponenti Augustinum in usu consecutionis temporum quam dicunt grammatici — exceptis sententiis condicionalibus — haud multum a scriptoribus optimis deflexisse constaret, multis locis contra scripturam tralaticiam uel aduersantibus aliis codicibus iisque bonae notae illam quae lege grammatices suaderetur in pristinum statum restituere haud dubitaui. ita iussi scribi 785, 8 ignorit, 671, 14 expoliarit, 698, 18 mandarit, 620, 23 inuenerimus, licet L his locis praebeat *ignor&, expoliaret, mandar&, inueniremus.* a et e his locis permutatae leguntur: 519, 4 *lacessandum,* 521, 2 *fundare,* 562, 17 *acuandum,* 278, 3 *fastidiabat,* 653, 13 *indagendae.* a pro o uno loco positum est 451, 16 *ablaturum.* persaepe ae (ę) cum e confunditur: 389, 2 et 613, 11 *faciae,* 409, 4 *speciae,* 330, 13 et 593, 5 *iurœ,* 428, 1 *enigmatae,* 478, 23 *siluestrae,* 358, 4 *cordae,* 641, 28 *carnae,* 654, 25 *phantasmatae,* 690, 22 *monilae,* 703, 18 *in-*

lustrae, 595, 10 et 682, 24 *oseae,* 653, 22 *noctę,* 332, 13 *haebraeorum,* 353, 15 *ebriaetate,* 478, 20 (et saepius) *aescam,* 681, 1 *p̄cem* (et precari eiusque composita 531, 20. 23. 27), 530, 2 *hęreditas,* 607, 6 *exanimae,* 763, 20 *quaerelam* 788, 19 *saemiiudaeis,* 790, 23 *obsurdaefecit,* 549, 18 *pinguaefacta,* 605, 10. 15 (et saepius) *caelebrare,* 604, 27 (et saepissime) *rep̄hendere;* item uerbum simplex et alia composita; *praemere* saepe, *interp̄tari* crebrius, 623, 3 *cęcidisset,* 477, 27 *aedere,* 614, 4 *irae,* 445, 20 *concędenti,* 719, 10 *induitae,* 719, 10 *exuitae; idcircoquae, quamquae, iubetquae, usquae, inquae, columbisquae, quiduae, paenitus;* saepissime autem ea permutatio occurrit in formis aduerbiorum in e desinentium: *simulatae, praecipuę, enucleatae, religiosae, mysticae, propriae, perfectae, obliquae* al. contra e pro ae haud ita raro atque saepius in radicibus quam in determinationibus scriptum est: *manicheus* (ita uno loco excepto semper legitur), *mattheus, meror, cecitate, prescius, ediculas, egrotus, eger, preceptum, preferens, seuiens, tedet, herere, prebere, pene; fallatie, inmunde* et in uocabulis barbaris: *greco, heresis, hereticus, enigma, pedagogus, iudeus.* oe cum ae nisi in uocibus *poena, paene* non confunditur. au pro o semel occurrit: 285, 7 *audisse.* item e et oe raro permutantur: *confederationem, fenicium, neomoeniae;* i pro oe in uno uocabulo *solicismis* 620, 2 legitur. e pro u et contra u pro e in his formis deprehenditur: 760, 13 *reddentur,* 318, 17 et 722, 10 *resurgunt,* 392, 15 *derelinquunt,* 790, 15 *pauperum,* 793, 1 *hominem.* saepius o et u miscentur: 336, 5 *iocunditas,* 336, 5 *sorditas,* 346, 9 *cubitu,* 415, 15 *modolo,* 416, 11 *costos,* 431, 15 *commodo;* 461, 19 *doctor,* 492, 1 *totum,* 536, 11 *nomen,* 574, 24 *incolomitati,* 629, 11 *luxoria,* 549, 20 *concepto;* 507, 3 *adhoc,* 537, 24 *iudaeos,* 660, 18 *adolandum,* 663, 17 *robor,* 696, 26 *effecto,* 726, 17 *motilatio;* uox *epistulae* et *epistolae* fluctuat; 691, 7 *munilis,* 764, 11 *cummodius,* 763, 10 *maritus,* 418, 17 *consularetur,* 615, 11 *passus,* 402, 18 *maledictus.* i et y maxime in uocibus barbaris saepe confunduntur: *misteriis, azimum, proseliti, hile, sinagoga, babiloniae, mistica, simbolum, apocriphas, frigiae, kataphriges, paraliticus, ciprianum, sybillae; hyrco, styrpe, delyratis, dyrus, tragycus, symon, hypocentaurum, syna, phylippum, cythara, ypocratis, chrystos.* sed haec quidem hactenus. iam transeamus ad permutationes, quibus consonantes afficiuntur.

Atque consonantium nulla est, quae crebrius quam b cum u confundatur: 290, 4 *bellatur,* 297, 26 *abelluntur,* 305, 20 *nobis,* 356, 12 *abide,* 360, 19 *bellus,* 415, 13 *cibicum,* 761, 1 *cibilis,* 477, 15 *uerbecina,* 482, 6 *sibi,* 492, 18 *bonae* = uanae, 669, 19 *bonitas,* = uanitas, 538, 9 *debita,* 534, 1 *biberent,* 569, 1 *benenum,* 610, 26 *libida,* 624, 19 *debitari,* 751, 8 *fabere* al.; 277, 7, *pigeuit,* 296, 6 *abseruendam,* 207, 7 *auortiui,* 315, 21 *conaueris,* 387, 5 *habitauit,* 431, 7 *praeuenit ee* = praebentes se, 438, 18 *intrauit,* 438, 19 *exiuit,* 439, 21 *reparaueris,* 462, 1 *aceruus,* 463, 1 *deuita,* 474, 5 *reuellatione,* 493, 8 *iuuentur,* 520, 25 *laueremini,* 531, 22 *confirmauit,* 535, 5 *conuuium,* 537, 2 *dubitauit,* 545, 17 *liuido,* 548, 24 *seui* = sibi, 585, 2 *elleuorum,* 588, 17 *inprouior,* 601, 27 *uapulauit,* 636, 20 *uiuerent,* 643, 12 = 795, 23 *uis,* 649, 9 *enarrauit,* 675, 22 *uiuit,* 723, 22 *uiuificauit,* 759, 1 *ueluis* et saepius — b et p raro commutantur: *obtabat, concubisset: opturari, obpropria.* b pro d legitur 303, 8 et 593, 5 *abscribi,* contra 585, 26 *adsumebant,* 528, 2 *assisteret.* crebrius commiscentur c et t consonae: *uicio, patienter, propicietur: efficatiorem, sotialiter, meretritio, saetulo, suspitione, fidutiam, commentitiae;* g pro i bis in eodem uerbo 498, 20 et 499, 4 *pegerabis* praebetur. d pro t nisi in uocabulis *inquid, quodquod, ad, quando, dimittendi, quodannis: aput quit, aliquit, at* non reperitur; c et qu in his uoculis: *secuntur, cursum* = quorsum, *ecum, loquutum, quur* (sic saepissime) hic illic commutantur. saepius f pro ph in uocibus graecis scriptum contra uulgarem usum legitur: *filetus, tyfus, fantasmata, azimofactie, apocryfi, iafeth, fenicium, serafin, orfei, frigiae, colafizet.* aspiratio contra morem aut ponitur aut neglegitur: *athlantem, schenophegia, hortum, cohitu, ohaecconomiae, habundantiore, honerosam, hostium, praehiret, sthomachi, athomon, honeretur, horfei, apochryfus, rebeccham, schortis, sepulchra, drachone: canancorum, stomacum, aborrentem, ippocentaurum, amo, talami, ac, actenus, euentant* = hebetant, *anelaret, abendae, elleuorum, auriens, cordę, enoc, scyta, exilaratus, ebdomadis, tecla, oroma, erinacio, ypocratis, enteos* al. geminatio consonantium contra consuetudinem passim aut efficitur aut omittitur: *repperire* (sic plerumque), *suppremum, cottidie* (saepius), *sarra, ammittet.* consonae quaedam aut abundanter ponuntur aut interciderunt: *relinquisse, deciens, uicensimus, attingit, finctio, quinquagensimo, hunc, diffundisti, formonsus, contempno, accendit, promsisse, praesumtum, coniugi, incedit, configitur, fixerunt.* praeterea haec sunt memorabilia: *prode est* 276, 27; 477, 2; 617, 6; *illum* pro illud 278, 24; 719, 18 *isput,* 768, 25 *ipsud,* 674, 26 *alium* pro aliud. consonantes praepositionum cum nominibus et uerbis compositarum, ut etiam hoc genus perstringam, plerumque non assimilantur; tamen hic illic legitur: *attendit, ammittatur, ammonuit, ommutescere, amministrationem, ammiranti, assumpsit, supplicium, ammodum attestante, imputate, summissius, commenticiae, apparuit, commutatus, quemammodum* (sic plerumque), *compaginari, annuntiare* (sic saepius quam *adnuntiare*). saepius a prima manu uocabula inepte dirempta leguntur, praepositiones pro, prae, per commutantur: 312, 15 *priore rumperet, praescrutatoribus, profocato, pronuntient, proferunt, perscribentium, perhibetis, prouidere.* saepe errores e siglis orti uidentur. *idolatria* cum ubique omnes codices praeberent, in textum recepi. sed iam uereor, ne nimio studio quisquilias persequendi abreptus molestiae sim legentibus.

Codicem a praefectis bibliothecae urbanae Lugdunensis commodissimis Vindobonam transmissum exceptis aliquot capitulis ea qua par erat cura ipse comparaui.

Codex Carnutensis numero 18 signatus membranaceus forma magna saeculo X exaratus septemdecim quaterniones 136 folia habet. numeri quaternionum in margine inferiore ultimae cuiusque paginae appositi decurrunt excepto decimo septimo, cuius numerus prima pagina notatus est. singulae paginae codicis binas columnas continent tricenorum quinorum uersuum. inscriptio desideratur; nam quae fol. 1ª habetur C

,*Augustinus contra Faustum hereticum*', haec manui bibliothecarii cuiusdam originem debet sicuti et adnotatio ,*Manuscriptum octaui saeculi* n. 7'. oratio incipit fol. 1^b, pars prior desinit fol. 83^b ,*Aurelii Augustini aduersus Faustum Manicheum uolumen primum explicit. Incipit aduersus eum uel aduersus eius heresem de uita patriarcharum uolumen secundum. do gratias am*'. pars altera folia 83—134^b occupat; folia 135 et 136 neque ea tota tractatu quodam ad geometriam et physicen pertinenti implentur. numeri librorum in fronte singularum paginarum a prima manu adscripti sunt; libri tertii numerus manu recenti additus est. codex a duobus librariis confectus est, qui exemplo scriptura continua et uncialibus litteris exarato usi esse uidentur. hoc cum ex singularibus quibusdam erroribus tum inde apparet, quod innumeris per totum codicem locis uocabula perperam aut dirempta aut coniuncta sunt: 584, 23 *sensu igustantis*; 598, 26 *quod ammodo*; 599, 6 *inęstima bilis*; 659, 19 *nefari alibidine*; 671, 12 *ob secundans*; 756, 23 *super stitiosi*; 757, 1 *ipsi usque*; 555, 3 *numerum queformarum*; 364, 17 *ipso suocum*; 387, 15 *congrui sitidem*. atque maiorem partem prior transcripsit, alter fasciculos septimum, ubi munus susceptum uerbis '*in nomine domini*' in margine adscriptis profitetur, duodecimum, decimum tertium, decimum quintum condidit. correctus est autem ter: primum a librariis ipsis, qui in notis meis putandi sunt ubique scripsisse et emendasse, ubi de manu 2 (C^2) uel de manu recenti nihil additur, litterae syllabaeue supra lineam additae, sententiae in margine suppletae, uocabula abundantia suppositis punctis lineisue perductis sublata sunt; deinde ab altera manu, quae simili ratione emendandi negotium exercuit; tertia manus singulas litteras syllabasue emendauit, sententias, quae et librariorum et correctoris aciem oculorum effugerunt, in margine, rarius supra uersus, suppleuit. hanc manum correctricem, nisi egregie fallor, Benedictinorum esse opinor uel eius, qui monachis a S. Mauro huius codicis collationem confecit. quae eorum auctoritatem conuincant cum sint plurima, tamen singillatim persequi supersedeo. unum locum in hanc rem tamquam testem citabo, quo maxime urgentur. fol. 10^a (287, 27 huius edit.) iuxta bona Augustini uerba in margine additum est: *'ad id etiam quod dicere soletis'*. quae correcturae a manu 2 profectae sunt, etsi pleraeque eiusmodi sunt, ut quiuis sermonis latini usu uel tenuiter tinctus eas de suo ingenio dare potuerit, tamen ea res quod multis locis totas sententias super uersum posuit, documento est illum ad exemplar legisse atque emendasse. primae manui etiam signa (" ") quibus loci e scriptura sacra petiti, praesertim ii qui longiores et ampliores sunt, inducuntur, adtribuenda sunt nec non accentus, qui syllabis quorundam uocabulorum instar acuti accentus graeci (') superscripti leguntur: *defúgi, enígmatis, cloacínis, pendére, cúpa, hylén, ab ré* al. adnotationes, interpretamenta, argumenta aliaque scholia, quae in codicis margine hic illic deprehenduntur, utrum omnia manus 2 an etiam aliae priores posterioresue addiderint, cum ad emendationem nihil ualeant, ne siluam congererem in adnotatione inutilem addere omisi. huiusmodi notae maximam partem ad argumentum breuiter designandum spectant, uelut *fol.* 27ª *de ioseph, de uirga mosi, de exitu et petra, de manna; fol.* 28ª *de lia et saml saul et dauit, de panibus propositis, de tribus separatis de helia et uidua, de heliseo et pueris, de baculo helisei.* aliae plausum uel mirationem legentis exprimunt uel. *fol.* 59ᵇ *qua argute in faustu sua tela retorqueantur usque in fine.*

Quamquam litterae in membrana integerrima a librariis firmo ductu impressae erant, tamen per uolumina temporum factum est, ut codex ita damnum faceret, ut hic illic uirgulae signum atque etiam singulae litterae euanuerint 684, 18. 19

Descriptione codicis adumbrata reliquum est, ut uitia a prima manu orta in certum quendam ordinem digesta congeramus. atque haud ita raro singulae syllabae et mediae et finales interciderunt: 324, 13 *sens;* 356, 15 *dicimus;* 467, 12 *sacerdolis;* 324, 18 *fit;* 280, 28 *iustia;* 445, 1 *circumdi;* 419, 10 *figubatur;* 432, 1 *consuedine;* 433, 20 *delectionem;* 475, 18 *inmortalite;* 446, 23 *examina;* 454, 13 *reprehendum;* 472, 9 *debemus;* 511, 20 *saluato;* 581, 6 *natalia;* 622, 7 *uiuicet;* 678, 2 *retractione;* 274, 24 *comentio.* compluribus locis librarios siglae fefellisse uidentur. saepius litterae aut abundanter ponuntur aut negleguntur: *callumniantur*, *calumpnias*, *dampnata*, *contempnis*, *negglexerint*, *repperiunt*, *coniunx*, *conuincimus* 492, 22, *macchabaeos*, *adiuncxit* 529, 8, *typpu*, *semptem*, *euandendis*, *spirituali*, *homineem*, *heaec*, *euuangelium*: *promsit*, *sculturis*. uocales saepissime confunduntur e et i non solum in radicibus uerum etiam in terminationibus et declinationum et coniugationum: *eligans*, *delui*, *disciscerent*, *inmortaletatem*: *genesem*, *heresem*, 491, 5 *uentris*, 333, 4 *mentientes*, 434, 26 *delectatione*, 438, 4 *pollicitatione*, 400, 22 *debitis*, 311, 19 *respondimus*, 316, 17 *accipit*, 341, 22 *exsoluit*, 475, 13 *resurgimus*; *pepende&*, *solueret*, 452, 5 *posses*, 337, 14 *possimus*. ae et e persaepe commutantur: *terraenorum*, *aetiam*, *aecclesia*, *æscas*, *pcibus*, *rephensores*, *putære*, *haebreas*; *fidęi*, *ęuam*, *lucę*, *solę*, *fęcunditate*, *fęracitate*, *procędit*, *superferæbatur*, *itaquae*, *daesiderio*: *querentibus*, *manicheus*, *matheus* (ita semper fere) *grece*, *heretico*, *meror*, *preconiis*, *pedagogio*, *enigmate*, *seuire* al. o et u raro confunduntur: 549, 20 *concepto*, 477, 15 *iocundius*, 707, 24 *adhoc*, *cumaculari*, *cucobendo*, *cucubitu*; a et e: 426, 15 *effluentia*. u et e: 318, 17 *resurgunt*, 396, 19 *gement*; y et i: *cyborum*. *messyam*, *sybillae*, *hyrcus*, *symoneum*, *tragycus*, *paradyso*, *styrpe*, *phylippum*, *cytharę*, *yppocratis*: *sillabarum*, *azimum*, *apocrifi*, *misterium*, *dipticeo*, *sinagogae*, *mistica*, *apocalipsi*, *aegipto*, *proselitum*, *licaonii*, *babiloniae*, *martires*, *paralitycus*. de consonantium permutatione haec sunt dicenda. rarius quam in aliis codicibus b et u confunduntur, ut exeant formae futuri temporis: 320, 14 *reuelauit*, 649, 9 *enarrauit*, 679, 13 *liberauit*, *significauit* et temporis perfecti: *portabit*, *uocabit*, nec non in radicibus 566, 22 *uiuendo*, *uerbecina*, *promissa ibi*, *fabellae* 547, 4; b et p: *optulit*, *optemperat*, *obtasse*. saepissime occurrunt t et c commutatae: *iuditium*, *efficatiorem*, *fallatia*, *commertium*, *crutiatur*, *consotiato*, *pernitiosa*, *profitiendo*, *fidutiae*, *sacrifitium*, *mendatium*, *benefitiorum*, *defitiente*. *audatiam*, *supplitium*, *spetie*, *aditiens*, *aties* alia: *cercius*, *ociosus*, *attriciones*, *iniciat*, *pacientia*, *pocius*, *tercium*, *pronunciarem*, *pacior*, *noticia*, *racionabile*, *accione*, *gencium*. aliis locis in uocabulis quibusdam inter c et t tanta similitudo apparet, ut nisi summa oculorum intentione non discernas, utrum c an t sit legendum. haud crebro mutantur d et t: *lapitibus*, *haut*, item c et qu in his tantum uocibus neque tamen semper sed passim: *praeloquutione*, *loquutos*, *quur*, *secuntur*. c et ch: *scisma*, *pulcritudo*, *cordae*, *cananitidis*, *enoc*, *hierico*, *nichil* et *michi* (raro), *chorinthios*, *uoluchrum*, *apochryphę*. m et n permutantur in his uocibus: 532, 22 *comfirmantem*, 597, 25 *uolumtas*, 300, 24 *quandiu*, 439, 2 *finbriis*, 577, 13 *menbra* et saepe, *quorumdam* 567, 9. 588, 27, *quenquam* 685, 9; *ueruntamen* 692, 25; *quemdam* 785, 2. f pro ph in uocabulis barbaris ubique fere ponitur: *fantasiam*, *tyfus*, *fantasmatum*, *azimofagie*, *apocrifi*, *iafeth*, *filo*, *fysiologias*, *colafizet*, at *prophanus*. k semel occurrit: *karitas*. aspiratio contra usum tralaticium et posita et neglecta est: *actenus*, *ospitalis*, *ac*, *scyta*, *ebdomadas*, *exalari*, *ebreis*, *exibet*, *ippocentaurus*, *caracteres*: *hebrietate*, *hostium*, *abhominationem*, *honeretur*, *athlantem*, *adimanthus*, *scenophegia*, *habundeque*, *holeribus*, *athomo*, *adhimeretur*, *galathas*, *habraham*, *archa*, *helementa*, *hac*. geminatio consonantium fluctuat: *deffuit*, *tollerabilius*, *flagelando*, *ocurrere*, *peccora*, *pecatis*, *ocasione*, *sabatorum*, *apellari*. memorabile est p. 719, 18 *ipsud*. consonantes praepositionum nominibus et uerbis praefixarum plerumque adsimiles non sunt factae; passim tamen legitur: *ammoneret*, *supplicium*, *sũmissius*, *affuit*.

Aliud genus mendorum eo continetur, ut ii qui codicem scripserunt uoculis similiter desinentibus decepti similia uel omitterent uel bis exararent: 256, 18 *ipse uanescunt*, 278, 4 *patri sui*, 284, 24 *apud deum*, 317, 18 *cum mixta*, 329, 9 *qui fidelior*, 330, 15 *gratias segerunt*, 342, 20 *nec commouear*, 430, 26 *si contemnis*, 452, 26 *negasse*, 426, 8 *dispari sunt*, 450, 17 *quo dissimilem*, 463, 27 *disseminatur illi*, 479, 1 *comparationem manducans*, 479, 14 *ista*, 482, 29 *si credis*, 763, 12 *germani sororibus*, 768, 13 *accipio oportet*. postremo librarii non raro eo peccauerunt, ut nomen antecedens sequenti congruum formarent: 280, 3 *multa grauiora*, 752, 13 *solos hortamentis*.

Maximam partem codicis ipse Vindobonae contuli, quo ab illius bibliothecae praefectis haud grauantibus transmissus est. partes quasdam C. Zwierzina et J. Schwarz tractarunt, quibus uiris commodis pro magna huic operi nauata opera gratias ago.

M Codex Monacensis n. 1339 membranaceus in 4° litteris saeculi X exaratus foliis 151 fasciculis 21 constat, quorum numeri more usitato in ultimorum foliorum inferioribus marginibus positi sunt. foliorum autem numerus, quibus singuli fasciculi efficiuntur, uariat. scriptus est liber a compluribus librariis, qui in scribendo ita se excipiunt, ut singuli singulos fere fasciculos de exemplari transscribant: quam rem longius persequi longum atque inutile duco. illud tamen addendum est folia 145—151 prioribus adiuncta a manu prorsus alia confecta esse. correctus est autem non solum ab iis qui eum exarauerunt uerum etiam manu recentiore totum codicem pertractante, qua litterae permutatae uel omissae restituuntur, abundanter scriptae punctis suppositis uel, id quod rarius fit, lineola inducta delendae assignantur, uocabula uel sententiae omissae supplentur. eidem manui etiam accentus hic illic uocibus additi debentur: *itáne, multímoda, pendêret, peritômen, manîs, splendítenens, orôma* al. neque adnotationes uel argumenta, quae passim in margine offeruntur (uelut *a fabulis ad ueritatem* N̄, *Cornutũ syllogismũ faustũ undique confodientem, non debuisse a moyse occidi egyptiũ, quomodo aũg aduersariũ confodit uere a deo auctus aũg* al.) ad illum non sunt referenda. multis locis, ubi ei aliquid sanum non uidebatur signum N̄ affixit, siue ut ipse fortasse alium fontem inspiceret, siue ut legentis animum aduerteret. inscriptio litteris uncialibus confecta fol. 1ᵇ haec est: *Incipit liber Aurelii Augustini contra faustum hereticum.* similiter subscriptum est fol. 151 *Explicit liber aurƚ aũg epĩsci contra Faustum Manicheũ. S̃cd uolum de uita patriarcharum uet figuris prophetarũ. Item dõ gratias.* uolumen primum finitur fol. 94ᵇ. opusculi diuisio capitulis fit. infra numeros capitum librorum numeri hic illic a manu recenti adscripti sunt. de eis, quae huius codicis sunt propria, nihil addam, nisi quod in nullo omnium a me adhibitorum codicum totiens consonantes b et u permutatae leguntur. ceterum uitiis conspicuis caret.

Codicem Monacensem nota illa bibliothecae praefectorum liberalitate Vindobonam transmissum anno 1886 ipse contuli.

Codex *Sangallensis* numero 173 insignitus membranaceus S forma magna paginarum 399 saeculo VIIII scriptus est. commemoratur enim inter eos libros, quos *'patrauit Grimoldus abba in monasterio S. Galli in diebus Hludowici regis Germanie cum adiutorio Hartmoti praepositi sui per annos triginti et unum'* Mon. Germ. II 70. 15. liber primus (Mon. Germ. II 70. 15 contra Faustum Manicheum libros duos in uolumine I) paginas 1—246 *'Aur. Augustini aduersus faustum Manicheum uolumen primum explicit. Incipit aduersus eundem uel eius heresin de uita patriarcharum uolum II'* occupat, liber secundus pag. 246—399 *'Explicit liber Aurelii Aug epi contra Faustum Manicheum secundum uolumen de uita patriarcharum uel figuris prophetarum do gratias Amen'* continetur. codex non ab uno sed a pluribus librariis conscriptus est, quod non solum compendiorum generibus et scripturae mendis sed etiam inde cognoscitur, quod ante nouos fasciculos litterae a scribis aut mirum in modum distractae sunt, qui ultimas paginas explere studerent, aut omnia in artius constricta, cum uiderent longitudini orationis spatium uix sufficere. de certo scribarum numero, qui in scribendo se exceperunt, certi quidquam definiri nihil refert. praeter librariorum correcturas, qui partes a se confectas retractauerunt, duarum manuum castigationes dinoscuntur. saepe in margine signa correctorum occurrunt uitia in uerbis indicatura atque loci indicati correcti in margine; sunt autem alii loci, ubi corruptelis medela non sit allata. passim margines etiam scholia, qualia duo codices, quos supra scripsi, prae se ferunt, offerunt ab auctoribus uariis profecta. liber quamuis tot correcturas expertus tamen bene multis lacunis inquinatus est. sed ne codicem generali atque indefinita reprehensione sed propria uitia commemorando criminer, oportet me aliqua afferre, unde lacunarum genus origoque simul perspiciatur. atque peccauit codex, cuius auctoritas cetera haud spernenda est, maxime eo, quod similiter exeuntibus uocabulis uel uersibus oculo librarii aberrante similes uoculas uel sententias interiectas omisit; sunt uero etiam loci ita comparati, ut quid in causa fuerit cur quaedam interciderint non appareat. illud autem pro certo affirmari potest codicem Sangallensem de exemplari aut lectu difficili aut corrupto ductum esse; praebet enim multotiens lectiones corruptas, quae in codicibus Lugdunensi, quocum multis in rebus conspirat, et Monacensi omnis corruptelae suspicionis expertes referantur. artissime cum eo cohaeret cuius iam mentionem sum facturus

G Codex *Sangallensis* n. 172 membranaceus in 2° saeculi X paginarum 274, quae sicuti illius bipertitae sunt. uolumen primum paginas 1—170, secundum paginas 170—274 occupat. inscriptio et subscriptio codici 173 conueniunt. cum propter eximiam in rebus maximis et minibus positam similitudinem, quae huic cum illo est, sint, qui dicant G apographum esse codicis S, pauca quaedam de utriusque cognatione addere libet. atque illud speciosa quadam priorum foliorum consensione commendari licet nemo infitias eat, tamen uniuerse iudicanti reiciendum est. deprehenduntur enim in *S* multi loci eiusmodi, ut discrepantiae nisi dispari exemplari explicari nequeant. in eodem libro uno loco duas fere paginas librarius uacuas reliquit, sperans puto posse se ex alio codice lectu faciliore uerba supplere. quod quidem factum est, tempore tamen posteriore. atque multis aliis locis mihi quidem codex *S* a *G* pendere uidetur. uerique simillimum est ambo codices ex eodem exemplo uel ex consimilibus duobus ductos esse. illud certum est correcturas in *S* post codicem *G* scriptum factitatas esse. sed utut res se habet, illud tenendum est in uniuersum aestimanti non unius sed duorum codicum testimonia prostare. praeter scholia marginalia, quae in *S* quoque leguntur, in hoc codice multo crebriora alia praebentur, aut ad argumentum indicandum spectantia aut ad consensum cum Augustini responsionibus mirationemue exprimendam pertinentia.

P Codex *Palatinus* n. 201 membranaceus forma magna saeculo VIIII exaratus folia 198 habet. accuratam eius descriptionem confecit Reifferscheid in eo libro, qui inscribitur

'Bibliotheca Patrum Latinorum italica I 213. a compluribus librariis confectus liber non solum a prima quaque manu correctus sed etiam a duobus correctoribus castigatus est. quorum eius manus, quem P^2 signaui, atramenti colore et litterarum ductu omnibus locis non tamen facile dinoscitur; aut coaequalem eum esse scribis aut non longo temporis spatio distare certum est; illum autem, quem signum P^3 prae se ferre iussi, ad saec. X—XI referendum esse uerisimillimum est. huius codicis collationem plenam et omnibus numeris absolutam mihi praesto non fuisse non est cur diffitear. etenim non effugiebam laborem peruicacem, sed aliae causae, ne id facerem, officiebant. nam cum haud ignorarem codices Romanos in alias bibliothecas non transmitti apudque me sic statuerem, ut collationem tanti operis neque fortasse necessariam et multi laboris atque sumptuosam esse censerem, primum intercedente academia E. Haulerum longam locorum seriem inspicere iussi. quod officium ille cum diligentia commoditati compari praestitit. posteaquam autem uidi codicem totum examinari non esse necesse, iterum uir reuerendissimus Schwartz litteris a me rogatus intercedente C. Vrba sescentos locos conferre non est grauatus. quo apparatu instructus si non uniuerse de libri praestantia iudicabo sed de cognationis rationibus, quae inter eum et alios codices affines intercedant, generatim quaedam monebo, ne adrogantiae uel leuitatis crimen incurram non uereor.

Qui codices praeter hos, quos descripsi, mihi bibliothecarum catalogos perscrutanti innotuerunt, hic locum obtineant. qui si non sint futuro quondam editori eximio usui, at manifesto documento, quantopere uoluentibus saeculis legentium animi hoc praecipue opere delectati sint.

I. Gallicani. 1 *Codex Trecensis 527* saec. XII (Cat. général des depart. Tom. II 230). 2 *Codex Bononiensis 59* saec. XII (Cat. général des depart. Tom. IV). 3 *Codex Bononiensis 50* saec. XIII (Cat. général des depart. Tom. IV 605). 4 *Codex Abrincensis* 90 saec. XI—XII (Cat. général des depart. Tom. IV 469). 5 *Codex Mazarineus* 609 (271) saec. XII (Cat. de la bibl. Mazarine Paris 1885 A. Molinier). 6 *Codex Mazarineus* 618 (272) saec. XII. 7 *Codex Mazarineus* 632 (273) saec. XIII 8 *Codex*

Mazarineus 633 (277) XIII—XIIII. 9 *Codex Mazarineus* 634 saec. XIII (sub finem mutilus). 10 *Codex Regius* 2081 saec. XIIII (Cat. Bibl. Regiae) 11 *Codex Regius* 2082 saec. XV. 12 *Codex Regius* 2094 *olim. Carmel. Parisiens.* saec. XIIII. 13 *Codex Regius* 1953 *olim Carmel. Paris.* saec. XIIII. 14 *Codex Regius* 2079 saec. XII. 15 *Codex Regius* 2080 saec. XIII 16 *Codex Parisinus* 12222 saec. XII. 17 *Codex Pari inus* 17408 saec. XIII. 18 *Codex Parisinus* 17393 saec. XIIII. 19 *Codex Aurelianensis* 140 saec. XI (Inventaire des man. de la Bibl. D'Orleans. Par Ch. Cuissard Orleans 1885). 20 *Codex Dauensis* 263 saec. XII (Cat. général des depart. Tom. VI 137).

II. Itali. *Codex Florentinus* n. IV saec. XIII (Cat. Bandini Tom. IV 505). *Codex Florentinus* n. VII saec. XV. *Codex Casinatensis* 15 saec. XI (Cat. Bibl. Montecasinat. Tom. I 205, Reifferscheid II 330). Codex Casinatensis 174 saec. XII. *Codices Veneti* n. 42 et 55 saec. XV (Cat. Val. II. 31. 39) et quos commemorat Romanos C. Vrba.

III. Anglicani. *Codex Bodleianus* 87 saec. XII (Coxe Cat. Coll. Uniu.). *Codex Laudianus* 127 saec. XI exeuntis (libri XXI priores) Zangemeister p. 59). *Codex monasterii of Rievaux saec. XIIII* Cambridge NB 17.

IIII. Codices Austriaci. *Codex Cracouiensis* 1215 initio saec. XV. *Codex Cracoüiensis* 1216 papyr. a. 1455—57. *Codex Cracouiensis* 2290 AA XII saec. XIII (absque initio) Cat. cod. mss. bibl. Uniu. Jagell. Cracouiensis 1877—81).

Exstant praeterea *Monacenses* 1085 et 1113 et 89 (5424) saec. XV si qui alii in bibliothecis delitescunt, eos recentes esse mihi persuasum est.

Sicut Eugippium Excerpta ex operibus S. Augustini compilasse uidemus, ita ex grandi libro qui est contra Faustum iam mature praecipuos quosdam locos libatos esse nemini mirum esse potest. atque uetustissimus testis ita selecti operis
P uidetur codex *Montepessulanus* 137 saec. VIIII esse. praeter hunc librum a me non inspectum duo codices excussi, dico
A *Arnulphensem* nunc *Metensem* 227 saec. X—XI et *Monacensem*
M 654 (17133 Sch. 133) saec. XII. eos qui contra Faustum librum excerpi iusserunt idem fere consilium secutos esse cognoui, quo Eugippius ductus est. quae hi codices offerunt, quamquam nihil eorum ad uerba constituenda adhibui, tamen multis locis eos probas scripturas a Benedictinis receptas et quae a codicibus meis discrepent praebere animaduerti. esse autem praeter hos quos scripsi etiam alios, qui Excerpta quaedam ex libro contineant, quis negauerit? etenim si quis omnes

codices huius operis excutere uelit, opus postumum conditurus est. catalogorum autem fidem etiamsi reuerendi nominis prae se ferant inscriptionem non esse talem, ut eis temere credas, non semel cum damno edoctus sum.

Quoniam omnium codicum, aliorum uiuam imaginem in conspectu ponentes, aliorum extremis lineamentis adumbratam, descriptionem absoluimus, iam qua illi, a quorum fide haec editio pendet, inter se contineantur cognatione restat ut demonstremus.

Omnes quos adhibui codices in textu refingendo ex duobus fontibus haustos esse in duasque familias discedere, quarum una libris LSMGP efficiatur, altera solo codice C repraesentetur, cur statuendum sit, eius rei duae potissimum causae sunt. et earum altera in diuisione totius operis uarie uariis codicibus tradita consistit, altera insigni lectionum discrepantia continetur. atque de partitione pauca quaedam addere liceat. communis omnibus codicibus ea diuisio est, ut totum opus duorum uoluminum esse commemoretur. quam prae se ferunt unam complures libri manu manuscripti recentiores, quorum inspexi *Mazarineum* 618 (272) ex monasterio S. Cygirani signatum fol. 135, codicem Regium, codicem 247 bibliothecae de L' Arsenal, codicem Mediolanensem VI neque uarietatem lectionum in adnotationem criticam recepi. praeter hanc diuisionem in codicibus LSGMP alia occurrit, quae in eo est, ut singulae Fausti theses et singulae Augustini responsiones singulis capitulis comprehendantur, ut omnia capitula connumerata et in summam ducta numerum 65 conficiant. in libro C autem singulae Fausti disputationes cum Augustini responsis libros triginta tres efficiunt: quae distributio etiam in libro Monacensi iuxta capitula manu posteriore addita est. cum codicem Carnutensem in ea re secuti essent omnes editores priores, ego quoque amplecti eam non sum cunctatus, cum praesertim ipse Augustinus mihi eam diuisionem commendare uideatur. scribit enim in Retractatione libri contra Faustum: *triginta et tres disputationes sunt. quos etiam libros cur non dixerim? nam etsi sunt in eis aliqui perbreues, tamen libri sunt.* unde si collegeris archetypum diuisionem rettulisse nullam, non recusem. quod si ita sit, discrepantia quoque codicum facillime enubiletur. sed haec res utut se habet, illa altera causa, quam supra posui, non eludetur. sunt autem loci, quos speciminis causa afferam, hi: 287, 27 *audete iam dicere* C: *audet etiam dicere* LSGMP; 784, 18 *flagitiosissimi* CP³: *gratiosissimi* LP¹SMG; 354, 9 *uictusque* C: *victorque* LSMGP¹; 715, 15 *si Maria filia Ioseph fuisset* C: om. LPSMG; 718, 10 *sati] uersati* C; 688, 27 *repromissum] repositum* C; 301, 5 *figurato* C: *figuratio* LSMGP; 357, 7 *loquatur* Eug. (ed. Knöll 269, 17) C: *loquitur* LSMGP; 386, 28 *cogitatione* C: *cognitione* LSMGP; 399, 3 *professionem* LSMGP: *promissionem* C; 421, 3 *tibi es conscia] es tibi conscientia* C *tibi conscientia* SG¹; 441, 5 *iussum est] uisum est* C; 451, 8 *portauerunt] portafuerunt* C; 484, 25 *mirabilem] miserabilem* C; 494, 9 *plurimum* C: *primum* LSGMP; 503, 19 *adimpleuerit* C: *adimplere uenit* LSMGP; 514, 10 *siuerunt] iusserunt* C; 540, 24 *inhianti* C: *hinianti* LM¹ *inhinanti* P¹ *hinniati* S *hiniati* G; 564, 3 *redire* C: *deridere* L¹SGMP; 568, 23 *incompos* L¹SMGP: *inpos* C; 274, 14 *testatur* C: *beatus* LSGMP; 619, 25 *l littera* C: *littera* LSMGP; 757, 24 *discriminat* C: *discrimen ad* LSMGP; 769, 10 *Pauli. Numquid* C: *paulinũ Quid* L *et* similiter SMGP; 724, 15 *aperire* C: *perire* LSMGP. qui loci fere omnes ita sunt comparati, ut codicem C aut de integriore aut lectu faciliore exemplari descriptum esse haud grauate concedas. neque tamen archetypa, unde harum classium duarum codices deriuati sunt, multum inter se discrepuisse ex aliis locis conspicuis cognoscitur: 396, 25 *subsequenter* edit. Maur.: *subsecuntur* LCSMGPb; 583, 20 *intemperies esset aestatis* ed Maur.: *intemperies aestatis* om. uoce *esset* LCSMGPb 276, 6 *docetis* ed. Maur.: om. LCSMGPb (ita in apparatu critico scribendum erat); 309, 28 *incisus oleastro* b: *excisus oleastro* LCSMGP; 405, 15 *appellatum est* Eug. (ed. Knöll 279): *appellatum sit* LCSMGPb; 362, 12 *arboris* Eug. (ed. Knöll 275): *arborum* LCSMGPb; 355, 16 *ecclesiis* Eug. (ed. Knöll 267): *excelsis* LCSMGPb; 785, 25 *consentiamus* ed.

Maur.: *consentiam ut* LCSMGb. ceterum ne quis credat illis locis, quos supra memoraui, Benedictinos diuinando probas scripturas reposuisse, sciendum est exhiberi eas codicibus recentioribus ab iis adhibitis. quamquam ne illorum magnitudinem allatrare uidear, libens concedo illos, si necesse fuisset, etiam de suo ingenio locos sanaturos fuisse; sunt enim eiusmodi, ut coniecturae suapte sponte nascantur.

Ac prioris familiae codex L principem locum obtinet propter multas et ueras lectiones, quae in eo uno deprehenduntur: 528, 10 *qui per* L²: *per quem* CSMGPb; 359, 22 *mortalis* Eug. (ed Knöll 273) L: *mortales* CSMGPb; 606, 18 *cum abusione* L: *abusione* om. uoce *cum* CSMGPb. saepius cum L in exhibenda proba scriptura facit primum M deinde P; atque LM quam arte coniuncti sint, praeter inscriptionem et subscriptionem similes e multis et erroribus et bonis lectionibus apparet. plurimis tamen locis LMP in genuina lectione conueniunt.

Codices SG licet eidem classi uniuerse tribuendi sint, tamen ab illis tanto longe absunt, quanto haud procul inter se sunt; inferiores autem iis cum integritate sunt tum lacunositate crebriore latiusque patente posthabendi.

Singularis alterius familiae testis isque probus exstat codex C. cuius fides atque integritas etsi tanta est, ut, sicuti supra docuimus, bene multis locis solus natiuas lectiones praebeat, tamen in eo uestigia manifestae interpolationis deprehenduntur: 313, 30 *deposui euacuaui;* 290, 29 *diuinarum sacrarum;* 380, 26 *tuos sub pedibus tuis scabellum pedum tuorum.* ad L librum cum C codice coniunctum auctoris uerba refingenda esse consentaneum est; ubicumque ille deserundus erat, hoc ad suppetias utebar.

Cum locis compluribus in restituendo textu ad Eugippium refugerim ut testem infucatum, non alienum mihi uidetur pauca quaedam adicere ad cognationis rationem statuendam, quae inter codicem *Vaticanum* intercedat, quem P. Knöll in edendis Eugippii Excerptis ducem est secutus, et codices eadem Augustini uerba exhibentes, quibus usus sum ego.

atque accurata comparatione omnis orationis, quae ad octoginta paginas occupat, tanta inuenitur amicitia atque concordia inter librum Vaticanum et meos codices, ut confidenter mihi uidear contendere posse in diiudicanda librorum uirtute me haud a uero aberrasse, nisi quod hic illic uocabulorum ordo immutatus est. numerus lectionum discrepantium pro longa locorum serie exiguus est. at sunt etiam loci, ubi eius scripturas lectionibus meis praeferre non dubitaui. sed de hac re suo loco fusius disputabimus.

VII.
CONTRA FELICEM LIBRI DUO.

T Codex Trecensis numero 40 uol. II membranaceus miscellaneus forma magna litteris nitidissimis saeculi XII exaratus foliis 207 constat. paginas bipertitas librarius fecit uersuum 41. quae Augustini scripta complectatur, ex catalogo qui inscribitur Catalogue général . . . des departements II 33 sqq. patescit. hoc opusculum a folio 190 *Honorio augusto sexies consule* sqq. usque ad folium 201 *Explicit liber secundus beati Augustini episcopi contra Felicem Manicheum* pergit; liber primus terminatur fol. 195 *Explicit liber primus aurelii augustini contra Felicem Manicheum. Incipit liber secundus.* titulus huius operis in omnibus usurpatis a me codicibus ita repetitur ut dextra parte contra Felicem, sinistra liber primus uel secundus in capite singularum paginarum exhibeatur. liber ab uno librario tam diligenter ex exemplo transscriptus est, ut relegenti eidem nonnisi ter necessitas corrigendi imponeretur. praeterea alia manus duos locos sanos corrupit. in genere orthographico multa quidem a uulgari usu deflectentia occurrunt, sed uitiorum conspicuorum codex prorsus expers est.

R Codex Trecensis numero 201 insignitus membranaceus miscellaneus formae magnae saeculo XII scriptus foliorum 203 hoc opus fol. 121—140 offert. in paginis bipertitis uersus 31 decurrunt. liber primus incipit fol. 121[a] *Honorio augusto sexies consule* sqq., finitur fol. 130[a] *Explicit liber primus aurelii Augustini contra Felicem Manicheum. Incipit liber se-*

cundus, qui folia 130—140 occupat hanc subscriptionem prae se ferens: *Explicit liber secundus aurelii augustini contra felicem manicheum.* codex ab uno librario conscriptus ab eodemque passim correcturis leuioribus libatus uerba codici T, si fastigia rerum spectes, similia praebet.

Codex Colbertinus nunc Parisinus 2083 membranaceus C miscellaneus magnae formae saeculo XIII exaratus folia 129 habet. ex bibliotheca Colbertina in bibliothecam Regiam eum migrasse indicant signa fol. 1ᵃ adscripta: *Cod. Colb. 424 Regius 3380 5 C.* hoc opusculum paginis bipertitis a fol. 1ᵃ *Incipit primus liber Augustini contra Felicem Manicheum* usque ad folium 8ᵇ *Explicit liber Augustini contra Felicem manicheum* decurrit. inscriptio, subscriptio, interlocutorum nomina litteris rubricatis confecta sunt. codex praeterea haec scripta complectitur. fol. 8ᵃ—24ᵃ *Incipit liber aug̃ annotationum in Iob;* sequitur usque ad fol. 45ᵇ *de substantia dilectionis, cathegorie aristotelis ab aug̃ cumflate ad. filium;* a fol. 103 *Incipit expositio hylarii pataneii urbis epĩ super matheum.* liber una manu descriptus non correcturis sed lacunis misere inquinatus est; desiderantur enim non solum singula uocabula et sententiae uerum etiam toti uersus, cum propter similiter desinentia oculus scribentis aberrauit. quod cum librarii uel inscitiam uel incuriam arguat, non est mirandum codicem etiam uulgatis mendis generis orthographici perspersum esse.

Codex Parisinus n. 2093 saeculi XIII, cuius indolem P pag. XVIIII depinximus, hoc opusculum fasciculis X—XIII foliis 84ᵃ—98ᵃ *Explicit liber secundus sc̄i aug̃ contra Felicem Manicheum* offert. liber in proborum testium numero habendus paucis tantum lacunis iisque ambitus minutili deprauatus est. rei orthographicae uero eandem laudem inique tribueres.

Omnes codices, qui mihi ad uerba auctoris refingenda usui erant, eo cognationis uinculo continentur, ut Trecenses (TR) tantum inter se consentiant quantum a Parisinis (PC) distant, illi potiores sint, hi secundas partes agant. tamen aliquot locorum emendationem ex hoc fonte, id est e Parisinis, ducere mihi licuit.

VIII.
DE NATURA BONI.

Codex Sangallensis n. 152 membranaceus miscellaneus in 4^{e}saeculi VIIII, cuius accuratior descriptio pag. VI exhibita est, hoc opusculo paginas 77—128 fasciculos quinque occupat. totus tractatus ab uno librario exaratus est. uerba auctoris multum correcta sunt et maximam quidem partem ab eo, qui codicem conscripsit. hic singulas litteras uitiose transscriptas emendauit, uoces inter scribendum omissas suo loco aut supra lineam reposuit aut in margine suppleuit. paucae correcturae ad aliam manum librario non coaequalem referendae sunt. codex Sangallensis probam scripturam eamque plenissimam conseruat; nam uno tantum loco lacuna quattuor uocabulorum laborat. de rebus ad orthographiam pertinentibus aliisque mendis, quae consonantium et uocalium permutatione continentur, pag. VI copiosius disputatum est.

P Codex Parisinus n. 13360 olim Corbeiensis membranaceus miscellaneus in 4° saeculo VIIII per extensum scriptus folia 93 fasciculos 12 habet. est idem, qui de utilitate credendi librum continet et integriorem quidem quam huius opusculi, quod folia 70^{a}—89^{b} comprehendit. retractatione septem uersuum praemissa oratio fol. 70^{b} cum tertio uersu incipit titulo '*liber sc̆i Auğ de natura boni*' in margine apposito et subscribitur his uerbis fol. 89^{b} *Explicit liber sc̆i Augustini de natura boni. Item eiusdem de octo quaestionibus ex ueteri testamento*'. haec pars codicis recentioribus tegumentis inuoluti una manu exarata lacunis amplioribus caret, hic illic singula uocabula desiderantur. multa, quae relegentem offenderunt, ita correcta sunt, ut abundantes litterae expunctae, super expunctas peruersas probae superscriptae, omissae litterae uel uoces additae sint. praeter eum, qui codicem scripsit, alia manus per totum tractatum grassata est. ac plurima quidem dextre illa restituit. sunt autem etiam multa, quae in deteriorem partem correxerit. in uniuersum iudicanti liber hoc habet, ut saepius uoces se excipientes inepte dirimantur: 855, 25 *qui auobis*, 858, 18 *necesse*, 862, 6 *anti quidixerunt*,

864, 18 *necrur su,* 856, 14 *mo derata.* hic illic consonans uocis sequentis praecedenti adglutinatur: *quid docentem.* in genere orthographico hoc memorabile est, quod genuinas formas cum praepositiones praefixae prae se ferant, tamen passim earum assimilatio a prima manu occurrit uelut *ammonuit, amministrandis, quemammodum,* contra ea crebro a manu correctoris uocabula eiusmodi primitus non assimilata accomodata reponuntur, uelut cum ad uocem *co[m]npulsa* m littera superscripta in margine adnotat: *ac proinde.* quae alia hoc genus discrepantia sunt cum eis, quae pag. VIII disputaui, conueniant, hoc loco pertractare supersedeo.

Codex Sangallensis numero 148 signatus membranaceus G miscellaneus in 4° saeculo XI exaratus paginas 319 amplectitur opusculum pag. 281 *Retractatio libri augustini de natura boni* usque ad paginam 309 *liber augs̃t de natura boni explicitus finit* exhibens. codex ab uno librario confectus lacunis et singulorum uocabulorum et totarum sententiarum non est immunis uelut 857, 29; 857, 27; 856, 10; 855, 18; 858, 29; 864, 20 . 24 al. compendiorum eorumque uulgarium usus est permodestus. quae retractantem morabantur, ea aut leuiore aut atrociore medela sanare studebat ut 857, 10; 856, 24; 872, 2; 873, 23 al. semel 856, 13 totam sententiam sane repetitam expunxit. neque tamen feliciter in omnibus locis emendandis uersatus est: 856, 24; 857, 10; 871, 19 et saepius. uocularum transpositionem ita indicauit, ut super transponendas puncti signa adderet. prostant etiam correcturae alterius manus, quae totum codicem castigauit. qui quomodo munere suo defunctus sit, prolixiore disputatione indiget. is enim non acquieuit in ea re, ut uocabula omissa debito loco suppleret, singulas litteras uel uoces male a librario exaratas uitiosis expunctis emendaret uelut 859, 6; 879, 24; 859, 17; 865, 27, sed etiam super pronomina quae relatiua dicuntur et alia ea substantiua poneret, quorum uice illa funguntur ut 858, 30 [.s. pulchritudo] quę, 859, 4 [.s. natura] quę, 868, 23 [.s. modo] illo (cum si quidquam supplendum esset, non *modo* sed *loco* aptum esset), aut in

sententiis commune subiectum quod dicitur aut illud quod prius nominatum erat, hic illic etiam praedicatum 866, 4
.s. credant .s. praestari dicunt
incommutabilem, 876, 18 sed ipsi naturę 876, 25 eiusdem
.s. esse .s. animo
omnino naturę, 876, 26 quę, aut singula membra sententiarum interiectis aliis sententiis dirempta punctis superpositis indicaret. idem semel uocabulo parêre accentus signum graeci circumflexus instar addidit et quidquid ei aliquam offensionem uel dubitationem moueret, id signo r in margine appicto tamquam suspiciosum prodidit. quae uitia et librarius et corrector intacta reliquerunt, haec eiusmodi sunt, ut singularis et pluralis numerus confundantur, uoculae monosyllabae uelut ut, et, ei, sic, sic̃ permutentur, syllabae mediae et finales singulorum uocabulorum intercidant (ut *decorata uide*), uerba simplicia compositorum loco ponantur. uerum hoc rarius est. crebrius autem peccatum est in eam partem, ut uoluntate atque proposito dicentis non respectis casus continuorum uocum similiter formarentur: 857, 23 *melior ille,* 858, 23 *rebus temporalibus*, 874, 2 *perpetuis,* 872, 13 *meliore bone*, 878, 14 *eas.* haud ita raro uocabula in ordine a ceteris libris abhorrenti collocata comparent, quod ubique indicare in apparatu critico omisi. neque interpolationis suspicione caret ut 855, 11. de genere orthographico nihil nisi hoc unum addam praepositiones cum uerbis nominibusue compositas sequentibus litteris non accomodari sed genuinas formas seruare.

Codicem a uiris reuerendissimis intercedente praefecto bibliothecae Uniuersitatis Vindobonam transmissum ipse anno 1886 contuli.

A Codex Admuntensis olim numero 55 nunc nr. 712 insignitus membranaceus miscellaneus in 8° foliorum 165 saeculo XII exaratus (cf. Pertz, Archiv VI) hoc opusculum fol. 29—53 offert. singulae paginae habent uersus uiginti quattuor. inscriptio haec refertur: *Liber de natura boni aduersus Manicheos;* fol. 53 ita subscriptum est: *Explicit Augustinus De natura summi boni.* codex scriptus est a duobus librariis, qui in hoc munere ita se exceperunt, ut unus priorem partem usque ad cap. 42 uerba: ‚*Deinde si natura tenebrarum nocuit*', alter inde secundam partem absolueret. litterae sunt pulchrae atque dignum est memoratu in hoc codice singularia artis calligraphicae specimina exstare uelut epistula ad Regem. dolendum est, quod iisdem laudibus uerba qualia sunt tradita efferri non possunt. sunt enim non solum omni genere mendorum et leuiorum et grauiorum aspersa sed etiam lacunis a singulis uocibus usque ad totarum sententiarum ambitum accrescentibus turpiter dilecerata. neque interpolationibus carent; duobus enim locis additamenta praebentur, quae ineptum interpolatorem manifeste arguant: 863, 9 inculcatum est: *quod naturaliter est* et 872, 16 *fecit casum illicitum*. hic illic accentus signa uocibus addita sunt: *insaníentes* al. correcturas codex sex habet, quarum tres ad librarium ipsum referendae, tres alii manui coaequali ascribendae sunt. atque hae consistunt in eo, ut corrector semel uocem male a scriba exaratam emendaret, altero loco signis etiam alias usitatis duo uerba transponenda assignaret, tertio autem loco uoculam compendiose breuiatam plenis litteris redderet. quae quidem res eo memorabilior est quod codex et eandem uocem et alias breuiatas refert. compendiorum enim usus immodestior est, compendia ipsa autem usitatissima sunt. nam praeter uoces bibliae sacrae proprias: *subia*, *aia c'ata*, *c'ator, spes* alias hae occurrere solent: *ut'* = uirtus, *ho* = homo, *hnt* = habent, *un'* = unde, *don'* = donum, *tpent* = turpent, *cpatio* = comparatio, *tempalis* = temporalis, *n'uo* = numero, *bn* = bene et similes. neque illud non est commemorandum a librariis transpositionem uocabulorum per litteras (a b c) indicari atque locos e scriptura sacra laudatos non plenos reddi solere sed parte exarata reliqua uoce *&cet* legenti supplenda relinqui. postremo uoces *magnus, pugnare* et similes ita scribuntur, ut lineola uocali consonantibus gn praecedenti superscripta n litteram indicari mihi uideatur: *pugnare*. quamquam hic codex bonitate non est eminens — duas ueras lectiones prae ceteris praebet — tamen quaedam habet, quae mihi memoratu digna uideantur. pro *autem* uno loco excepto semper *enim* ponitur; *spiritualis*, quae forma in codicibus antiquioribus aut omnino non occurrit aut rarissime — memini me in codice *Carnutensi* saec. X hic illic eam legere — suum locum occupat; *per* et *pro* crebro confunduntur, saepius uoculae inepte diremptae leguntur: *sic sumpto* = si consumpto al. e rebus ad orthographiam spectantibus haec singularia sunt. uocalis *e* pro *ae* et *oe* usurpatur; contra ę in aduerbiis in e terminatis contra uulgarem consuetudinem frequentatur: *apertissimę*, *diuinę*, *grecę*, *malę*, al. i pro e in uoce *intellegendi* legitima est. y cum i uariat: *heresym*, *sydera*, *paradysus* al. aspiratio contra usum tralaticium admittiur et respuitur. consonantium t et c permutantur: *duricia*, *inicio*, *absencia*, *iuditio* al.; item d et t: *qcqt*, *adque* al. n et m leguntur mutatae: *menbra*, *lumem* al. p parasitice ponitur: *calumpniari*, *contempnis*, *dampnatus*, et semper *repperire* in omnibus formis et temporibus.

Codicem intercedente praefecto bibliothecae Uniuersitatis a uiris uerecundissimis Vindobonam transmissum ad editionem Mignianam ipse comparaui.

V Codex Vindobonensis n. 1009 membr. miscell. in 4° foliorum 175 saeculo XII confectus. hoc opusculum fol. 107ª *Incipit prologus sci aug in libru de natura boni. Hic liber sic incipit* — fol. 119ᵇ *Explicit liber sci Aug de natura boni* praebetur. unde originem ducat, fol. 1ᵇ et 175ª adnotatum est: *Liber sci georii in weltenburch*. codex ab uno librario exaratus et perpurgatus est. adnotationes quaeque alia in margine apposita sunt ab eadem prima manu profecta sunt. huic uniuerse similem scripturam refert is, quem infra scribam.

L Codex Laudunensis numero 128 signatus in 4° fol. 270 ad saeculum XIII referendus est; partes quaedam postremae originis saeculi XIIII manifesta indicia prae se ferunt. in singulis partibus manus diuersae dinosci possunt. hic liber proxime accedit ad codicem V, neque tamen tam amice in hoc opusculo concordat quam in libro contra epistulam Fundamenti.

Praeter hos codices, quibus in constituendis uerbis usus sum, alii mihi innotuerunt, qui ubi asseruentur bibliothecarum catalogis indicatis aperiam. in quo numero sunt, quorum lectiones libauerim; sed cum uidissem nihil eorum scripturis receptis profici, apparatui subicere ueritus sum. sunt autem hi:

A Gallicani. 1) *Codex Laudunensis* n. 129 saec. X (Catalogue général . . . des departements Tom. I 109); 2 *Codex Trecensis* n. 40 saec. XII (Cat. général . . . des depart. Tom. II 33 sqq.); 3 *Codex Trecensis* n. 860 saec. XIII; 4 *Codex Trecensis* n. 69 saec. XII, 5 *Codex Trecensis* n. 1348 saec. XII; 6 *Codex Bononiensis* n. 254 olim Sči Bertini saec. VIIII (Cat. général des dep. Tom. III 129); 7 Codex Metensis n. 347 saec. XI (Cat. général des dep. Tom V 164); 8 Codex *Virdunensis* n. 57 saec. X (Cat. général des dep. Tom. V 464); 9 Codex Trecensis n. 846 saec. XII (Cat. général des dep. Tom. II 350); 10 *Codex Parisinus* n. 14481 saec. XII (Inuentaire des mss. Latins de Saint-Victor); 11 *Codices Regii* n. 1946 saec. XIII; n. 1950 saec. XV; n. 2084 saec. XV, n. 2733 saec. XIII, n. 1920 saec. XIIII, n. 2025 saec. XIII, n. 2729 saec. XI. n. 2987 saec. XII (Cf. Catalogus Bibl. Regiae Par. 1739); 12 *Codex Parisinus* n. 15734 saec. XIII (Cf. Inventaire des mss. de La Sorbonne) 13 Codex *Aurelianensis* n. 194 saec. XII (Inventaire des man. de la Bibl. D'Orleans. Par Ch. Cuissard 1885); 14 In Catalogue général . . . des dep. Tom. VII 29 duo scribuntur saec. XIII et XIIII.

B Codices Itali: 1 Codex *Monte-Casinatensis* n. 168 saec. XI (Cf. Reifferscheid Bibl. pat. Lat. It. II 334); 2 *Monte-Casinatensis* n. 174 saec. XII (Cat. bibl. M. Cas. Tom. IIII 8); 3 in Catalogo Bandinii hi memorantur: n. XXVIII saec. XV Tom. I 34, n. XXIII saec. XI Tom. I 736; n. III saec. XV Tom. IIII 503; n. XIII saec. XV Tom. I 18. praeterea aliquot Veneti s. XV laudantur in catalogo a Valentinelli confecto Tom. II 30 et quos C. Vrba memorat Romanos in eo libro qui inscribitur „Der kritische Apparat der Benedictiner zu Augustinus“.

In bibliotheca Monacensi exstant n. 898 (9639) saec. XII—XIII, n. 1315 (14330) saec. XI, n. 1170 (18177) saec. XV.

In bibliotheca Cracouiensi asseruantur tres: n. 1220 et n. 1382 saec. XIII—XIIII et n. 1223 ex anno 1446—1447.

In bibliotheca Uniuersitatis Lipsiensis asseruari dicitur n. 268 (8) saec. XIII. si qui alii in bibliothecis delitescunt — aliquot quos e catalogis denotaui consulto praeterii — hos ad emendationem libri aliquid conferre posse despero.

Quae librorum manu scriptorum copia ut documento est

de natura boni librum multum lectitatum propagatumque esse per saeculorum uolumina, ita non est argumento multa et bona exempla nos habere, ut conici liceat eos qui codices describendos curarent non ad uetera et proba exempla recurrisse sed quae praesto iis essent ea librariis proposuisse, ut non sit mirum codicum ut quisque longissime ab archetypo recedat ita pessimum esse. nam si codices saeculi XI et qui recentiores sunt soli nobis usui essent, arti criticae latus campus pateret. in proborum numero antiquissimi habendi sunt non solum ii quorum testimonia excussi uerum etiam illi quorum conspicuos locos inspexi quidem sed ad textum refingendum neglexi. atque eorum quos adhibui codex S ceteros longe pretio uincit. post quem codex P merito secundum locum ita sibi uindicat, ut propior sit primo quam tertio. huius utilitas eo quoque continetur, quod eius ope damna, quae codicem S passim traxisse negari non potest, facillime sanantur. hi duo igitur libri pro fundamento criseos habendi sunt. ceterorum, qui quam lacunis et corruptelis omnimodis inquinati sint omnes incredibile est, codex G singularem quendam locum tenet, codices AV, ad quos L aggregari solet, mirum in modum in lectionibus peruersis conueniunt. eorum comes editio princeps semper fere deprehenditur. postremo codicis Monacensis testimonia etsi mihi plena praesto erant tamen ea ex apparatu secludenda utile duxi, cum praesertim uidissem iam aliis prius comparatis iisque plene receptis emendationem haud prouectam, perspicuitatem eleuatam esse.

VIIII. et X.
SECUNDINI AD AUGUSTINUM EPISTULA. AUGUSTINI CONTRA SECUNDINUM LIBER.

C Codex Carnutensis numero 101 eius bibliothecae signatus membranaceus miscellaneus in 4° saeculo X exaratus foliis 128 fasciculis sedecim constat. cum pristinus foliorum ordo turbatus sit, haud praeter rem fore duxi quemadmodum singulae partes se excipiant addere. ac primum duo folia continentur *Augustini contra Pascentium* opusculum amplectentia;

sequitur a folio tertio noua series sex foliorum *Augustini de sermone dei* comprehendens; folio nono (II fasciculo) continuatur opusculum folio secundo abruptum, id quod etiam fol. 2[b] in dextro angulo inferiore a manu posteriore adnotatum est; tum quaterniones II—IV decurrunt; fasciculus VII est foliorum sex; pleni sunt fasciculi VIII—XI; quaternio XII habet septem folia, cum folium quartum eiusdem fasciculi resectum sit neque tamen orationis quicquam desideretur; fasciculi XIII—XV integri sunt; sequuntur folia duo, quae olim pristini uoluminis fuisse uidentur ultima. ceterum ad duo folia intercidisse uidentur; nam de opusculo *contra aduersarium legis et prophetarum* tot uerba desiderantur quot duorum foliorum spatium expleant. quaternio XVI et duo folia agmen claudunt totius uoluminis. numeri quaternionum II—XV in postremis fasciculorum foliis in margine inferiore inscripti ab eadem manu quae uerba conscripsit profecti sunt, ut uidetur. *Secundini ad Augustinum epistula huiusque ad Secundinum responsio* fol. 28—51 fasciculis IIII—VII exhibentur. numerus uersuum singularum paginarum uariat; nam priorum foliorum paginae cum uicenis quaternis quinisue lineis impleantur, posteriorum numerus ad tricenos uersus crescit, paginarum quaternionum IIII—VII inter uicenos septenos tricenos fluctuat. liber ab uno librario eoque satis rudi confectus mendis omnis generis repletus est, etiamsi eiusdem manum emendatricem bene multis locis non sine fructu expertus est. etenim non solum multa uitia sane leuiora et quae neminem magnopere morentur ille feliciter sustulit, uerum etiam grauiores errores multotiens sanauit. atque ex ingenio illum correcturas restituisse, non ex codice sumpsisse inde uerisimile est, quod multae lacunae restant, quas si alio codice adiutus esset intactas illum relicturum fuisse uix credendum est. quarum bona pars eiusmodi est, ut propter similem uerborum exitum uocabula intercidisse non sit mirum; sunt uero plurima uocabula, quae cur omissa sint non apparet, nisi forte exemplum ipsum aut difficilius lectu aut corruptum et lacunosum fuisse suspicamur. sed ut lacunas missas facias, ut praetermittas ea quae a librario ipso emendata sunt, tamen codex tot uitiis omnimodis perspersus est, ut mendorum genera me non pertractare sed perstringere necesse sit; sunt enim permulta singularia, quae certas leges discriminis instituendi respuant.

Atque omnium primum ea uitia, sane leuiora, quae librarii inscitiam satis superque arguunt, in conspectu ponam. peccauit enim ille eo quod terminationes declinationum et coniugationum quae dicuntur a radicibus, syllabas uel partes uocum, particulas postpositiuas inepte diremit atque cum sequentibus conflauit, aut casus continuorum uocabulorum similiter formauit: 916, 25 *sacrilegi adicere*, 917, 1 *siae quale*, 914, 18 *illa suae*, 918, 4 *inuulnerabili addicerentur*, 912, 15 *uelle genti*, 896, 7 *deo pere*, 895, 22 *perlucente loquentia*, 896, 22 *caue ęnon*, 917, 10 *uictoriamei que*, 916, 9 *minus quefirma*, 912, 17 *potes tatem*, 918, 4 *cunc torum*, 917, 20 *cum mutari*, 914, 4 *summam que:* 908, 20 *cum rege*, 918, 2 *commixtionis*, 919, 17 *obliuionem*, 921, 11 *illi uitiosi*, 924, 19 *eam uoluntatem*, 927, 8 *peccata autem*, 936, 22 *globia*, 938, 25 *procreandos*, 910, 13 *adiutoriam*, 914, 18 *creaturam*, 916, 13 *uanitatis*, 918, 14 *carni*, 899, 8 *qualis*, 900, 9 *uius fuisset:* 895, 4 *cum aduersariis*, 896, 14 *qiuam ęgręgiam* al. contra ea haud raro uoculae dirimendae coniunctae leguntur: 913, 1 *adima*, 913, 1 *inmensura*, 914, 10 *simultis*, 922, 24 *easunt* al. aliud genus idque una parte latius patens consistit in commutatione uel confusione uocalium et consonantium. atque illarum *u* et *o* saepius quam in aliis codicibus confusae leguntur. et primo quidem loco ponam substantiua in *tor* terminata, deinde alia nullo certo ordine obseruato: 896, 5 *accusatur*, 896, 23 *distractur*, 899, 5 doctur, 900, 2 *tractatur*, 900, 3 *auditur*, 900, 19 *saluatur*, 911, 2 *creatur*, 930, 19 *dilectur*, 933, 11 *fractur*, 920, 12 *imperatur;* 929, 3 *cupia*, 894, 26 *diabulo*, 920, 3 *nus*, 924, 2 *cuntra;* 894, 17 *surdium*, 895, 19 *cognuscere*, 899, 11 *cumsequaris*, 899, 17 *cumloquio*, 934, 5 *cummemoratam*, 919, 21 *ubstringat*, 932, 9 *cummittit*, 935, 2 *cumtumaci*, 940, 2 *nun* al. contra: 906, 17 *apostolos*, 917, 20 *melios*, 922, 3 *eo*, 931, 22 *notu*, 909, 2 *alterios*, 937, 8 *nomen*,

936, 11 *totum*, 940, 21 *femor*, 943, 21 *inimicos*, 943, 15 *ponitom*, 945, 6 *discipolo*, 896, 23 *maritos*, 900, 17 *sordus*, 901, 3 *comtalia*, *epistola* (sic semper). persaepe *e* pro *ae* positum est et in radicibus et in terminationibus: *celestibus*, *questionis*, *manicheus* (ita constanter), *iudeorum* (semper fere), *penitudinem*: *prestanda*, *prebuit*, *precepta*, *predicatur*; *que*, *hec*, *tue*, *stulte*, *sinistre* al. uix minus saepe ę pro *e* scriptum est: *ęręs*, *ęrit*, *ęloquentia*, *ęgręgiam*, *acęto*, *quatęnus*, *ęgo*, *ęnim*, *inęptum*, *coęgerit*, *ocęano*, *uę*, *nominę*, et in aduerbiorum terminatione: *unicę*, *maximę*, *pęnę*. semel *a* pro *e* legitur: *soluandi*, bis e pro a: *redemari*, *accomoderes*. *a* pro *u* et *e* pro *o* nisi rarissime non occurrunt. saepius *e* et *i* permutantur: *sterelitas*, *anteochiam*, *reddere* (898, 13), *deuulsi*, 894, 23 *uirgines*, 897, 7 *scitate*, 897, 22 *potare*, 898, 16 *largire*, 899, 17 *redde*; *i* pro *e*: 898, 11 *clam distina*, 899, 9 *comis*, 898, 18 *gregi*, 897, 9 *fidelis*; *y* pro *i* in uoce *cybi*. uenimus ad consonantes. non raro *t* et *c* uariant: *mendatiis*, *audatia*, *printipio*, *patificoque*, *fatinus*, *suspitionem*, contra *accione*, *ac* al. quamquam inter *t* et *c* litteras crebrius tanta similitudo intercedit, ut nonnisi summa oculorum intentione discernas consonantes. praeter uoces *adque* et *aput*, quas iam apud antiquos usitatas fuisse constat, hic illic *inquid* deprehenditur. *qu* pro *c* reperitur in *quur* et *quomoda* 899, 6; *m* pro *n* legitur in *comuiuio* 894, 25 et *clam distina*. passim consonae aut contra uulgarem usum geminantur aut earum natiua geminatio neglegitur: *commisserit*, 898, 21 *reddeas*, 905, 21 *oppinor*, *mallum*, 901, 6 *obportet*: 897, 9 *caliditate*, 905, 16 *acuset*, *titilatum*, *suplex*. simili ratione *n* littera abundanter ponitur: 906, 2 *relinquerim*, 898, 21 *delinquit*. *g* cum *c* semel permutatur: 900, 11 *sagralegii*, semel cum *s*: 898, 22 *suscengura*. *d* pro *u* occurrit in *amadisse* 897, 3. etiam id commemorandum est consonantes saepius ac maxime quidem finales omitti: 894, 2 *certame*, 901, 8 *scribissem*, 897, 20 *fuisse*, 895, 22 *uoluisse*, 899, 6 *contemsit*, 899, 24 *amittit*, 907, 4 *mala*. *ph* pro *f* semel scriptum legitur in uocabulo *phigura* 900, 1. *m* littera parasitice addita: 894, 17 *commixtionem*,

898, 20 *naturam*. similiter hic illic *d* littera inculcatur: *quodcirca* al. de aspiratione haec addenda uidentur. aspiratio defluxit: ęręs, *mitridatem*, *toman*, *catolici*, *ominum*, *arum*, *umana;* eadem perperam inducta est: *hubi, archano, adherit, darethis, chatholico;* singularia sunt: 895, 10 *philophsophię*, 896, 12 *adchademiam,* 898, 8 *apdo*. neque illud silentio praetereundum est singulas litteras hic illic temporum iniquitate euanuisse uelut 893, 19 *aduen,* 897, 8 *ipe,* 895, 16 *occasione* (uirg. euan.). uerum etiam is qui codicem scripsit similia commisit: 894, 26 *ibique*, 896, 6 *sermo,* 901, 13 *uni*, 901, 11 *repperint;* superflue syllaba addita est 900, 4 *sententias*. sed haec quidem hactenus.

Duorum opusculorum, de quibus agitur, memoria unius codicis Carnutensis fide nititur. neque multos omnino libros manu scriptos exstitisse iam inde cognoscitur, quod editores Louanienses frustra se quaesiisse codicem conqueruntur. quo teste is qui editionem principem quae anno 1506 Basileae prodiit in lucem emisit, usus sit, cum res ita se habeat, ne coniectura quidem assequi possumus. fuisse autem et alium codicem adnotatio codicis 40, qui in bibliotheca Trecensi asseruatur, comprobat. ibi enim primo folio inter alia Augustini opera post opus quod inscribitur de natura boni etiam contra Secundinum librum contineri adnotatum est. adnotatum est, dico; nam codex finitur opere de natura boni et contra Secundinum librum frustra quaesiui codicem iterum iterumque perscrutatus. quod autem in catalogo bibliothecae Casinatensis nuper confecto huius quoque opusculi mentio inicitur, leuitatem arguit eius qui catalogum scripsit. praeter Retractationem enim nihil in eo codice deprehendi C. Wotke testatur, qui intercedente G. Hartelio eius collationem meum in usum facturus erat. in codice A 70 saec. XIII bibliothecae *Matritensis Nationalis* excerptum 13 uersuum haberi et F. Flieder et R. de Riedel ad me scripsit. postremo in illa collectione quae commemoratur in Archiv der Gesellschaft für Erforschung neuer Geschichte Bd. V 581 „Pabstbriefe der brittischen Sammlung“ haec sententia offertur:

Senti de Augustino quicquid libet; sola me in oculis dei conscientia non accuset (pag. 905, 15 h. edit.).

Relinquitur igitur, ut codicem Carnutensem sequamur non tamquam testem omni fide dignum, sed tamquam solum qui suppeditet. tamen eius ope iam Benedictinis contigit ut scriptoris uerbis plurimis locis integritatem restituerent.

Hoc loco pauca quaedam addere libet de ratione, qua locus 929, 6 a librario male exaratus mihi sanari posse uidetur. *Quid est inter cuncta uisibilia isto sole praeclarius? at si quisquam eius lucem inmoderatius concupescat, infert suis oculis bella iurgiorum si aliquam potestatem nanctus qua possit implere quod appetit domus eorum adpositas suis fenestris anima quo minus sol penetralia eius cę apertiore perfundat.* sic codice traditus. huic loco sane difficili et multis modis infuscato priores editores ita aliquid luminis admoueri posse sibi uidebantur omnes, ut post uocem quae est fenestris inculcarent *apertis intuentur,* uocem *anima* trucidarent. quam coniecturam explodendam esse non est cur pluribus doceam. cum amici, quos ut medelam loco lubrico excogitarent rogaui, sani quicquam extricari posse desperarent neque ipse quod omnibus numeris mihi probaretur inuenirem, uiros doctissimos C. Schenkl et G. Hartel adii, quorum ille locum lacunosum sic in textu refingendum esse opinatur: . . . *appetit . . . domus uicinorum — fenestris . . . anima quo minus sqq.*, hic uero litterulas aliquot addens sic locum reponi iubet: — *iurgiorum ⟨ni⟩si — implere, quod appetit domus uicinorum — anima, quod minus* sqq. post hanc uiam mihi monstratam iterum ecquid eruerem cogitans propter comparatiuum qui est *apertiore* corruptelae sedem in uoce quominus esse arbitratus secundum litterarum apices librarium pro *comminuit* — qu et c aliis quoque locis confundi supra uidimus — sequente s littera *quominus* scripsisse et sequentem coniunctionem ‚quo' omisisse putaui, ut hanc coniecturam in textu locum occupare iusserim. quam coniecturam ne mihi quidem satisfacere non est cur diffitear. nam cum uiderem uocem *anima* natiua significatione accipi non posse damnare eam coactus sum.

I.
DE FIDE CONTRA MANICHAEOS.

Antequam codicum recensum habere pergam, aliam quaestionem soluere me oportebit, quae in eo est, utrum hoc opusculum recte ad Augustinum auctorem referatur necne. in quam rem ita mihi inquirendum esse uidetur, ut primum libri memoriam persequar, tum in interiorem rationem peruestigandam descendam. atque illud certum est neque Augustinum in Retractationibus hoc opusculum memorare neque Possidium in indiculo eius mentionem facere. quo silentio eo magis mouemur, quod Augustinum acerrimum Manichaeorum aduersarium fuisse inter omnes constat, ut prorsus incredibile sit fieri potuisse, ut eius opus obliuionis tenebris obscuraretur. accedit enim, quod nullum codicem Augustino scriptum attribuere pro certo affirmari potest. nam eam dubitationem, quam codices a me adhibiti mouent referentes testimonium ita conformatum, ut ignorari, utrum Augustini an Eudoii sit, tradant, et codice Corbeiensi et aliis eximi Iacobus Sirmondus in historia praedestinatiana cap. 1 scribit; confer Patrologiae curs. compl. LIII 674 et Dupinii Nouam bibl. auct. eccl. III 467. neque editores Louanienses memoriae fide niti opusculum Augustino ascribentes et ex eorum codicibus patescit et ex eis quae Tom. VI 236 scribunt: *De libri huius authore nulla fuit umquam dubitatio, plane enim Augustini esse uidetur: ut mirum sit nec in Retractationibus eum haberi nec in indiculo.* unde colligi licet eos non tam memoria confisos quam rebus in scripto tractatis eo adductos esse, ut Augustino conuinire sibi persuaderent. quod quam a uero abhorreat, iam uidendum erit.

Atque principio hoc tenendum est, quae in libro de fide contra Manichaeos legantur ea aliena esse ab eis, quae Augustinus in opusculo quod est de fide catholica scripsit. quae res a more huius auctoris in aliis scriptis similes res tractantis, licet hic aliam rationem scriptorem esse secutum atque in illo concedas, prorsus recedit. iam longe maxima pars — confer cap. 4. 5. 8. 9. 10. 11. 12. 14. 15. 16. 17.

18. 19. 20. 21. 24. 26. 28. 29. 30. 37. 38. 40. 44. 49 al. — locis in Augustini scriptis quae contra Manichaeos sunt occurrentibus ita conuenit, ut summo iure suspicari liceat eum qui hunc libellum confecit ex Augustini operibus eas sententias decerpsisse atque pro suo captu immutasse aut indefessa Augustini scriptorum lectione imbutum prorsus ab eo pependisse. quod utrumque in eum cadit, quem auctorem esse libelli mihi persuasi, cum in grauibus rebus et difficilioribus Augustinum eum consuluisse epistulae testentur, quae tomo XXXIII 700 sqq. edit. Mignianae continentur. quae autem restant, ita sunt comparata, ut locorum communium ad Manichaeorum fidem et doctrinam pertinentium speciem prae se ferant, materiae publicae, ut ita dicam, quam quantum potuit dominantibus uerbis sui iuris fecit. inde facile cognoscitur, qui fiat, ut nec pes nec caput uni reddatur formae, ut quamuis multum insudaueris non assequaris, si libelli argumentum in breuis summarii formam redigere uelis, cum Augustinum maxime perspicuitati inseruiisse notum sit. etiam confidentius argumentis e stili discrimine petitis ab Augustino abiudicandum est. iam si quaeretur, cuinam auctori liber de fide contra Manichaeos reddi possit, codices suo iure ad Euodium episcopum Uzalensem eum referunt. a quo licet pauca eaque maximam partem Augustini beneficio — sunt enim Augustini epistulis inserta — nobis seruata sint, tamen haec eiusmodi sunt, ut argumentandi rationem, quae in eo consistit, ut membratim argumenta digerat, penitus cognoscamus. quod genus disputandi quamquam nec Augustinus prorsus aspernatur, tamen haec debilior ratio maxime idonea est, quae discipulum arguat. quae qualis sit, apparebit comparando uerbi gratia cap. 2 haec membra: *Et utique si ingenitus et non creatus est, per se ipsum est inmortalis; et si per se ipsum inmortalis est, non est deus . . . et erit iam mendax apostolus . . . sed quia apostolus mendax non est, deus solus habet inmortalitatem et ideo solus* sqq. et cap. 3. 8. 9 al. cum Euodii epistula CLX Migne Tom. XXXIII 701 sq. uerissime igitur Benedictini monuerunt hoc opusculum ab Augustino abiudi-

candum esse et merito Appendici tomi VIII inseruerunt suoque iure ii qui his annis catalogos conficiebant libellum Euodio tribuerunt. iam eorum, qui de scriptoribus ecclesiasticis agent, erit hunc librum ut genuinum Euodii Uzalensis opus custodire, egregium generis dicendi huius auctoris monumentum futurum. sed iam aggrediamur libri memoriam enarrare.

F Codex monasterii sancti Floriani nr. 76 membranaceus miscellaneus saeculo XI exaratus fasciculis septemdecim, quorum quindecim priores quaterniones, duo posteriores nonorum foliorum sunt, foliis 140 constat. qui numerus ita conficitur, ut duae schedulae plenorum foliorum uice fungantur. opusculum fol. 65ᵃ—79ᵃ exhibetur. hic liber uerba auctoris purissima neque tamen plena praebet; desiderantur enim sub finem ad uersus quattuordecim. confectus est a duobus librariis, qui in scribendo ita se exceperunt, ut alter foliorum 65ᵃ—69ᵇ singulas paginas uersibus uicenis quinis, alter reliquae partis paginas lineis uicenis senis expleret. inscriptio omissa est; nam quae rubri coloris atramento superscripta sunt: *Explicit tractatus beati Augustini de fide catholica* ad praecedentem pertinent. in hoc codice enim ea ratio obseruatur, ut librarius rubricatori extremo margine et subscriptionem antecedentis opusculi et inscriptionem proxime sequentis adpinxerit, rubricator autem cum subscriptionem illius exararet, hanc passim omiserit. atque folio 65 manu correctoris item saeculi XI aliquot uocabula exstant adeo euanida, ut uel summa oculorum intentione legi nequeant. quibus adtexta sunt haec: *Incipit . . . . tus contra . . . . eos. ut·um eiusdem utrum sancti euuodii ignoratur*. atque priore loco lacunosum *tus* in *tractatus* supplendum esse nemo est qui ambigat. secundo loco autem contra Manicheos legendum esse cum Parisinorum codicum comparatione tum ea re euincitur, quod bibliothecarius quidam saeculi XIIII in fronte tegumenti schedulam adglutinauit hunc indicem exhibentem: *Item* (sic!) *contra Manicheos. Idem contra Maximum episcopum arianorum*, quae opera etiam his diebus codice continentur. subscriptio quoque cum a rubricatore sit neglecta neque uocabula a librario in margine apposita extricari possint quae fuerit nos latet; quamquam nullam umquam fuisse si dicas, haud puto te multum errare; etenim fieri potuit, ut rubricator codicis finem mutilum uidens ne in animo habuerit quidem quicquam ascribere. totus tractatus cum librariorum suam quisque partem castigasset, suum correctorem est expertus, qui idem est saeculi XI, cuius manus et fusco atramenti colore et litterarum ductu facillime dinoscitur. idem schedulam uerba cap. 45—47 complectentem, quae folii instar numero 77 insignita est, edolauit. atque corrector emendandi libidini satis obsequiose indulsit. is enim non solum litteras syllabasue et singulas uoces ita correxit, ut pro traditis praue quae ei a sententia non absona uiderentur ea uoce *uel* apposita aut superscriberet aut in margine adderet, uerum etiam totas sententias ab eo qui codicem scripsit omissas in margine inferiore appingeret. res uero ad intellegendum quacumque de causa difficiliores obseruauit et legentis animum signo quod est r in margine adscripto ad eas aduertere studuit atque ut ille manifesta librariorum uitia trucidauit, ita haud raro probas scripturas deprauauit quaeque haud ita intellectu difficilia essent in deteriorem partem correxit, ut non ad exemplar legisse eum consentaneum sit. quod temere iudicari ne quis arbitretur, uno exemplo leuitatis criminis suspicionem eluam. nam cum quiuis linguae latinae consuetudine tinctus alio codice in subsidium non adhibito quod 933, 18 traditum est *audactum* facillimo negotio in *adactum* mutaturus fuerit, ille *siue sedatum* scribendo specimen acuminis ingenii egregium. edidit. uno loco explicationis causa ad uocem auctor in margine *id est mali* adnotauit. ab eodem correctore maximam partem etiam distinctionum signa et accentus profecta sunt uelut *théatris, fúdit, spéram.*

Cuius codicis imago ut expressa exeat, restat, ut quibus mendis unde originem trahentibus inquinatus sit paucis exponam, cum praesertim eum in recensendo hoc opusculo ducem sim secutus. uitiorum autem genus cum cetera sint minuta latissime patens uocalium et consonantium permutatione continetur. atque uocalium, ut inde exordiar, e pro ae saepe ponitur, ut scripta legantur: *secula, erumnis, adherebant, demoniis* al. contra ę saepissime pro e uel oe occurrit: *ęuam, ęcclesia, fatuę, pęna, fęditatę, apertę* al. raro confunditur o cum u: *puerolus;* saepius e et i ea affectione laborant: *miscit, fouit,* ubi pro i a correctore e repositum est. in consonantium genere permutari uidemus c et t: *iusticia, astucia, substancia, tercium, inpericia, sęuicia;* contra *pernitie, crutiarer.* c locum qu litterae occupat: *secuntur;* f pro ph in uoculis barbaris positum: *ifidamia, fantasma;* g pro c: *fugationibus;* p pro b: *plasphemiaru;* u pro b: *iudicauimus.* aspiratio contra usum tralaticium uel additur uel neglegitur: *hisdem, habundantem, exorret, spera,* semper *michi, nichil.* consonantes praepositionum cum aliis uocabulis coniunctarum uerbo *asscribendi* excepto constanter a manu prima adsimiles non sunt factae, a correctore autem multotiens peruerse accomodatae sunt.

Codicem summa liberalitate a uiris reuerendissimis Vindobonam transmissum ipse comparaui. nonnulla quae me fugerunt F. Czerny bibliothecarius doctissimus a me per litteras rogatus inspexit mecumque communicauit. cui uiro officiosissimo hac occasione data pro summa erga me commoditate non possum gratias debitas non agere.

V Codex Sti. Vedasti nunc Parisinus n. 14301 (cf. Leop. Delisle Inventaire des mss. Latins de Saint-Victor) membranaceus miscellaneus forma magna saec. XI ineuntis foliorum 136 opusculum fol. 126[b]—136[a] fasciculis IIII et V exhibens hanc inscriptionem refert: *Explicit in dno xpo filio dei tractatus aureli augustini de fide catholica. Incipit aduersus manicheos. utrum eiusdem. utrum sci Euuodii ignoratur;* subscriptione caret. sub finem mutilus est; eadem uerba, quae in codice *F* in hoc quoque desiderantur. praeterea satis magnum numerum aliorum scriptorum amplectitur. sunt autem haec. *Passio sci Pauli per B. Lisum s. Petri discipulum; I sermo in s. Lucam euangelistam;* item *de uigilia epiphaniae; Passio SS. Cyrici et Iulittae matris eius; Isidorus Hispalensis sup. Pentateuchum; Iudices et libri regum; incipiunt capitula liber numeri; altercatio inter Monachos S. Victoris et Canonicos Aquenses; Offi-*

cium sc̃i Saturnini Tolesani cum modis; S. Augustini de genesi aduersus Manicheos lib. duo; eiusdem expositio de fide catholica; Augustini contra Maximinum libri tres; eiusdem collatio cum Pascentio. ad eius originem apectant quae fol. 93ᵇ adnotantur: *hic est liber Sc̃i Vedasti.* libri habitus qualis nunc est olim non fuit idem; erant duo libri qui nescio quo tempore in unum uolumen coniuncti sunt. ea pars, qua de fide contra Manichaeos continetur, ab uno librario conscripta ab eodemque diligenter perpurgata est; alia manus nonnisi tribus locis deprehenditur.

Praeter duas lacunas maioris ambitus quas cum *F* habet communes singula uocabula maximam partem ab isto codice discrepantia desunt. ceterum *F* et *V* codices ex uno exemplari originem trahere non solum lacunarum communione frequentique in maximis minimisque rebus similitudine sed etiam uno mendorum genere consimili tamen hic latius grassante, dico uocalium et consonantium permutatione, facillime euincitur. atque omnium primum tenendum est uocales *e* et *ae* (ę) saepissime confundi, ut scripta legantur: *querit, passe, inimice: paenitus, cotidiae, fatuae, illę, legemquę, pernicię, ęcclesiam, hǫdię, tuerę, impię.* haud raro e et i uariant: *mirare, tuerę, respondere, liberare, mortales, gentes,* 967, 3 *geremini, elegite, tale, se: miscitur, fouit, surgit, hominis.* reliquae uocales hac permixtione nisi hic illic non afficiuntur uelut u pro o ponitur, a pro o. aspiratio contra uulgarem usum saepius ponitur quam omittitur: *hutitur, dechoro, hodio, himum, hisdem,* (semper *nichil*), *hifidama: teatris, adiberi, exorreat, ac, erbis, speram.* consonantium saepius t et c mutantur: *spetiose infelititatem, iuditium, c&um: pocius, tercium, pacientia,* i pro g uno loco occurrit: *inienitũ.* aliarum consonantium confusionem passim deprehensam persequi supersedeo. illud uero non est omittendum exspectatione frequentius consonas aut abundanter poni aut neglegi, ut terminationes et locutiones reperias quales sunt: *ad fide, ad sapientia, a peccata,* 965, 26 *cum carnẽ*; ablatiui: 971, 21 *iudicẽ,* 970, 30 *peccatum,* 955, 24 *in finẽ, in corruptionẽ, in speciẽ;* accusatiui *igne, resur-*

rectione, libidine; diceret, relutatur, contra *luctam, sed* al. de genere orthographico hoc adiungam assimilationem consonantium quae dicitur codicem *V* aspernari.

P Codex **Parisinus** numero 2077 (olim 939 *Regius* 3771 5) eius bibliothecae insignitus membranaceus miscellaneus in 4° saec. XI folia 199 habet. de fide opus folia 38^a—45^b occupat hanc inscriptionem prae se ferens: *Explicit in dno ihu xpo filio dei tractatus aurelii augustini de fide catholica. incipit aduersus Manicheos. utrum eiusdem. utrum Sci Euuodii ignoratur.* hic liber scatet omnis generis barbarismis, sed eo illis, quos supra scripsi, praestat, quod plenam auctoris orationem conseruat. proximeque accedit ad textum qualis editione Migniana repraesentatur. codex scriptus est ab uno librario, correctus autem quattuor tantum locis alia manu. neque lacunis multum deprauatus est; nam uno loco excepto, ubi tota sententia intercidit, singulorum uocabulorum damno laborat. in dirimendis quoque syllabis et uocibus sunt quae prima manus contra sanam rationem admittat: *tantunde decus*; saepius syllabas commutat: *contumabile.* iam cum supra barbarizare librum commemorauerim, pauca libet addere de ratione mendorum quae traxerit. atque praeter uitia communia hoc habet, ut omnium quos uidi codicum mira constantia i litteram pro g exhibeat, aspirationem summa libidine uel respuat ubi poni debeat uel ubi locum non habet ponat. quod quam late uagetur eorumque uitiorum genus origoque simul ut perspiciatur haec quae ibi leguntur in conspectu ponam: *ientis, ienitus, negleientie, ieneri, ienitalia, intelliientes, ieminus, indulientia, iniemescimus.* etiam magis librarii inscitiam aspiratio peruerse usurpata arguet: *inhaccessabilem, herit, potherit, hutroque, hauctorem, hunoquoque, hostendens, haccipiunt, quohactio* 952, 18, *histum, hęrumnis, haccendant, hellectione, hin, homni, hutique, hauctum, hoccidere, ho, haccusare, h&, hutrumque, hactibus, horatum, hodio, matheria, hanimam, hordinem, hestote, hestis, hubera, hunitas, inadhibilis, ahusus* alia: *abet, abitat, tesauri, orribili, adiberi, odie, abitacula, arum, abitu, orrere* al. sane haec leuidensia sunt et quae neminem magnopere morentur; tamen cum libri manu scripti utpote propter integritatem cognitu dignissimi quam fidelissimam imaginem oculis subicere uellem, ea quoque exsequi utile duxi. aliud genus errorum uocalium et consonarum permutatione continetur. atque illarum quidem confusio non tam late patet quam ea quae supra scripsi respiciens exspectes. saepius ae pro e ponitur ut *aetiam, dicaere, taenebrarum;* e et i confunduntur: *debitis, legatur, feremini, expone.* magis frequentatur consonantium mixtio velut qu pro c et contra: *quoinquinabilis, inicu;* b et p: *ibsae, obtatis;* t pro d *aput, quit, tantem, aliut, innit* (in id): *faciendi;* c pro t: *enunciare, astucia, racionali* al. f et ph: *propherre, nephas: ifidama, spera.* consonae uel abundant uel intercidunt: *occulis, abbuisse, mellone,* 967, 3 *innit, admissam: afectum, amitere, dimitere, redendum.* forma memorabilis est *fincserit.* coniunctis illis proprietatibus in unum metienda sunt haec: 963, 34 *uoluntate nullam,* 957, 21 *hac mutatione,* 963, 4 *humane,* 963, 14 *ueredic&,* 966. 24 *ceteribus,* 971, 21 *iuste iudice,* 963, 25 *meritobpeccati,* 964, 3 *errore uestra* 971, 13 *ad materie, ad iente,* 953, 5 *a malos;* ablatiui: 953, 28 *in eande epistula,* 957, 29 *in captiuitate; neme,* 962, 25 *nos creditur; protegeret; obstrixerunt, coniungii* al. ad eandem classem referendus est is codex qui sequetur qui in bibliotheca Mazarinea asseruatur.

Codex Mazarineus n. 635 (287) membranaceus miscellaneus in 4° saec. XIII foliorum 241 hoc opusculum fol. 25ᵇ—30ᵇ exhibens hanc inscriptionem habet: *Incipit tractatus contra Manicheos.* liber ab uno satis quidem rudi librario confectus multis locis correctus est. in cuius condicione et indole depingenda ne sim longus, haec addam: codex non tanta quanta *V* mole uitiorum obrutus cetera ita ille cum hoc in omnibus rebus quae alicuius momenti sunt concordat, ut prorsus inutile fuerit prolixam eius descriptionem conficere. M

Hos codices quos enumeraui etiamsi primo aspectu diuersi uideantur tamen omnes ex eodem fonte diuersis quidem uiis fluxisse mihi uidentur; nam quod duo illi priores sub finem trunci sunt, aliter explicari nequit, nisi quod ex archetypo et ipso aut mutilato aut difficili lectu ducti sunt. discedunt autem in duas familias, quae cum aliis rebus inter se differant tum extremis uerbis aut integris aut mutilis. omnes autem codices, qui hoc opusculum offerunt, mirum quantum uitiis omnimodis inquinati sunt; tamen recte pensitati ad ueterem nitorem libro reddendum sufficiunt.

II.
COMMONITORIUM.

C Codex Coloniensis nr. LXXX (Darmst. 2081) signatus membranaceus miscellaneus in 4° saeculo VIIII exaratus 148 folia habet; eius descriptio in catalogo ab Jaffé-Wattenbach pag. 27 confecta est. opusculum fol. 146ᵇ—148ᵇ comprehenditur hanc inscriptionem prae se ferens: *Incipit commonitorium sancti Augustini quomodo sit agendum cum Manicheis;* subscriptio abest. libellus ab uno librario conscriptus ab eodemque multis locis obsequiosa lenitate correctus est; praeter eum alius manus castigantis uestigia manifesta deprehenduntur. codex ex archetypo siue lacunoso siue difficili lectu ductus est. nam cum multae eius lacunae inde explicentur, quod scriba aberratione oculorum propter similitudinem terminationum uocabula uel totas sententias omisit, tamea multae exstant eiusmodi, ut nisi exemplari in eam partem uitioso tot corruptelae intellegi nequeant. e simili fonte fluxit is, quem infra scribam.

B Codex Laudianus nr. 133 initio saeculi X scriptus, de quo conferendus est liber Zangemeisteri „Die Bibliotheken Englands pag. 542, Sitzungsberichte der k. Akademie der Wissenschaften Bd. 84“. ab uno librario confectus, uno loco ab alia manu temptatus, uno loco sententiam omissam in margine supplet. ceterum prorsus eandem naturam atque codex Coloniensis ostentat, eandem inscriptionem prae se fert, subscriptionem omittit, initio breuiatus, ub finem dilatatus, hic illic purior, passim deprauatior. ambo codices in omnibus grauioribus rebus sic conspirant, ut unum habere tibi uideare. itaque cum hi efficiant classem unam, ii quos scribam testimonia alterius familiae exhibent, non multum inter se distantes, omnes natalis diei proprietates in fronte gerentes.

Codex Sorbonicus nr. 15302 de quo uide quae pag. XV disputata sunt. hinc initium *S* ducit fol. 355ᵃ: *Incipit comonitorium beati augustini ad uniuersam ecclam destinatum sub qua cautela manichei si conuersi fuerint suscipi tebeant;* iisdem uerbis fol. 365ᵇ subscriptio reddita est. S

Codex Parisinus nr. 1908 insignitus, olim Tellerianus, membr. miscell. forma magna saec. XIII hoc opusculum fol. 54ᵃ *Comonitoriu sci augustini epi ecclę catholicę quomodo sit agendum cum manicheis qui conuertuntur et quos penitet huius nefandi erroris* (litter. min. rubr.) et fol. 55ᵃ exhibet, ubi sic subscriptum est: *Comentariu* (sic) *beati augustini de heresi manicheoru sub execratione anathematis expl. quod iste manes non sit auctor huius heresis sed potius quidam stutianus.* eandem et inscriptionen et subscriptionem et ceteram indolem atque naturam prae se fert codex Tellerianus nunc Parisinus nr. 1918 membr. miscell. forma magna saec. XIII hoc opusculum fol. 102ᵃ—103ᵃ praebens, nisi quod uniuerse iudicanti purior et uitiorum orthographicorum immunior est. horum alterutrum monachi a S. Mauro pro fundamento emendationis posuisse uidentur. P T

Codex Dauensis 275 membr. miscell. forma magna saec. X exaratus folia 133 habet. paginas bipertitas librarius fecit uersuum 39. eius descriptionem uide in Catalogue général des dep. Tom. VI 145. inscriptionem ,*Commonitorium sci Augustini episcopi catholice ecclesie quomodo sit agendum cum Manicheis qui conuertuntur et quos penitet huius nefandissimi erroris*' referens hac subscriptione finitur: *Commonitorium beati Augustini de heresi Manicheorum.* hic codex libros ad secundam classem pertinentes pretio longe uincit. praefecto bibliothecae Dauensis, qui litteris a me rogatus libri collationem commodissime meum in usum confecit, hac occasione data non possum maximas gratias non agere. D

Sed nascitur alia quaestio discutienda. a Louaniensibus enim Commonitorium Augustinum scripisse creditum, a Benedictinis negatum est. quae disceptatio, etsi hic res aliter se habet atque in eo libro de quo supra egimus, non facilior est ad soluendum atque eiusmodi, ut eam umquam omnibus ex partibus enubilatum iri desperem, nisi forte noua testimonia eruentur. nam cum alia argumenta prostent, quae secutus Commonitorium Augustino auctori reddas, aliae sunt res, quae ne id facias suadere uideantur. atque codices uno consensu Augustini opus esse testantur. accedit, quod inter Augustinum et Manichaeos tales rationes intercessisse memoriae proditum est, quibus eum maxime idoneum fuisse, qui libellum cuius sententia eodem spectat conficeret ueri simillimum fiat. etenim Augustinum non solum acerrimum uerum etiam ingeniosissimum Manichaeorum aduersarium fuisse et qui cum disputationibus tum tractationibus atque etiam magistratuum auxilio implorato id ageret, ne Manichaeismus propagaretur, ut ei, qui illorum fidem profiterentur, aut pellerentur aut ad catholicam fidem conuerterentur quis est qui nesciat? idem mira felicitate est usus, ut plurimos Manichaeos ad catholicae ecclesiae ubera reduceret, ut aptissimus esset, qui ea praeuideret, quae ad haeresim radicitus tollendam ualerent, cum praesertim nouem fere annos inter Manichaeos auditoris nomine uersatus ceteris melius eorum doctrinam cognitam haberet atque aliis episcopis Africanis mirum quantum auctoritate praestaret. quamquam haud ignoro hoc argumento in utramque partem te uti uel potius abuti posse. alii enim, qui in tali re codicum fidem paruam esse censeant, eius ipsius condicionis quae inter Augustinum et Manichaeos fuerit memorem falsarium Commonitorio Augustini nomen praefixisse affirmabunt. alii autem, qui in disceptatione soluenda quae in eo est, utrum aliquod opus certo cuidam auctori ascribendum an ab eo abiudicandum sit, quid codices testentur magni faciendum esse arbitrentur, illas rationes recte aestimatas magnam uim habere haud immerito contendent. quod argumentum cum non satis graue uideatur, redeundum est ad alia. atque Augustinum Commonitoria confecisse scriptum legimus. certe unum scripsisse eum testis est Baronii Annalium ecclesiasticorum historia tom. V 274

Multum sane de quorundam neque paucorum fide firma et stabili gratulamur, qui ex occasione legum ipsarum ad Christianam religionem uel Catholicam pacem conuersi sunt . . . sed plurimum infirmitati metuimus, donec discant et ualeant . . . Commonitorium, quod misi fratribus episcopis . . . ab eximietate Tua illis tradatur. quod autem libellus neque ab Augustino in Retractationibus neque a Possidio memoratur, neminem mouebit, si quid ille quisquis fuit qui dogmata litteris mandauit secutus sit spectauerit. neque illud omittendum est, quod theses quales in Commonitorio proponuntur cum locis quibusdam aliis Augustini si non ad uerbum — quod non mirum est; nam auctorem si quidem quod sibi proposuit assequi uoluit, illas theses in certum quendam ordinem et certam formam redigere necesse erat — at sententiae conuenienter consentiunt. quamquam hoc libet addere negari non posse inter thesem nonam et ea quae Felix Manichaeus in libro contra Felicem 811, 4 sqq. et Augustinus in epistulae fundamenti cap. 6 aliisque locis disputant multum interesse necnon et alias discrepantias exstare. sed hanc disceptationem soluere neque huius loci nec nostri consilii est; res autem digna est, in quam subtilius et graecis testimoniis ascitis inquiratur, ut omnes dubitationes tollantur.

Iam his indiciis haud dubiis perspicitur Louanienses editores, ad quorum sententiam etiam Mai in noua editione patrum ecclesiasticorum tom. I accessit, non tam praepropere ad Augustinum auctorem Commonitorium retulisse. quibus autem causis Benedictini adducti sint, ut hoc opusculum in Appendice tom. VIII locum obtinere iuberent, ignoratur. illis uero, qui inter theses esse quasdam quae animos legentium offendant ac maxime quidem quartam et quintam, ut non uerisimile sit Augustinum illas theses in eam formam redactas in lucem emissurum fuisse, neque ullum concilium — quae Dupinii est sententia scribentis de Commonitorio: *Scriptum sequens, in quo de modo agitur, quo ad ecclesiam catholicam admittendi sunt, qui abnegata impia Manetis haeresi ad fidem catholicam reuerterentur, antiquissimum est. Quod mihi uidetur quandam esse constitutionem Concilii alicuius Africae* (noua bibl. auct. eccl. tom. III 467 Coloniae Agr. 1693) — ut uideant quam uel suae aetatis uel suam consuetudinem praue in alios contulerint respondeo Augustini animum non esse offensum; nam eo contestante Felix 852,18 eadem forma Manichaeum anathemauit. unum illam opinionem percellere uidetur, memoriae traditio. nam uix ullum scriptum aliud siue Augustini siue cuiuslibet auctoris exstat, cuius memoria adeo uariet. codices enim uetustissimi Commonitorium multo breuius offerunt quam libri recentiores, sunt alii, qui solas theses sine nomine exhibeant, alii, qui formam finalem praebeant. quam rem aliter explicari posse non uideri, nisi suspiceris falsarium quendam singula frusta in Augustini scriptis dissipata collegisse, conglutinasse atque reuerendi nominis auctorem mentitum esse. huic uarietati equidem non tantum tribuo; sed cum res non extra omnem dubitationis aleam posita sit, satius duxi eam in medio relinquere, ut Commonitorium Aurelio Augustino tribuere uererer. fusius de his duobus scriptis quae Augustini nomine ferebantur alio loco disputabo.

Editiones Editiones, quae siue haec opuscula omnia siue singula complectuntur, continuo ordine percensere omnes ab instituto nostro alienum est. quas qui cognoscere uelint Schoenemanni librum consulant, qui inscribitur: Bibliotheca historico-litteraria Patrum Latinorum II pag. 86 sqq. Lipsiae 1794. mihi eas indicasse sufficiet, quibus scriptorum emendationem longius prouectam esse manifestum est. sunt autem duae potissimum: editio princeps quae Basileae anno 1506 prodiit apud Io. Amerbachium et editio Monachorum S. Benedicti e congregatione S. Mauri, quae Parisiis apud Franciscum Muguet a. 1680 sqq. lucem aspexit.

Atque Iohannes Amerbachius ,usus fuerat in paranda hac editione opera cuiusdam Augustini Didonis, Frisii, Basileae apud S. Leonardum Canonici, qui illo sumptus praebente Italiae, Galliae et Germaniae Bibliothecas perscrutatus erat et ipse, si per fata licuisset, operibus undique comportatis manum admoturus fuisset' Car. Traugott Gottlob Schoenemann Bibl.

historica-litteraria II 86 sqq.' sed siue supellex critica operi tam grandi, tam graui non sufficiebat, siue ille in eligendis iis codicibus, quibus tamquam fundamento recensionem exstrui par sit, non satis iudicii praestitit, eius editio hanc quidem partem operum comprehendens etiam pro illa aetate non satis diligens ducenda est. ad quorum codicum testimonia singulorum opusculorum orationem refinxerit cum nusquam indicarit licet nos lateat, tamen accurata examinatione recentiorum librorum plerumque fide illum nisum esse efficitur. quod ne temere iudicasse uidear, locos aliquot afferam, qui uerborum originem arguant atque ex libro de utilitate credendi haec exempla hic locum habeant: 5, 4 *manarent] manaret Mmb*; 29, 16 *bis credidisse tibi] uix credidisset ibi b*: quam scripturam quis est qui concoquat; 29, 18 *uelle] uellet b;* 30, 4 *perpurget] perpurgetur b;* 30, 15 *inuitamento] inuitamentum SMmb;* 31, 26 uerba ex Retractatione in marginem primum apposita post autem in sententiarum geuuinarum continuitatem casu inlapsa cum aliis codicibus retinuit; 37, 23 *iubet] dubitet b;* 41, 7 lepidam figuram infelici manu fregit al. de duabus animabus 52, 4 in textum recepit *consentire* cum in margine: *al sustinere* commemoret; 54, 3 *haec b;* 54, 11 *conficeretur] confiterentur b;* 56, 2 *se deo] sed eo b;* 60, 19 *non per defectum] nondum perfecte b;* 61, 3 *quidque] quisque b;* 63, 23 *ostentat] ostendat b;* 65, 20 *admirabiles] amicabiles b* reposuit, licet in mg. lectionis admirabilis mentionem iniciat; 66, 8 *optabam] obstabam b;* 78, 16 *loquar] utar b.* contra epistulam Fundamenti: 193, 22 *sint] sunt Vb;* 194, 11 *expetere] et petere b;* 194, 26 *numquam] nullo VLb;* 197, 9 *inluminati] inclinati TLb;* 200, 28 *concedit] concedct b;* 203, 2 *pro] per b;* 203, 25 *repraesentaberis] representabis b;* 204, 1 *et quando* om. *b;* 205, 16 *relinqueretur] relinquatur b;* 207, 25 *Pattici quod] audisti de quo SVLb;* 210, 9 *terret] teneret CSb;* 213, 6 *est] distenditur b.*

Neque tum, cum ei boni testes praesto erant, ut certa uia grassari posset, ubi firmiore uestigio insisteret omnibus locis repperit. uelut in libro contra Faustum cum codice codicibus

Lugdunensi et Sangallensi et Monacensi simili uteretur, tamen bene multas maculas posterioribus editoribus eluendas reliquit. saepius uel aduersantibus libris talia constituit uerba, ut uoluntatem dicentis parum spectasse dicendus sit. contra Faustum 252, 23 hanc incredibilem sententiam excudit: *cernebat utrumque et unde. Gauderet* sqq.; 677, 6 *ipse dicit antea: Misi uos* sqq.; 329, 3 *eneruis fidei] in uerbis fidei b;* cf. 374, 1: 329, 15 *ad quae ringentes] ad quae respondentes Mb;* 334, 13 *etiam: finis] sunt. Etiam. finis* sqq. *b;* 345, 3 *ui magna fortitudinis] in magna fortitudine b;* 357, 25 *rubet et mare rubrum] nubes et mare rubrum b;* 375, 16 *cui se] cui' b;* 379, 26 *ridicula insania] ridicula et insania b;* 381, 15 *ei, qualem Faustus] ei. Quare Faustus b;* 381, 25 *constitutas] constitutis b;* 382, 3. 7 *famae] fama b;* 383, 26 *auocamentum] iocamentum b;* 390, 6 *futurarum] futurorum b;* 394, 1 *uerorum] uirorum b;* 394, 8 *iam ad effectum manifestationemque perducta sunt, plane] iam defectum est manifestationeque perducta sunt. Plane b;* 395, 3 *reipublicae legibus] reipublicae legimus b;* 396, 21 *quem tali alloquio firmaremus] quem talia alloqui firmaremus b;* 401, 19 *uideris] tu uideris b;* 403. 25 *Moyseos] moyses eos b;* 416, 9 *amatorum] amatori b* quamquam in mg. add. al amatorum; 424, 14 *paria] paries b:* 427, 17 *apertam ueritatem .. promittentem] ad apertam ueritatem .. promittentem b;* 428, 17 *serpentini poculi b;* 444, 24 *idcirco] in circo b;* 454, 10 *ille] illum b;* 460, 20 *Ause] osee* (in mg. al ause) *b;* 478, 4 *et expressa. primo] uel expressa primo* (sic coniunct) *b;* 498, 24 *feritatis] ueritatis b;* 538, 9 *solstitia. de uita certe mutastis nihil] solistitia debita. certe mutastis. nihil Sb;* 540, 18 *sic—confinguntur* om. *b*, cum his uerbis omissis sententia tolerabilis euadat nulla; 547, 27 *hic forte dicatis] forte si dicatis b;* 548, 16 *audebitis] ut hebetes b;* 573, 30 *in omnibus sui similis] in omnibus suis similis*; 583, 20 *nec intemperies] nec in tempore b;* 583, 15 *in alterutrum] in utrumque b.* sed de his reculis ne gru quidem. nam haec exempla, credo sufficient ad confirmandum iudicium, puod supra feci. atque uitia hoc genus crebriora, foediora certe reperiuntur.

multis enim locis scriptoris manus non restituta sed oblitterata est.

Prorsus aliam uiam ingressi sunt ii qui postremi una cum reliquis Augustini operibus haec quoque recensebant, monachi a S. Mauro in octauo tomo qui editus est Parisiis a. 1680 sqq. qui quorum codicum fide nisi quam rationem instituerint cum ex iis quae C. Vrba in eo libello qui inscribitur „Beiträge zur Geschichte der Augustinischen Textkritik, Wien 1889 (Sitzungsberichte der k. Akademie Bd. CXIX, VI)“ et R. Kukula de eorum apparatu critico disputauerunt appareat, tamen facere non possum, quin eorum curas ad hanc Augustini operum partem pertinentes percenseam, quo quantum ad ueterem nitorem libris reddendum contulerint clarius perspiciatur.

Atque uniuerse aestimans fateri non uereor hanc editionem meam non tantum distare a Benedictina quantum illorum ab Amerbachiana. quod ei potissimum rei tribuendum est, quod ad singula scripta uetustissimos optimosque plerumque libros manu scriptos subministrare scierunt. etenim supellex critica multotiens eadem quae mihi Benedictinis praesto fuit. ita, ut pauca afferam, ad librum de utilitate credendi et de natura boni praeter alios codices adhibuerunt Corbeiensem nr. 13.360 s. VIIII, ad opusculum contra Adimantum Corbeiensem 12.220 s. X, ad epistulam fundamenti Corbeiensem antiquissimum nunc Petropolitanum s. V—VI, ad Faustum Carnutensem librum excellentem nr. 18 signatum s. X, ad Secundinum eundem Carnutensem 101 quo mihi solo uti licuit; ad reliqua scripta recensenda codices aut paulo recentiores aut si non eosdem tamen eiusdem aetatis in suum usum uertere poterant. quodsi apparatu tam egregio instructi tamen tot naeuos abstergendos reliquerunt, quod minus quam debebant codicibus fidebant cur id fieri potuerit in culpa fuisse manifestum est. non enim ad optimi cuiusque codicis uerba restituerunt, sed adhibuerunt codices, qui in promptu essent et quasi ad manus occurrissent sine ullo delectu, ut optima quaeque in editionem ex eis deriuata uideantur. quod quam uere disputatum sit, aliquot locis ex epistula quam uocant Fundamenti et paucis locis ex aliis scriptis petitis illustrabo. pag. 194, 2 (huius edit.) *alia] talia Maur;* 194, 19 post *quem* inculcat ed. Maur. *uos* contra omnes codices; 194, 28 *quis] qui Maur;* 201, 1 *catholica] catholica ecclesia Maur TSCRb;* 213, 18 *quomodo] et quomodo Maur;* 205, 3 *incolae] et incolae Maur;* 207, 19 *incursione] incursatione Maur;* 208, 3 *progeniti] primogeniti Maur;* 208, 28 *esset] est Maur;* 216, 24 *persequi] potius sequi Maur;* 218, 13 *utrumque] utraque Maur b;* 219, 4 *esse* om. *Maur;* 221, 2 *praecelsum] praecipuum Maur b;* 221, 14 *fulturas] fissuras Maur b;* 221, 26 *quoniam] quando Maur;* 222, 3 *quod] quae Maur b;* 224, 3 *genuisse] quam genuisse Maur b;* 224, 16 *qua] cuius Maur;* 225, 23 *copulatione]* P[1]; tamen Maur adnotat: *Corbeiensis curuatione;* 229, 21 *quo] quoquo Maur;* 231, 12 *illis] illius Maur;* 232, 24 *diffueret] defflueret Maur b;* 235, 24 *et necat] atque necat Maur;* 235, 25 *hinc] hic Maur;* 237, *ut] ut non Maur;* 241, 1 *quo bono] bono Maur;* 243, 15 *ipsa] in ipsa Maur* et in marg. adn: in Mss. deest *in;* 244, 28 *et ego] ego Maur;* 246, 3 *esse] ad esse Maur;* 246, 15 *non esse tendere] ad non esse tendit Maur;* 246, 28 *sit* om. *Maur;* 247, 15 *dum] cum Maur* alia. addam aliquot locos ex epistula Secundini et libro contra Secundinum. quanti codicum auctoritatem fecerint, ex hoc loco cognoscitur. 930, 12 codex hanc sententiam offert: *uolunt autem qui peccant alios ad peccatum perducere uel stulta beneuolentia uel malitiosa inuidentia.* Benedictini editionem principem secuti locum sic refictum praebent: *uoluntate autem peccant, qui alios ad peccatum perducere cupiunt uel stulta* sqq: quam sententiam ab oratione prorsus alienam esse apparet. non minus incaute in restituendo hoc loco uestigia primi editoris presserunt 898, 22 *redeas ad illum, quae tibi et in dierum culpam, non erit succensura,* etsi codex uerba proba seruauit: *quae tibi si redieris* et ex litterarum apicibus uocabuli erasi *propter* erui potest. 916, 10 *animo] omnino b Maur*; ad locum 919, 15 adnotant: Editi, *intulisse arte.* Carnotensis codex *intulisse ante*; sed C *arte* praebet et *ante* quod Benedictini primi habent ex aliis Augustini locis reponendum est. etiam 920, 25 falso codicem *mente* offerre scribunt; 926, 26 *cum* codex omittit. 930, 22 *quem quoniam uident* habet codex; Bened. offerunt: *quem quidem uident* et infra coniecturam proponunt: forte *quem quia uident*; 935, 4 *efficitur] afficitur Maur*; 936, 11 *tutum] totum Maur*; 936, 26 *quis non tanta] quis tanta Maur b*; 937, 20 *cuius leones ausus es inridere* optime codice exhiberi luce clarius est; respicitur enim locus 896, 21 ex Secundini epistula; tamen Bened. locum sic reponunt: *qui leones ausus est irridere*; 941, 1 *exagitas] exagitatis Maur b* peruerse; 941, 10 *camparcus* ad uerborum lusum optime conueniens traditum est, non *comparcus*; 895, 3 *frustatur] frustratur b Maur*; 893, 12 *et potentissimi* omittunt *Maur b*. at esse plurimos locos huius opusculi quos dextre restituerint concedere non dubito. sed haec exempla, quorum numerum ex aliis opusculis augere possemus, ex duobus scriptis petita sufficient, credo, et ad illustrandam rationem, qua in adhibendis codicibus usi sunt, et ad confirmandum iudicium parum diligenter uersatos esse illos qui collationes conficerent in libris comparandis.

Quod tamen prioribus editoribus omnibus palmam praeripuerunt monachi a S. Mauro, ut iis tot debeat Augustinus praestantissimas emendationes quot alteri ante eos nemimi, id, ut supra dixi, ei rei uni attribendum est, quod mira felicitate in conquirendis et eruendis codicibus usi sunt.

Restat, ut omnes grato animo memorem, qui in hac Augustini operum parte edenda me adiuuerunt. et liberalissime quidem summum Ministerium multos codices Parisinos mihi transmittendos huc curauit; deinde Academiae litterarum Caesareae ope et opibus mihi facultas data est multos libros manu scriptos hic comparandi, plurimos ubi asseruantur ibi conferendi. tum gratias ago eis, quos in describendis codicibus munus librorum examinandorum subiisse dixi, itemque multarum bibliothecarum praefectis commodissimis. multum praeterea debeo uiris doctissimis Carolo Schenkl, mihi unis beneficiis cognito, H. Omont, P. Knöll, H. Koziol, Ioh. Huemer, nulli plus quam Guilelmo de Hartel, qui et Academiae auctor et per se ipse cum ante tum per totum illud temp u huic labori conficiendo operam dabam mihi auxilioque consilioque adesse non desiit. postremo singulari beneficio me sibi deuinxit C. Ziwsa, collega praestantissimus mihique amicissimus, qui plagulas totius uoluminis legens multa quae eximio mihi usui erant indicauit neque umquam cum eum adii huic operi defuit.

Si hac editione ita adiuta id assequar, ut textum offeram, qui et lectioni respondeat et arti criticae satisfaciat, haud improbum laborem profitebor me suscepisse.

Dabam Vindobonae mense Iulio a. MDCCCLXXXXI.

IOSEPHUS ZYCHA.

VII.

S. Aureli Augustini

contra Felicem libri duo.

T = Trecensis nr. 40 saec. XII
S = Trecensis nr. 201 saec. XII
P = Parisinus nr. 2093 saec. XIII
R = Parisinus nr. 2083 saec. XIII
b = editio princ. Basileae apud Io. Amerbachium.

VII.

CONTRA FELICEM LIBRI DUO.

LIBER PRIMUS.

1. Honorio Augusto sexies consule septimo idus Decembris AUGUSTINUS episcopus ecclesiae catholicae Hipponeregiensium regionum dixit: Hesterno die scis te dixisse, quod possis defendere scripturas Manichaei et adserere, quod ueritatem habeant; si hoc tibi placet et hodie facere aut praesumis te posse, dic.

FELIX Manichaeus dixit: Ego non nego me dixisse defendere legem meam, si proferantur auctores legis meae in medio.

Et cum Augustinus episcopus epistulam Manichaei, quam Fundamenti appellant, protulisset, dixit: Si legero ex hoc codice, quem me uides ferre, epistulam Manichaei quam Fundamenti appellatis, potes agnoscere, an ipsa sit?

FEL. dixit: Agnosco.

AUG. dixit: Accipe tu ipse et lege.

Et cum accepisset codicem Felix, legit: Manichaeus apostolus Iesu Christi prouidentia dei patris. haec sunt salubria uerba ex perenni ac uiuo fonte: quae qui audierit et iisdem primum crediderit, deinde quae insinuata sunt custodierit, numquam erit morti obnoxius, uerum aeterna et gloriosa uita fruetur. nam profecto beatus est iudicandus, qui hac diuina instructus cognitione fuerit, per quam liberatus in sempiterna uita permanebit.

AUG. episcopus dixit: Agnouisti certe epistulam Manichaei uestri?

FEL. dixit: Agnoui.

1 Incipit liber primus beati (beati *om. SR*, sancti *P*) (aurelii *S*) aug. epĩ (*om. SR*) contra felicem manicheum *TSPR* 3 septies *b* iduū decembriū *b* 4 ypponiregiensium *P* ypponiregientium *R* ipponiregiensium *TS* hipponi regiensiū *b* 8 ego *om. b* me non nego *Rb* 15 dixit *om. b* tu lege *PSb* 18 perhenni *TSPR* 19 hiisdem *TPS* hiistem *R* et deinde *SR* 24 manebit *PSb*

AUG. dixit: Proba nobis ergo, quomodo Manichaeus iste sit apostolus Iesu Christi. non enim eum in euangelio inter apostolos aliquando legimus et quis fuerit ordinatus in locum Iudae traditoris, nouimus, id est sanctus Matthias; et quis postea domini uoce de caelo uocatus sit, hoc est Paulus apostolus, omnes recognoscunt. istum ergo Manichaeum proba nobis apostolum esse Christi, quod in capite epistulae suae ausus est ponere.

2. FEL. dixit: Et sanctitas tua mihi probet, quod in euangelio scriptum est Christo dicente: uado ad patrem; et mitto uobis spiritum sanctum paracletum, qui uos inducat in omnem ueritatem. hoc tu mihi extra scripturam istam proba esse scripturam spiritus sancti, quod Christus promisit, ubi omnis ueritas inueniatur; et si inuenero ueritatem in aliis codicibus, qui ad Manichaeum non pertinent, et Christus illos tradidit — sic enim dictum est a Christo, quia spiritus sanctus paracletus ipse in omnem ueritatem inducet — secundum Christi sermonem ego scripturam Manichaei recuso.

AUG. dixit: Quoniam ergo tu probare non potuisti, quomodo sit Manichaeus apostolus Christi, et exigis, ut ego probem, quomodo miserit spiritum sanctum paracletum, quem promisit, ut tunc respuas scripturas Manichaei, si inueneris inpletam promissionem Christi praeter scripturas Manichaei, quamuis prior ad interrogata mea respondere debueris, tamen ecce ego prior respondeo et ostendo tibi, quando missus sit spiritus sanctus, quem Christus promisit. et accedit ad euangelium et actus apostolorum.

3. Et cum accepisset codicem euangelii, recitauit: dum autem haec loquuntur, stetit Iesus in medio eorum

3 cf. Act. 1, 26 5 cf. Act. 9, 17 10 Ioh. 16, 13 28 Luc. 24, 36 sqq.

1 iste manicheus *PSRb* 2 aliqū inter *b* 3 legimus aliquando *R* 4 mathias *TP* 9 michi *P* 11 mittam *PR* (et 17) paraclytum *TP* paraclitum *R* 12 hec *R* mihi *om. b* 14 reperiatur *b* 18 scripta *R* 21 paraclitum *P* paraclytum *T* 25 ego *om. b* prior ego *PS* prior ipse 27 ad actus *b* 29 haec autem *PS* iesus stetit *PSRb*

et dixit eis: pax uobis; ego sum, nolite timere. et cum legeret, dixit: hoc post resurrectionem. et cum dixisset, legit: conturbati uero et conterriti aestimabant se spiritum uidere. et dixit eis: quid turbati estis et cogitationes ascendunt in corda uestra? uidete manus meas et pedes, quia ego ipse sum; palpate et uidete, quia spiritus carnem et ossa non habet, sicut me uidetis habere. et cum hoc dixisset, ostendit eis manus et pedes. adhuc autem illis non credentibus et mirantibus prae gaudio dixit: habetis hic aliquid, quod manducetur? at illi obtulerunt ei partem piscis assi et fauum mellis. et cum manducasset coram eis, sumens reliquias dedit eis et dixit ad eos: haec sunt uerba, quae locutus sum ad uos, cum adhuc essem uobiscum, quoniam necesse est inpleri omnia, quae scripta sunt in lege Moysi et prophetis et psalmis de me. tunc aperuit illis sensum, ut intellegerent scripturas, et dixit eis: quoniam sic scriptum est et sic oportebat Christum pati et resurgere a mortuis die tertio et praedicari in nomine eius paenitentiam et remissionem peccatorum in omnes gentes, incipientibus ab Hierusalem. uos autem estis testes horum. et ego mittam promissum patris mei in uos; uos autem sedete in ciuitate, quoadusque induamini uirtutem ex alto. et cum reddidisset codicem euangelii, accepit actus apostolorum et dixit: Audiuimus in euangelio commemorasse euangelistam sanctum promissionem Christi, quae est in euangelio secundum Iohannem, quem praesens Felix commemorauit. ubi enim dixit dominus: mitto uobis spiritum sanctum paracletum, Iohannes euangelista scripsit. hoc autem, quod modo legi, Lucas euangelista adtestatus est et

29 Ioh. 16, 7

3 cō||trabt̄i *R* existimabant *b* 6 pedes meos *b* 8 haec *Sb* 23 mitto *P* 24 uirtute *b* 28 iohannem est *b* quā *P* 30 paraclitum *PR* paraclytum *S*

consonuit ueritati apostoli Iohannis. uideamus etiam quomodo perfectum est, quod promisit dominus et quomodo inpletum, ut cum fuerit ex canonicis libris sanctae ecclesiae expressa inpletio promissionis domini, paracletum spiritum sanctum alterum non quaeramus, ne in seductorum laqueos incurramus.

4. Et recitauit ex actibus apostolorum: primum quidem sermonem feci de omnibus, o Theophile, quae coepit Iesus facere et docere in die, quo apostolos elegit per spiritum sanctum et praecepit praedicare euangelium: quibus praebuit se uiuum post passionem in multis argumentis dierum uisus eis dies quadraginta et docens de regno dei et quomodo conuersatus est cum illis. et praecepit eis, ne discederent ab Hierosolymis, sed sustinerent pollicitationem patris, quam audistis, inquit, ex ore meo, quoniam Iohannes quidem baptizauit aqua, uos autem spiritu sancto incipietis baptizari, quem et accepturi estis non post multos istos dies usque ad pentecosten. illi ergo conuenientes interrogabant eum dicentes: domine, si in hoc tempore praesentabis regnum Israhel? ille autem dixit: nemo potest cognoscere tempus, quod pater posuit in sua potestate; sed accipietis uirtutem spiritus sancti superuenientem in uos et eritis mihi testes apud Hierosolymam et in tota Iudaea et Samaria et usque in totam terram. cum haec diceret, nubes suscepit eum et sublatus est ab eis. et quomodo contemplantes erant, cum iret in caelum, ecce duo uiri astabant illis in ueste alba, qui dixerunt ad eos: uiri Galilaei, quid statis respicientes in caelum? iste Iesus, qui adsumptus est in caelum a

6 Act. 1, 1 sqq.

1 iohannis apostoli *b* 6 ex] in *P* 12 sit *b* 13 ierosolimis *PR* iherosolymam *T* 17 baptizare *b* et *om. b* 20 in *om. b* 24 hierosolimam *P* iherosolymam *T* samaria et iudea *R* 29 respicientes (*sup.* res *superscr.* ł a) *T*

uobis, sic ueniet, quemadmodam uidistis eum euntem in caelum. tunc reuersi sunt Hierosolymam a monte, qui uocatur Elaeon, qui est iuxta Hierosolymam sabbati habens iter. et cum introissent, ascenderunt in superiora, ubi habitabant Petrus et Iohannes, Iacobus et Andreas, Philippus et Thomas, Bartholomaeus et Matthaeus, Iacobus Alphaei et Simon Zelotes et Iudas Iacobi. et erant perseuerantes omnes unanimes in orationibus cum mulieribus et Maria, quae fuerat mater Iesu, et fratribus eius. et in diebus illis exurrexit Petrus in medio audientium et dixit — fuit autem turba in uno hominum quasi centum uiginti uiri — fratres, oportet adinpleri scripturam istam, quam praedixit spiritus sanctus ore sancti Dauid de Iuda, qui fuit deductor illorum, qui comprehenderunt Iesum, quoniam adnumeratus erat inter nos, qui habuit sortem huius ministerii. hic igitur possedit agrum de mercede iniustitiae suae et collum sibi alligauit et deiectus in faciem diruptus est medius et effusa sunt omnia uiscera eius. quod et cognitum factum est omnibus, qui inhabitabant Hierosolymam, ita ut uocaretur ager ille ipsorum lingua Acheldemach, id est ager sanguinis. scriptum est enim in libro psalmorum: fiat uilla eius deserta et non sit, qui inhabitet in ea, et episcopatum eius accipiat alter. oportet itaque ex his uiris, qui conuenerunt nobiscum in omni tempore, quo introiuit super nos et excessit dominus Iesus Christus incipiens a baptismo Iohannis usque in illum diem, quo adsumptus

1 eum uidistis *P* 3 heleon *P* eleon *TSRb* 5 habitant *T* et ioh. iacob. et *om. b* 6 phylippus *T* 7 matheus *P* alphei *P* symon *TPR* 10 surrexit *b* 11 audientium *scripsi:* dicentium *TPSR* fratrum *b* 12 autem] enim *R* 13 uiri fratres *b* 14 qua dixit *R* sancti *om. R* 16 quoniam] qui *b* uos *R* 17 igitur] ergo *PR* 18 de] ex *Pb* 19 diruptus] diuisus *R* 21 habitabant *b* 22 achaldemach *PS* acheldemac *R* 25 accipiet *b* 27 super] inter *b*

est a nobis, testem resurrectionis eius nobiscum esse. et statuit duos, Ioseph, qui uocabatur Barsabas, qui et Iustus, et Matthiam. et precatus dixit: tu, domine, cordis omnium intellector, ostende ex his duobus, quem elegisti ad suscipiendum locum huius ministerii et adnuntiationis, a qua excessit Iudas ambulare in locum suum. et dederunt sortes suas et cecidit sors super Matthiam et simul deputatus est cum undecim apostolis duodecimus. et cum legisset, dixit: Audiuimus, quis ordinatus est in locum Iudae traditoris, quod paulo ante commemoraui, ne quisquam per fraudem inrepat in apostolorum numerum et nomine apostolatus fallat ignaros.

5. Nunc uideamus, quod promisimus, quomodo inpleta sit Christi promissio de spiritu sancto. et cum dixisset, legit in loco: tempore, quo subpletus est dies pentecostes, fuerunt omnes simul in uno. et factus est subito de caelo sonus, quasi ferretur flatus uehemens, et inpleuit totam illam domum, in qua erant sedentes. et uisae sunt illis linguae diuisae quasi ignis, qui et insedit super unumquemque eorum. et inpleti sunt omnes spiritu sancto et coeperunt loqui uariis linguis quomodo spiritus dabat eis pronuntiare. Hierosolymis autem fuerunt habitatores Iudaei, homines ex omni natione, quae est sub caelo. et cum facta esset uox, collecta est turba et confusa, quoniam audiebat unusquisque suo sermone et suis linguis loquentes eos. stupebant autem et admirabantur ad inuicem dicentes: nonne omnes, qui loquuntur, natione sunt Galilaei? et quomodo agnoscimus in illis sermonem, in quo nati sumus? Parthi, Medi et Ela-

15 Act. 2, 1 sqq.

2 uocatur *b* barnabas (*sup.* n *a m. 1* s) *T* 3 mathiam *TPR* 4 cordium *b* 6 ambulari *b* 7 suas *om. b* 8 simul] similis *b* 12 numero *PR* 16 sonus de cęlo *R* 20 illorum *Pb* 21 cęperunt *T* 22 illis *b* 25 confusa est *b* 27 ammirabantur *PS* 30 et medi *PSRb*

mitae, et qui inhabitant Mesopotamiam, Iudaeam et Cappadociam, Pontum, Asiam, Phrygiam et Pamphyliam, Aegyptum et partes Libyae, quae est ad Cyrenem, et qui aderant Romani Iudaeique et proselyti, Cretenses et Arabes audiebant loquentes illos suis linguis magnalia dei. et cum recitaret, dixit: Audisti nunc iam spiritum sanctum et quomodo sit missus? quod de me exegisti probaui; superest, ut et tu facias, quod promisisti. quoniam inuenimus, quando miserit spiritum sanctum, quem promisit, respuas illam scripturam, quae sub nomine spiritus sancti fraudare uoluit uel lectorem uel auditorem.

6. FEL. dixit: Ego non nego id quod dixi, quia cum probatum mihi fuerit, quod spiritus sanctus docuerit ueritatem, quam quaero, illam respuo. hoc enim sanctitas tua mihi legit, ubi spiritum sanctum apostoli acceperunt, et in ipsis apostolis unum quaero, qui me doceat de initio, de medio, de fine.

AUG. dixit: Si legeris hoc dixisse dominum: mitto uobis spiritum sanctum, qui uos doceat initium, medium, finem, bene me astringis, ut ostendam, quos docuerit spiritus sanctus.

FEL. dixit: Quia sanctitas tua hoc dicit, quod apostoli ipsi acceperunt spiritum sanctum paracletum, iterum dico: de apostolis ipsis quem uolueris, doceat me, quod me Manichaeus docuit, aut ipsius doctrinam euacuet, de duodecim quem uolueris.

AUG. dixit: Absit longe a fide apostolorum, ut doctrinam doceant sacrilegi Manichaei. sed quoniam dicis unum ipsorum debere euacuare doctrinam Manichaei, modo autem sancti apostoli non sunt in corpore, ego minimus non solum omnium apostolorum, sed omnium episcoporum, — nam ad merita

1 habitabant *PS* habitant *Rb* mesopothamiam *R* iudaeam] armeniam *b* 2 capadociam *T* phrigiamque *P* phrygiamque *b* frigiam *T* panphyliam *P* pamphiliam *T* pamphiriam *R* 3 ad] circa *PRb*, (*superscr.* ł ad) *S* cirenen *PR* 4 aduenerant *b* 7 de] a *b* 8 tu *om. b* 9 miserit xp̄s (rit *in ras.*) *P* misit *b* 16 et fine *PRb* 18 doceat uos *b* et finem *PRSb* 21 paraclitum *P* paraclytum *T* (sic ubique) 25 apostolorum *om. R* 26 eorum *b* 27 euacuare debere *b*

apostolorum quando aspiro? — quantum mihi dominus de ipso spiritu suo largiri dignatus est, euacuo doctrinam Manichaei, cum coeperint legi sequentia illius epistulae, quam tu ipse Manichaei esse non negas.

FEL. dixit: Dixisti, quia apostoli de corpore recesserunt; scripturae eorum ualent usque nunc . et quia dixit sanctitas tua et quia dedisti potestatem dicendi, quae uoluerimus sine ulla formidine, dixisti ,euacuo legem Manichaei', et ego dico: omnis homo mendax, solus deus uerax; scripturae dei loquuntur.

7. AUG. dixit: Tu quidem et homo es et, sicut res ipsa modo indicatura est, mendax. et quoniam locutus es, quae uoluisti, non de scriptura dei, oportet et me loqui quod uolo. si enim ueritas est Manichaei tui, nec a me destrui poterit; si falsitas est, quid interest, a quo destruatur? tamen quia de apostolorum scriptura dixisti, quod etsi illi non sunt in corpore, sunt hic scripturae eorum — ante adsumpti sunt apostoli, quam error Manichaei natus in mundo fuerat — propterea non inueniuntur scripturae apostolorum euidenter contra Manichaeum disserentes. uerumtamen quod apostolus Paulus in spiritu isto sancto paracleto, quem acceperat, futurum praeuiderit de talibus, qualis Manichaeus fuit, quales estis et uos, recito, ut agnoscas. et accepta epistula apostoli Pauli ad Timotheum legit: spiritus autem manifeste dicit, quod in nouissimis temporibus recedent quidam a fide adtendentes spiritibus seductoribus, doctrinis daemoniorum in hypocrisi mendaciloquorum, cauteriatam habentes conscientiam suam, prohibentes nubere, abstinere a cibis, quos deus creauit ad perci-

9 Ps. 115, 2; Rom. 3, 4 24 I Tim. 4, 1 sqq.

1 quando (*in marg.* al qm) *b* 3 ceperint *P* 7 dedisti] dixisti *P* (*in marg. signo* r *app.*) 11 et *om. Pb* 16 sint *b* 17 scripta *b* 18 in mundo natus *PR* 20 ueruntamen *T* quid *PR* 22 qualis *b* 23 pauli apostoli *Pb* 24 thimotheum *R* 25 quia *PPSb* 27 hipocrisi *P* ypochrisi *R*

piendum cum gratiarum actione fidelibus et his qui cognouerunt ueritatem, quia omnis creatura dei bona est et nihil abiciendum, quod cum gratiarum actione percipitur; sanctificatur enim per uerbum dei et orationem. haec praecipiens fratribus bonus eris minister Iesu Christi. et cum legeret, dixit: Ego hoc de uobis et de talibus, qui dicunt aliquam creaturam dei inmundam esse, et qui dicunt omnem concubitum, et qui fit cum uxore, fornicationem esse — hoc est enim quod ait „prohibentes nuptias" — per spiritum prophetiae designatum et expressum esse dico. tu autem si negas omnem concubitum fornicationem esse aut si dicis omnem cibum humanum licitum ad edendum concessum hominibus mundum esse, non es de illis, quos praedicauit et prophetauit apostolus. si autem inueniris in his, quae dixi, ecce habes apostolum Paulum destruentem et euacuantem doctrinam Manichaei futuri. itaque responde ad id, quod interrogo: omnis concubitus fornicatio est, an concubitus cum uxore non est peccatum?

8. FEL. dixit: Iterum mihi recitetur, quod dixit apostolus. et recitatum est: spiritus autem manifeste dicit quia in nouissimis temporibus recedent quidam a fide adtendentes spiritibus seductoribus, doctrinis daemoniorum in hypocrisi mendaciloquorum, cauteriatam habentes conscientiam suam, prohibentes nubere, abstinere a cibis, quos deus creauit ad percipiendum cum gratiarum actione fidelibus et his qui cognouerunt ueritatem, quia omnis creatura dei bona est et nihil abiciendum, quod cum gratiarum actione percipitur; sanctificatur enim per uerbum dei et orationem.

20 I Tim. 4, 1 sqq.

1 hiis *TPR* iis *S* 5 praecipiens (*in marg.* al̸ p̄ponens) *b* erit *R* 6 xp̄i ihū *P* 8 et—uxore *om. b* 10 et expressum *om. b* 12 licitum esse *b* 14 praedicauit et *om. b* et] uel *PSR* inueneris *b* 15 hiis *PR* 17 fornicationis *P* 19 michi *P* 20 dicit et cetera quae supra sunt *SPRb*

haec praecipiens fratribus bonus eris minister Iesu Christi. FEL. dixit: Manichaeus non a fide recessit, sicut dicit Paulus, sicut ceteri recesserunt a fide quasi in sectam suam; Manichaeus autem a nulla secta recessit, ut dicatur, quia a fide recessit.

AUG. dixit: Quoniam te uideo nolle respondere ad quod interrogaris, ne inueniaris uel non tenere spiritum sanctum, quem iam probauimus missum esse apostolis, uel non esse in eorum numero, quos futuros Paulus designauit, ubi et uos ipsos prophetauit, breuiter respondeo: ut secundum tuum intellectum accipiam quod dixisti, „recedent a fide, quia non recedunt a fide nisi illi, qui fuerunt in aliqua fide; Manichaeus autem in nulla fide fuit, a qua recesserit, sed in qua fuit, in ea permansit," hoc te interrogo, utrum Manichaeus uel potius doctrina daemoniorum mendaciloquorum, quae fuit in Manichaeo, nullos christianos catholicos seduxerit, ut recederent a fide. si enim multi a uobis et per uos et per illam doctrinam seducuntur, ut recedant a fide et intendant spiritibus seductoribus, qualis in Manichaeo fuit, et incipiant dicere omnem concubitum esse fornicationem — unde apostolus dicit: prohibentes nuptias — et incipiant dicere carnes, quas comedunt homines, non esse dei creaturam, sed daemonum facturam et esse inmunditiam: manifestum est de his praedixisse spiritum sanctum paracletum, qui erat in apostolo Paulo, quod recessuri erant a fide intendentes spiritibus seductoribus, qualis fuit in Manichaeo. iam ergo quia ego respondi, iustum est, ut tu respondeas ad quod interrogaui, utrum non dicas omnem concubitum esse fornicationem, aut si et hoc non uis respondere, ad illud, quod primo interrogaui, responde, ut probes Manichaeum esse apostolum Christi; aut si et hoc non uis, permitte me euacuare doctrinam ipsius, quod promisi, cum legeretur epistula ipsius, quam dicitis Fundamenti.

4 autem *om. R* 6 uideo te *PR* 9 eorum] eo *PR* 12 Manichaeus—fide *om. P* 13 non fuit in aliqua fide *b* 24 paulo apostolo *PR* 29 et *om. b* illud] id *b* 32 eius *b*

9. FEL. dixit: Et ego respondeo ad quod dicit sanctitas tua, quia in Paulo uenit spiritus sanctus paracletus.

AUG. dixit: Non in solo.

FEL. dixit: Ego de ipso ago, quia, si in ipso, et in omnes. et si in ipso — Paulus enim in altera epistula dicit: ex parte scimus et ex parte prophetamus; cum uenerit autem quod perfectum est, abolebuntur ea, quae ex parte dicta sunt — nos audientes Paulum hoc dicere, uenit Manichaeus cum praedicatione sua, et suscepimus eum secundum quod Christus dixit: mitto uobis spiritum sanctum. et Paulus uenit et dixit et ipse quia uenturus est, et postea nemo uenit; ideo suscepimus Manichaeum. et quia uenit Manichaeus et per suam praedicationem docuit nos initium, medium et finem; docuit nos de fabrica mundi, quare facta est et unde facta est, et qui fecerunt; docuit nos quare dies et quare nox; docuit nos de cursu solis et lunae: quia hoc in Paulo non audiuimus nec in ceterorum apostolorum scripturis, hoc credimus, quia ipse est paracletus. itaque illud iterum dico, quod superius dixi: si audiero in altera scriptura, ubi paracletus loquitur, id est spiritus sanctus, de quo uoluero interrogare, et docueris me, credo et renuntio.

10. AUG. dixit: Dicis ideo te non credere spiritum sanctum paracletum in Paulo apostolo fuisse, quia Paulus apostolus dixit: ex parte enim scimus et ex parte prophetamus, et inde putas apostolum per haec uerba praedixisse uelut alium uenturum post se, qui praedicaret omnia, quae iste non potuit, quia ex parte dicebat; et hunc tu credis esse Manichaeum. primo ergo ex ipsa lectione apostoli ostendo, unde dicebat hoc apostolus. deinde, quia dixisti, quod Manichaeus uos docuerit initium, medium et finem et quomodo uel quare factus sit mundus, de cursu solis et lunae et de aliis, quae

5 I Cor. 13, 9 . 19   10 Ioh. 16, 7

1 ad id quod *b*   6 prophetamus] prędicamus *PR*   autem uenerit *b*   9 eum] Et *b*   11 quia et ipse *b*   21 renuncio *P*   22 te ideo *b*   23 apostolus *om.* *PRb*   24 dicit *PRSb*   26 ipse *b*   31 de aliis] aliis *b*

commemorasti, non legitur in euangelio dominum dixisse: mitto uobis paracletum, qui uos doceat de cursu solis et lunae. christianos enim facere uolebat, non mathematicos. sufficit autem, ut homines de his rebus, quantum in schola didicerunt, nouerint propter usus humanos. Christus autem uenturum paracletum dixit, qui inducat in omnem ueritatem; sed non ibi ait: initium, medium et finem; non ait: solis et lunae cursus. aut si putas hanc doctrinam ad illam ueritatem pertinere, quam per spiritum sanctum Christus promisit, interrogo te, quot sint stellae. si accepisti spiritum illum, de quo dicis, ad quem pertinet docere ista, quae ego dico ad disciplinam et doctrinam christianam non pertinere, oportet, ut renunties et respondeas mihi. debitorem enim te fecisti, ut si quid de talibus interrogauero, si non responderis, non in te adpareat spiritus ille, de quo dictum est: iuducet in omnem ueritatem, si illa est ueritas, quo ista pertinent. itaque elige tibi, utrum uelis, et paratus sis mihi de his rebus respondere tamquam homo, qui accepisti spiritum, qui introducit in omnem ueritatem, et dicis, quia ad ipsam ueritatem pertinet scire ista mundana. itaque ego tibi possum ea dicere, quae pertinent ad doctrinam christianam; tu autem, qui putas ad eam pertinere, quomodo sit factus mundus et quae agantur in mundo, ad omnia mihi necesse est respondeas. sed plane cum responderis, probaturus es. sed antequam incipias dicere, si forte habes quod ille confinxerit, quem secutus es, doceam prius ego quod promisi, unde dicebat apostolus: ex parte scimus et ex parte prophetamus.

11. Dicebat enim, sicut lectio ipsa mox indicatura est, quia in ista uita homo cum est, non potest adsequi omnia, sed ex parte adsequitur in hac uita; ipse autem spiritus sanctus, qui ex parte docet in hac uita, post hanc uitam in-

15 Ioh. 16, 13

4 scola *TPR* 5 humanos usus *b* 7 aut lunae *P* 10 sunt *b* 12 et] ad *b* 16 sed si *R* 20 ea possum *PR* dicere ea *b* 22 factus sit *b* 24 et probaturus *R* 26 unde *om. b*

troducet in omnem ueritatem. quod ut apertissime doceatur, audi apostolum. et cum diceret, ex apostolo legit: siue autem prophetiae euacuabuntur siue linguae cessabunt siue scientia euacuabitur; ex parte enim scimus et ex parte prophetamus; cum autem uenerit quod perfectum est, quod ex parte est, euacuabitur. cum essem paruulus, loquebar quasi paruulus, sapiebam quasi paruulus, cogitabam quasi paruulus; cum autem factus sum uir, euacuaui, quae paruuli erant. uidemus enim nunc per speculum in aenigmate, tunc autem facie ad faciem. et cum legeret, dixit: Iam dic mihi tu, si tempora futura Manichaei praedicebat apostolus, utrum tu uideas modo deum facie ad faciem.

12. FEL. dixit: Non tantum ego possum contra tuam uirtutem, quia mira uirtus est gradus episcopalis, deinde contra leges imperatoris. et superius petiui compendiue, ut doceas me, quid est ueritas; et si docueris me, quid est ueritas, parebit quod teneo mendacium esse.

AUG. dixit: Adparuit te probare non potuisse apostolum Christi esse Manichaeum; quare autem non potueris, breuiter expono. dixisti inde te probare Manichaeum apostolum Christi, quia paracletum uenturum promisit Christus spiritum sanctum; et quia non inuenires, quando uenerit, quem Christus promisit, hinc te credere ipsum esse Manichaeum. at uero ubi probaui per scripturas sanctas, ecclesiasticas, canonicas, quando uenerit apertissime spiritus sanctus, quem uenturum promisit dominus Christus, conuertisti te, ut diceres debere tibi ostendi, quid docuerit et utrum Manichaei doctrinam euacuauerit. cum ergo respondissem Manichaeum post apostolos fuisse in carne, illorum autem doctrinam, antequam Manichaeus natus esset, ab ipsis fuisse praedicatam, dixi tamen unum ipsorum

2 I Cor. 13, 8 sqq

7 quasi] ut *(bis) b* sapiebam] sciebam *b* 9 quae] ea quae *PRSb* 10 enigmate *TR* enignimate *P*. 12 prędicebant *R* tu modo *b* 16 imperatorum *PRSb* me doceas *b* 18 patebit *S* mendatium *P* 24 uero *om. PRb* 26 spiritus sanctus apertissime *R*

apostolorum Paulum per spiritum sanctum, qui in omnes apostolos uenerat, prophetasse etiam de ista uestra doctrina, quia futura erat, et eam appellasse doctrinam daemoniorum mendaciloquorum . ubi ostendi ea, quae dixit Paulus futura in ipsa doctrina ad uestram professionem pertinere, id est prohibitionem nuptiarum — quia omnem concubitum, et cum uxore, fornicationem esse dicitis — et abstinentiam a cibis, quos deus creauit — quia noui uos quosdam cibos dicere inmundos, cum ipse sequatur et dicat: omnis creatura dei bona est — cum hic a te exigerem, ut responderes, dixisti Manichaeum docuisse uos initium, medium et finem et cursum solis et lunae et cetera talia; quae cum ego ostenderem ad christianam doctrinam non pertinere, respondisti apostolum ipsum Paulum dixisse, quia ex parte scit, ex parte prophetat. dixi nos non posse scire diuina, cum sumus in hac uita, et hic uidere per speculum et in aenigmate, tunc autem facie ad faciem, et quaesiui a te, si hoc putas dixisse apostolum Paulum, quod uenturus esset Manichaeus, qui doceret, quod non poterat Paulus, pertinere ad te, qui te dicis accepisse ipsum spiritum uidere modo deum facie ad faciem. quod quia non potes. manifestum est apostolum Paulum de illa uita dixisse, de qua dicit et Iohannes: dilectissimi, filii dei sumus et nondum adparuit quid erimus; scimus enim quia cum adparuerit, similes ei erimus, quoniam uidebimus eum sicuti est. hoc tu cum audisses, dixisti te non ualere contra meam uirtutem . quae uirtus mea non est, sed si aliqua est, ab illo mihi data est ad redarguendos errores, qui uirtus est omnium fidelium suorum et pleno corde de se praesumentium. dixisti etiam, quod te episcopalis terreat auctoritas, cum uideas, quanta pace inter nos agamus, quanta tranquillitate disputemus, quemadmodum populus praesens

9 I Tim. 4, 1 sqq. 22 I Ioh. 3, 3

7 cybis *P* 11 nos *S* nos docere *b* cursus *b* 12 ego cum *PR* 13 ipsū apostolū *b* 14 et ex parte proph. *b* 16 enigmate *T* 23 quod *PR*· enim] autem *PSb*

nullam tibi uim faciat, nullum terrorem incutiat, sed tranquillissimus audiat, sicut decet christianos. dixisti etiam timere leges imperatoris. hoc pro uera fide non timeret, quem spiritus sanctus inpleret; nam et Petrus apostolus in passione domini timuit et ter negauit; ubi autem eum paracletus, quem Christus promiserat, spiritus sanctus inpleuit, pro fide domini crucifixus est; et ille, qui primo habuit negationem timoris, postea inpleuit gloriosissimam passionem confessionis. tu itaque ex hoc ipso, quod timere te dixisti leges imperatoris, quamuis et de ceteris rebus satis adparet, quod non inueneris spiritum paracletum ueritatis, quia et si non timeres, aliis rebus conuincereris.

Fel. dixit: Et apostoli timuerunt.

Aug. dixit: Timuerunt, ut cauerent, non ut fidem suam conprehensi edicere dubitarent. tu ante iam hinc timere debuisti, ut non hic te inueniremus; iam in medio es. quare times, nisi quia quod dicas non habes? nam si imperatores timuisses, ante tacuisses. nunc uero cum hesterno die libellum curatori dederis et publice clamitaueris cum codicibus tuis te paratum esse incendi, si quid mali in ipsis fuerit inuentum, unde heri leges flagitabas quasi fortis, hodie ueritatem fugis ut timidus?

13. Fel. dixit: Non ueritatem fugio.

Aug. dixit: Dic ergo, si uides deum facie ad faciem secundum polliciationem tuam, quia dixisti apostolum Paulum de uobis dixisse, quia tam plenam ueritatem accepturi essetis, ut intellegamus uel credamus apostolum habuisse ex parte et te totum.

Fel. dixit: Non ueritatem fugio, sed ueritatem quaero. quod tu dicis, quia non teneo, probetur mihi per scripturas deificas. hoc quaero iam.

Aug. dixit: Prius profitere te non potuisse probare Mani-

2 audiat] adeat *b* 3 timere te *b* (et 10) imperatorū b 15 ante] autem *PRSb* iam *om. b* 17 et si *PSb* 20 aliquid *PRSb* 25 paulum apostolum *PR* 26 nobis *R*

chaeum apostolum Iesu Christi; et quantum potuero, cum omnia exstirpata fuerint contraria de corde tuo per ministerium meum donante domino, insero tibi quae sit scientia ueritatis, quae perducat ad deum initians a fide.

FEL. dixit: Quia hoc dicis tu, ut legem meam negem et alteram accipiam, meliorem dumtaxat, quod quaero ego, non hoc respondeo, ut legem meam negem, antequam alteram accipiam.

AUG. dixit: Sed prius de uase funditur, quod aduersum habet, et sic inpletur, quod bonum est; aut si adhuc dubitas fundere, defende, quo plenus es. ostendam enim tibi, quantum me dominus adiuuat, quanta inmunditia et blasphemiis plena sit doctrina Manichaei, si permittas, ut legatur illa epistula, de cuius initio iam tractauimus et non potuisti probare apostolum Christi esse Manichaeum. sed ideo moras innectis, ne cetera legantur, ubi aperte uestra sacrilegia deprehenduntur; aut si permittis, legantur.

FEL. dixit: Permitto, quia dixisti omnia inmunda fundi et sic bona inmitti; hoc enim dictum est sanctitatis tuae. ad quod et ego dico: nullus aquam fundit, nisi alter adinpleuerit.

AUG. dixit: Hoc uide quam inconsiderate dixeris, ut mitius loquar et non dicam insane. utique de uase tibi similitudinem posui; in uas plenum nemo potest aliquid mittere, nisi fundatur illud, quo plenum erat.

FEL. dixit: Unum dixisti et ego dixi duo.

AUG. dixit: Si duo uasa dixisti, uis illum parem tuum fundimus et inplemus illum, ut possis tu fundere, quod habes?

FEL. dixit: Ambo unam aquam habemus.

AUG. dixit: Cum ergo ambo pleni sitis aqua uestra, quid inplebimus, ut doceamus uos, nisi aliquis uestrum fuderit, quod habet? aut si bonum est et ideo debet teneri, ut de-

2 fuerint omnia *b* 3 scit *TPS* 6 accipiam alteram *R* 10 est *om. b* 12 me *om. Pb* 14 inicio *T* 16 ceteris *R* aperta *PR* 20 et *om. R* adimpleuit *R* impleuerit *PSb* 22 uide] uides *SPRb*

fendatur et legatur illa epistula, uideamus, si uel cetera possunt defendi, si in ipso initio defecisti; aut si dicis te in illo non defecisse, proba nobis quomodo sit Manichaeus apostolus Christi.

14. FEL. dixit: Christus dixit spiritum sanctum missurum se, qui in omnem ueritatem inducat.

AUG. dixit: Si habes illum, adtende, quod te iamdudum interrogaui. dixisti enim ad ipsius doctrinam pertinere etiam ista mundana cognoscere . dic mihi: quot sunt stellae, si introductus es in istam omnem ueritatem?

FEL. dixit: Et ego dico, quia, si paracletus per apostolos locutus est, et per Paulum; et ego peto sanctitatem tuam, ut illa mihi ostendas, quae iam dixi.

AUG. dixit: Confitere te non potuisse ostendere, quod ego interrogaui, et ostendam secundum scripturas, quod pertineat ad fidem christianam.

FEL. dixit: Et ego, si adtuleris mihi scripturas Manichaei, quinque auctores, quos tibi dixi, quicquid me interrogaueris, probo tibi.

AUG. dixit: De ipsis quinque auctoribus est ista epistula, cuius aperuimus principium et inuenimus ibi scriptum: Manichaeus apostolus Christi Iesu . et uideo, quia ipsum non mihi principium exponis, quia non probas, quomodo sit Manichaeus apostolus Iesu Christi.

FEL. dixit: Si in ista non probo, in secundo probo.

AUG. dixit: In quo secundo?

FEL. dixit: In Thesauro.

AUG. dixit: Thesaurum istum, quem ideo tali nomine appellatis, ut miseros seducatis, quis scripsit? Manichaeus . nolo mihi ab illo probes: quia ipse Manichaeus mentitur dicendo se esse, quod non est.

4 $\overline{IHV}$ $\overline{XRI}$ *PR* 5 misurum *P* 7 ad id quod *b* 10 omnē istā *b* 12 loquutus *P* 15 quid *TS* 17 si mihi *b* 18 tibi *om. R* 21 scriptum ibi *R* manicheus (sic ubique) *T* 22 iesu christi *b* 23 principium non mihi *PSRb* probat *b* 29 scripsit? felix dixit: Manichęus. Augustinus dixit *sqq. b* 30 ipse] ille *R om. b*

FEL. dixit: Tu mihi proba per alterum.

AUG. dixit: Quid uis tibi probem?

FEL. dixit: Quia mentitur Manichaeus.

AUG. dixit: Quia tu non potes probare uerum dicere Manichaeum, oportet, ut ego probem mentitum Manichaeum esse?

FEL. dixit: Quare non potui probare? numquid prolatae sunt scripturae, quas ego petiui, et non probaui?

AUG. dixit: Sed sctipturas Manichaei petis, quibus fidem non habemus; aliunde proba. ego autem de ipsa scriptura Manichaei tibi probo mentitum esse Manichaeum et blasphemasse Manichaeum.

FEL. dixit: Afferantur libri.

AUG. dixit: Praesens est epistula Manichaei, quam dicitis Fundamenti. initium nullum est in aedificio, nisi fundamentum . si eum ostendero in ipso fundamento ruinam fecisse, ceteram eius constructionem ut quid quaerimus?

15. FEL. dixit: Hoc dicis in ipsam ostendens ruinam esse . et ego dico, da arbitros, quantos et tu habes, et tibi probo, quia non mentitur.

AUG. dixit: Absit a nobis et a genere humano, ut quantos hic uides, tantos uideas Manichaeos.

FEL. dixit: Da, dixi, quae a te petiui.

AUG. dixit: Quos uis ergo, ut dem tibi?

FEL. dixit: Quos tu uolueris.

AUG. dixit: Ego istos do; si habes meliores, pete.

FEL. dixit: Quomodo istos das?

AUG. dixit: Praesentes, qui nos audiunt.

FEL. dixit: Isti mihi non fauent.

AUG. dixit: Ergo tu tales quaeris, qui tibi faueant, non qui ueritati?

1 proba michi *R* 2 quid uis tibi probem? quia mentitur manicheus? felix dixit: quia mentitur manicheus *P* 5 esse manicheum *PSRb* 6 nunquid *TSPR* 7 ego *om. b* 10 probo *om. R* 13 austinus *P* 14 in ędificio nullum est *PSRb* 15 eum] enim *Rb* 16 et cęteram *R* 17 ipsa *R* ostende in ipsa ruinam esse *b* 18 et tù] tu *P om. b* 20 et] ut (a *supra* u) *T* aut *R*

FEL. dixit: Qui me audiant et non tantum me, sed et ipsam scripturam, ut probetur, an uerum dicit, an mentitur.

AUG. dixit: Uides ergo, quia audiunt. legamus cetera, quia tu istam epistulam Manichaei esse confessus es.

FEL. dixit: Non nego.

AUG. dixit: Ergo legatur.

16. FEL. dixit: Arbitros non habeo. et adiecit: legatur caput ipsius. et cum legeretur et uentum esset ad locum, ubi scriptum habet eadem epistula: pax uobis inuisibilis et ueritatis notitia sit cum fratribus suis et carissimis, qui mandatis caelestibus credunt pariter atque deseruiunt; sed et dextera luminis tueatur et eripiat uos ab omni incursione maligna et a laqueo mundi; pietas uero spiritus sancti intima pectoris uestri adaperiat, ut ipsis oculis uideatis uestras animas, Felix dixit: Da scripturam, quae ista redarguat.

AUG. dixit: Adhuc nihil mali audiuimus, nisi quod ausus est Manichaeus apostolum se Christi nominare. nam ea, quae dixit, adhuc ad tectorium fallaciae pertinent et ad ouinam pellem, quibus eis prius dicit uerba bona, ut possit introducere mala. sed quid uelit introducere per haec uerba, uideamus. si enim aliquid mali introduxerit, et ista uerba mala erunt et seductoria; si autem aliquid boni in posterioribus et ueri dixerit, necessitate conprehendemus. permitte ergo legantur sequentia.

FEL. dixit: Si ergo adseris, quia in primo bona ponuntur et postea mala inmittuntur, quomodo ego tibi possum credere, cum mihi primo bona dixeris?

AUG. dixit: Ego adhuc ista nec bona dixi nec mala. nihil mali adhuc audiuimus, dixi; non dixi: iam aliquid boni audi-

1 adiuuant *R* et *om. TSPR* 8 illius *PSRb* 9 ubi *om. R* 11 atque] et *b* 13 nos *R* 14 sancti sp̄s *b* uestri pectoris *Sb* 15 animas uestras *b* 18 xp̄i se *SR* se apostolum xp̄i *b* ea *om. b* quę adhuc *b* 21 per haec uerba introducere *PSb* 23 boni et ueri *b* 24 reprehendimur *R* 27 ego] ergo *STPb* tibi credere *b*

uimus. malum enim illud solum dixi, quod ausus est dicere se apostolum Christi. uerba uero, quae dixit in consequentibus, tunc erunt mala, si mali aliquid introduxerint; tunc erunt bona, si boni aliquid introduxerint. permitte ergo, ut sequentia legantur . quare times?

FEL. dixit: Non timeo.

AUG. dixit: Permitte ergo, ut legantur.

FEL. dixit: Legantur.

17. Et cum legeretur et uentum esset ad locum, ubi scriptum habet: ita autem fundata sunt eiusdem splendidissima regna super lucidam et beatam terram, ut a nullo umquam aut moueri aut concuti possint, Augustinus dixit: Terram istam quam dicit, unde habebat? fecit eam, an genuit eam, an aequalis et coaeterna illi erat? istam dico terram, lucidam et beatam quam dicit.

FEL. dixit: Quomodo scriptum est: in principio fecit deus caelum et terram et terra erat inuisibilis et coinquinabilis et incomposita. ego ita intellego: in principio fecit deus caelum et terram et terra erat, quasi duae terrae mihi uidentur esse, secundum quod Manichaeus dicit duo regna.

AUG. dixit: Quia scripturam commemorasti nostram, quam soletis blasphemare, ad me pertinet exponere illam et ostendere tibi sine blasphemia esse illud scriptum et cum ueritate et non secundum Manichaeum, ut deinde tu uel in secundis mihi respondeas, quod interrogaui.

FEL. dixit: Respondeo.

AUG dixit: Quod scriptum est: in principio fecit deus caelum et terram, breuiter conplexa est scriptura, quid fecerit deus. deinde quia nondum adparebat haec terra, quam fecerat, antequam eam distingueret et ornaret, qualem terram fecerat deus, secuta scriptura exposuit, qualis terra erat, de

1 se dicere *b* 3 mali] boni *R* 4 aliquid boni *P* 11 supra *SPb* 16 quomodo (*in marg.* al quod) *b* 18 ita] ista *TS* ista intellego ita *R* 20 dixit *b* 24 illud *om.* *R* 30 nondum] non solum *R*

qua dixerat: in principio fecit deus caelum et terram; tamquam, cum audissemus: in principio fecit deus caelum et terram, quaereremus, qualem terram, subiecit et ait: terra autem, id est illa, quam fecerat deus, inuisibilis erat et incomposita. non ergo duas terras dixit, sed qualis illa fuerit exposuit. tu itaque responde nunc mihi, quod breuiter interrogaui: terra ista lucida et beata, quam dicit Manichaeus, supra quam fundata erant regna dei, ab ipso deo facta erat, an genita de illo erat, an coaeterna illi erat? unum de tribus, nisi molestum est, sine tergiuersatione responde.

FEL. dixit: Ipsa se scriptura interpretatur.

AUG. dixit: Si ergo nosti esse hic aliquem locum, ubi hoc dicat scriptura, quia illam terram uel genuit deus uel fecit uel coaeterna illi erat, aperi ad locum, quem nosti, et lege mihi.

FEL. dixit: Non est in ista scriptura, sed in altera.

AUG. dixit: Credo ergo, quia, si qua est illa scriptura, meministi, quid ibi dixerit. itaque tu mihi responde, qui nosti illam scripturam; et si dixero, quia non sic habet, conuinces me. si autem sic cognouero, secundum hoc disputo, quod tu ipse responderis. dic ergo, an fecerit terram istam deus, an genuerit, an coaeterna illi fuerit, qui legisti in nescio quo libro, ubi esse hoc scriptum dicis.

FEL. dixit: Quia modo sanctitas tua interpretata est scripturam tuam, quomodo uoluisti et acceptaui, et tu sic mihi accepta, quicquid dixero.

AUG. dixit: Interim quod interrogaui, si nihil me contra mouerit, accepto; si autem aliquid mouerit, motum meum indico tibi, ut ad ipsum respondeas.

1 Gen. 1, 1 sq.

1 fecit ḍs̄ cęlum *P* 3 quaereremus—terram *om. R* 6 fuit *b* 12 se *om. R* 13 aliquē esse *b* ubi michi hoc dicat ista *PRb* 17 in ista] ista *R* 18 ergo] inquit *b* 20 si (*in marg. al* nisi) *b* sic nō *b* 23 erat *b* qui] quod *R* in uestro quo *b* 24 ibi *b* 25 modo *om. R* 26 mihi sic *b* 28 interrogau *R*

FEL. dixit: Ego non respondi ad tua dicta.

AUG. dixit: Quia prius est, ut mihi ad id, quod interrogaui, respondeas, tamen feci etiam, ut tibi prior respondeam . forte non te mouit; ideo non respondisti . forte et me non mouebit, cum responderis. responde ergo ad quod interrogaui.

18. FEL. dixit: Respondeo. et adiecit: dixisti ergo de terra illa, in qua deus habetur, an facta est ab illo, an generauit illam, an coaeterna illi est. et ego dico, quia, quomodo deus aeternus est et factura apud illum nulla est, totum aeternum est.

AUG. dixit: Non illam ergo genuit neque fecit?

FEL. dixit: Non, sed est illi coaeterna.

AUG. dixit: Si autem genuisset illam, non illi esset coaeterna.

FEL. dixit: Quod nascitur, finem habet; quod innatum est, non habet finem.

AUG. dixit: Quibus ergo erat ille pater aut cuius erat pater, quem modo patrem nominauit? si enim nihil genuerat, pater esse non poterat.

FEL. dixit: Sed sunt alia, quae generauit.

AUG. dixit: Illa ergo, quae generauit, non sunt illi coaeterna, an et ipsa coaeterna sunt?

FEL. dixit: Coaeterna sunt illi quicquid deus generauit.

AUG. dixit: Ergo errasti, quod superius dixisti: omne quod nascitur, finem habet.

FEL. dixit: Interim, quia secundum generationem carnis locutus sum, erraui

AUG. dixit: Modestissime confessus errorem merearis intellegere ueritatem.

FEL. dixit: Faciat deus.

AUG. dixit: Adtende ergo iam, ut incipias cognoscere erro-

2 ad interrogata *b* 3 tamen] tantum *R* mea tum feci etiā *b* prior tibi *PRb* 7 habitat *b* 8 est illi *b* 11 ergo *om.* *R* 16 finem non habet *Sb* 18 quem] quoniam *b* 21 ergo quae *om.* *R* 22 sūt coęterna *b* 25 nascitur *om.* *R* 27 loquutus *P* 30 faciat inquit *b*

rem scripturae huius. si quae genuit deus, coaeterna non sunt illi, melior est terra illa, quam non generauit deus, ubi habitant omnia, quae generauit deus; quam terram dicis ab eo non generatam.

FEL. dixit: Coaequantur sibi omnia, et quae generauit et quae non generauit, id est terra illa, ubi commorabatur.

AUG. dixit: Quid? ipse qui generauit, aequalis est illis omnibus aut maior est illis?

FEL. dixit: Et qui generauit et quos generauit et ubi positi sunt, omnia aequalia sunt.

AUG. dixit: Unius ergo substantiae sunt?

FEL. dixit: Unius.

AUG. dixit: Hoc quod est deus pater, hoc sunt filii ipsius, hoc et terra illa?

FEL. dixit: Hoc unum sunt omnes.

AUG. dixit: Huius ergo terrae non est pater, sed habitator?

FEL. dixit: Etiam.

AUG. dixit: Si nec genuit illam nec fecit illam, quomodo ad eum pertineat nisi sola uicinitate, non uideo, quomodo si habeat aliquis uicinum bonum; et duae iam erunt res ambae ingenitae: terra et pater.

FEL. dixit: Immo tres sunt: pater ingenitus, terra ingenita et aer ingenitus.

AUG. dixit: Hoc totum una substantia est?

FEL. dixit: Una.

AUG. dixit: Et ita fundata, ut a nullo umquam moueri aut concuti possit?

FEL. dixit: Motio et concussio habet distantiam.

AUG. dixit: Habeat; sed tamen talia fuerunt, ut a nullo umquam moueri aut concuti possent?

FEL. dixit: Est distantia inter moueri et concuti.

AUG. dixit: Non inde te interrogo.

FEL. dixit: Sed inde me uis tenere.

9 posita *R* 14 illa terra *P* 16 inhabitator *b* 18 si] sic *TS* illam *(prius) om. b* 20 iam *om. R* 28 commotio *R*

AUG. dixit: Quomodo uis, accipe „moueri.“ non poterat moueri?

FEL dixit: Non dico, quia non poterat moueri, sed motio distantia est.

AUG. dixit: Sed ita dixi: nec moueri nec concuti; non dixi: moueri quidem potest, sed concuti non potest, aut: concuti quidem potest, sed moueri non potest. sed ambas res dixi: non posse nec moueri nec concuti.

FEL. dixit: De ambabus rebus distantia est inter moueri et concuti.

19. AUG. dixit: Legamus ergo sequentia, uideamus, si deus iste, qui fundata habebat regna super lucidam et beatam terram, quae a nullo umquam moueri et concuti possunt, neminem timuit, sicut oportebat, ut neminem timeret, cuius regna sic fundata erant, ut a nullo aut moueri aut concuti possent. et legit sequentia: *iuxta uero unam partem ac latus inlustris illius ac sanctae terrae.* et cum legeret, interrogauit: quod latus? dextrum aut sinistrum?

FEL. dixit: Hanc tibi ego non possum interpretari scripturam et exponere, quod ibi non est; ipsa sibi interpres est. ego non possum dicere, ne forte incurram in peccatum.

AUG. dixit: Legatur ergo, quod sequitur. et cum legeret et uentum esset ad locum, ubi habet: *lucis uero beatissimae pater sciens labem magnam ac uastitatem, quae ex tenebris surgeret, aduersus sua sancta inpendere saecula, nisi quod eximium ac praeclarum et uirtute potens numen obponat, quo superet simul ac destruat stirpem tenebrarum, qua extincta perpetua quies lucis incolis pararetur,* Augustinus dixit: Nunc iam quia coeperunt apertae blasphemiae, si defendendas putas, dic, quid ista gens tenebrarum, quam uidetur deus timuisse, ne magna labes et uastitas ex tenebris in regna eius inruerent, nocere poterat

1 accipe *R* 6 potest *alt. om. b* 7 sed *pr. om. b* 16 unam uero *PSRb* 18 aut] an *b* 22 legatur hoc ergo *PSR* ergo hoc *b* 27 numen] unum *R* 28 styrpem *T* 29 in occlis p̄pararetur *P* quoniam *SR* 32 irrueret *PR* potest *R*

deo; maxime cuius regna superius dixit ita fundata, ut a nullo umquam moueri aut concuti possent. quid ergo illi factura erat gens ista? poterat ei nocere, an non poterat? responde unum de duobus.

FEL. dixit: Et ego respondeo: si nihil contra deum est, secundum quod dixit scriptura Manichaei, quia est alterum regnum, pro qua causa Christus missus est, ut nos liberaret de laqueo mortis huius? cuius est iste laqueus et mors? si aduersarius nullus contra deum est, ut quid baptizati sumus? ut quid eucharistia, ut quid christianitas, si contra deum nihil est?

AUG. dixit: Quia uideo te nolle respondere, quod te interrogo, et te interrogare, ut tibi respondeam, et hoc non recuso, dum tamen memineris, quia tibi interroganti ego respondeo, tu autem mihi interroganti respondere noluisti. sed quia me interrogasti, audi, quod interrogasti. nos quidem dicimus liberatorem Christum uenisse et a peccatis nostris dicimus nos liberari, quia nos non sumus de substantia dei geniti, sed per eius uerbum facti a deo. multum autem interest inter natum de substantia dei et factum a deo, quod non est de substantia dei. quicquid ergo fecit deus, potest esse mutabile; ipse autem deus non est mutabilis, quia non possunt aequari opera artifici et conditori. tu autem, qui paulo ante ad interrogationem meam dixisti, quia *et pater, qui generauit ibi lucis filios, et aer et ipsa terra et ipsi filii una substantia sunt et aequalia sunt omnia*, oportet, ut dicas mihi, huic substantiae utique incorruptibili quomodo poterat nocere gens tenebrarum. si enim poterat nocere ei, non erat natura incorruptibilis; si autem non poterat, nulla causa erat, quare proelium agitaret et illud numen, quod dicit, huc mitteret.

1 dixisti *R* dixita T^1 2 aut] ac *R* illi ergo *R* 3 ei] enim *PRb* an] aut *R* 4 de] e *b* 5 et ego] ego *R* dm̄] dictum *R* 6 dicit *Rb* 9 ut qui *R* 10 eucaristia *P* 12 ad id quod *b* te interrogo] interrogo *PR* 16 quid *R* nos] non *R* 17 nos dicimus *R* 20 de *om.* *PR* 23 antea *PR* 30 numen] lumen *R* huc] ut *R*

FEL. dixit: Dilationem peto, ut possim respondere.

AUG. dixit: Quando? cras intermissus sufficit?

20. FEL. dixit: Intermitte mihi tres dies, id est hodie et cras et perindie aut usque ad diem, qui est post dominicum, id est pridie idus Decembris.

AUG. dixit: Uideo te dilationem ad respondendum petisse; humanum est, ut concedatur tibi . sed si respondere non potueris ad praestitutum diem, quid fiet?

FEL. dixit: Ero uictus.

AUG. dixit: Quid? si fugeris.

FEL. dixit: Reus ero ciuitatis huius et ubique et legis meae.

AUG. dixit: Immo hoc dic: si fugero, sic habear, tamquam si anathemauero Manichaeum.

FEL. dixit: Hoc dicere non possum.

AUG. dixit: Ergo aperte nobis dic, quia fugere cogitas et nemo te tenet.

FEL. dixit: Non fugio.

AUG. dixit: Ut uideo, non uis quasi uictus abscedere; sed saltem hoc dic: si fugero, uictus sum.

FEL. dixit: Dixi.

AUG. dixit: Et unde adparebit te fugisse propter gesta?

FEL. dixit: Iube, ut quem elegero, cum ipso sim.

AUG. dixit: Elige tibi aliquem de praesentibus istis fratribus, qui ad cancellum stant.

FEL. dixit: Sed cum illo, qui est in medio.

AUG. dixit: Sicut tibi elegisti, usque ad diem cum illo eris.

FEL. dixit: Etiam; et ego hoc consentio.

BONIFACIUS dixit: Praestabit Christus, ut si cum illo ueniam, christianus est.

1 cap. XX *b* dilectionem tuam peto *P* 4 periendie *R* 7 poteris *R* 8 praestitutam *R* 13 habear] hāτ *R* 14 anathematizauero T^2*Pb* 19 uictus *om.* *R* 24 istis pręsentibus *Pb* 25 stent *R* 26 Etiā et ego consentio; sed *sqq.* *b* 28 felix—consentio *om.* *b* 29 bonefacius *PSR*

Augustinus episcopus ecclesiae catholicae Hipponiregiensis his in ecclesia coram populo gestis subscripsi.

Felix christianus, cultor legis Manichaei, his in ecclesia coram populo gestis subscripsi.

LIBER SECUNDUS.

1. Cum uentum esset ad diem praestitutum, id est ad pridie iduum Decembrium, res sic agi coepit in ecclesia Pacis.

AUGUSTINUS episcopus ecclesiae catholicae Hipponiregiensium regionum dixit: Pridem cum sermonem haberemus, dilationem te petiisse meministi, cum ad ea, quae interrogaueram in praesenti respondere non posses. si ergo tam lato temporis spatio, post diem scilicet quintum, aliquid excogitasti, responde. hoc enim tunc interrogaueram: si deo nocere nihil poterat, quare bellum gessit cum gente quam dicitis tenebrarum, in quo bello naturae daemonum misceret substantiam suam, quae hoc est, quod ipse, sicut iam interrogatus dixisti? si autem nocere ei poterat, non incorruptibilem deum colitis, qualem ueritas et apostolica doctrina testatur.

FELIX dixit: Ex quo a sanctitate tua recessi, ut ad diem constitutum reuersus essem, ut responderem tuae interrogationi, quaecumque uelles interrogare, uentum est ad diem . et quia nullam scripturam inter manus habui, quia non mihi sunt redditae, unde me instruere possem — nullus enim ad certamen exit, nisi prius meditatus fuerit et nullus litigator potest sine suis chartis litigare — similiter et ego sine mea scriptura respondere non possum.

AUG. dixit: Istam tergiuersationem tanto dierum spatio

1 catholicę ecclię *b* ipponiregiensis *PTS* ypponi regiensis *R* 2 hiis *R* 4 EXPLICIT LIBER PRIMUS SCI AVG CONTRA FELICEM MANICHEUM INCIPIT SCDS *TP* fol. 90ª *S* Incipit liber secundus fol. 4ᵇ *R* 8 Augustinus] augustinus dixit *R* ippone *TPSR* 9 pridiē *S* pridie *TR* 10 petisse *PR* 12 spacio *P* 17 ei nocere *b* 18 doctrina apost. *b* 20 interrogationi tuae *P* 24 meditatus *scripsi:* militatus *TSPRb* 25 cartis *T* potest litigare *PR* 27 spacio *T*

cogitasti, quae te in causa perdita et errore sacrilego quid respondeas non habentem adiuuare nihil poterit. notum est enim omnibus, qui aderant, quos etiam nunc adesse uideo, te dierum tantum dilationem petisse, debuisse autem petere etiam codices, quando dilationem petisti, si his te putabas instrui posse ad respondendum; quod non fecisti. noui te petisse codices non quidem ad instructionem inspiciendos, uerum hoc longe, antequam peteres dilationem; cum uero dilationem petisti, codicum tibi reddendorum et inspiciendorum, ut esse posses instructior, nullam fecisti mentionem.

FEL. dixit: Modo peto, codices reddantur mihi, et uenio ad certamen post biduum; et si uictus fuero, quod deliberaueris, subeo.

AUG. dixit: Rudem te in ista scelerata secta non esse puto, quod et fateris. non te autem habere, quod respondeas, etsi tu non fatearis, omnis homo iam uidet. sed quia codices tuos repetis, qui sub sigillo publico custodiuntur, quibus inspectis dicis te instructum uenire posse post biduum, illud, quod iam constat, obiectis quaestionibus te respondere non potuisse recole.

Tolle autem codices tuos, et dic, quid inde uelis tibi proferri, quod modo inspicias et respondeas.

FEL. dixit: Omnes scripturas, quae mihi sublatae sunt. ista enim epistula Fundamenti est, quod et sanctitas tua bene scit, quod et ego dixi, quia ipsa continet initium, medium et finem. ipsa legatur, et quicquid malum obicitur legi meae, probetur. et nego illam, si probata fuerint illa crimina, quae obiciuntur legi meae.

AUG. dixit: Quoniam fateris hanc esse epistulam, ubi doctrinae uestrae initium, medium et finis continetur, hoc initium quam sit sacrilegum, ubi deum dicitis pugnasse contra gentem

4 tantã *b* autem] ante *R* 5 hiis *P* 6 noui] nam *PTSRb* 8 antequam] aliqm̄ *R* 14 sceleratissima *R* 16 tu *om. b* iam omnis homo *R* 18 quod *om. PRb* 19 obiectisquę *P* 20 recolere *TPRb* 21 tibi uelis *b* 23 mihi] sibi *R* 25 ego *om. b* et ipsa *R* inscium *P* 28 meae] nrę *PR*

tenebrarum et miscuisse naturae daemonum polluendam et ligandam partem suam, quae hoc est quod ipse, tam sacrilegum est, ut ferri ab audientibus uix possit. hoc obicitur primo sectae uestrae — siue initium hoc uoces, siue medium, siue finem, non ualde id curo; hoc tamen de hac epistula, quam fateris esse Manichaei, lectum esse non negas — hoc uobis obicitur, hoc defende, si potes, ut ad alia ueniamus. unde iterum interrogo: si deum incorruptibilem colitis, quid ei nocere poterat nescio quae gens aduersa, quam fingitis? si nihil ei nocere poterat, nulla fuit causa, quare partem suam naturae daemonum commisceret; si autem nocere ei poterat, non deum incorruptibilem colitis.

2. FEL. dixit: Manichaeus dicit duas esse naturas et modo inde culpatur, quia dixit duas esse, bonam et malam. Christus in euangelio duas dicit esse arbores: arbor bona numquam facit fructum malum, et arbor mala numquam facit fructum bonum. ecce duas naturas. deinde in euangelio scriptum est: nonne bonum semen seminasti in agro? unde adparuerunt zizania? hoc inimicus fecit. iste inimicus si non est extraneus a deo, probetur mihi; si ad deum pertinet inimicus iste, quale semen seminauit? item in euangelio scriptum est Christo dicente, quia in nouissimis temporibus thronum in medio saeculo ponet et mittet angelos suos in orientem et occidentem, septentrionem et meridianum et congregabit omnes gentes ante se et separabit illos, sicut pastor separat agnos ab haedis. et ut compendiue dicam, agnis dicet: ite in regnum, quod uobis paratum est ab origine mundi. haedis dicet, qui in sinistra parte sunt: recedite a me, qui operati estis iniquitatem; nomen enim meum habuistis, sed opera non fecistis; ite in ignem aeternum, qui paratus est diabolo et angelis eius.

15 Matth. 7, 17 18 Matth. 13, 27 sq. 27 Matth. 25, 31 sqq.

2 litigandam *R* 3 uix *post* ferri *b* auditoribus *P* 7 obbicitur *R* 9 potuit *b* fingis *R* 10 causa fuit *b* 12 corruptibilem *R* 15 dicit duas *b* 17 fructum malum bonum *R* 18 nonne] nunquid *b* 24 meridiem *b* 28 ędis *P* hedis *TSR* 29 iniquitatem *om. R*

qui sunt, qui nomen Christi habent et mittuntur in ignem aeternum cum diabolo et angelis eius, et ad quam partem pertinent isti, quibus Christus non permiscetur, et nomen eius portant? hoc enim Manichaeus dicit, quia quos Christus damnat, ipsius non sunt. nam Paulus apostolus dicit: prudentia carnis inimica est deo; legi enim dei non est subiecta nec enim potest. hoc Manichaeus dicit, quia quae inimica est deo, ad deum non pertinet; si autem ad deum pertinet, ipse sibi inimicum fecit; hoc Manichaeus non dicit. iterum Paulus dicit: deus saeculi huius excaecauit mentes infidelium ad non contemplandam claritatem euangelii Christi, qui est imago dei. ipse Paulus iterum dicit: datus est mihi stimulus carnis meae, angelus satanae, qui me colaphizat die ac nocte; propter quod dominum rogaui, ut discederet a me . et dixit mihi: sufficit tibi gratia mea; nam uirtus in infirmitate probatur. ecce quid apostolus dixit, ecce quid euangelista. cum Manichaeus hoc adserat, quia est extraneus a deo, qui contra deum bellauit — siue quia Christus crucifixus est, siue quia apostoli omnes propter dei mandatum — iste, qui eos crucifixit, cui mandatum dei non placet, hoc mihi dicat sanctitas tua, si ad deum pertinet.

3. AUG. dixit: Scripturas sanctas, quas non intellegendo longe a ueritate aberratis, commemorare uoluisti, uelut ex eis patrocinium adhibens uaniloquiis uestris. inter omnia tamen, quae partim sicut uere scripta sunt, partim aliter quam scripta sunt commemorasti, nusquam ostendere potuisti, quia deus regnis suis hostilem naturam inminentem repellere uolens, ut habeat quietem, partem suam, quae hoc est quod ipse, naturae

5 Rom. 8, 7 10 II Cor. 4, 4 13 II Cor. 12, 7 sqq.

1 mitten̄t *b* 5 dampnat *R* damnauit *b* et paulus *R* 10 paulus dixit *R* 11 fidelium *R* contemplandū *b* 12 ymago *R* 13 meae *om. R* 14 sathanę *PR* colaphizet *Rb* quod] quod. ter *Sb* 17 quod *Tb* 18 hęc *b* 19 pugnauit *b* 24 a ueritate longe *Pb* 26 quae *om. b* 29 quietam *b*

contrariae daemonum miscens, colligari ab eis et contaminari fecerit. hoc autem est, quod uobis obicitur. unde quid respondeas non inueniendo commemorasti diuinarum scripturarum capitula, ubi de peccatoribus dictum est, quia non pertinent ad beatam uitam, quam bonis et fidelibus donat deus, et has uelut duas naturas accipi uoluisti secundum deliramenta Manichaei. ueritas autem dicit omnia ista, quae uidemus et quae non uidemus, quae naturaliter subsistunt, a deo facta esse; in quibus rationalem creaturam etiam ipsam factam siue in angelis siue in hominibus accepisse liberum arbitrium: quo libero arbitrio si deo seruire uellet, secundum uoluntatem ac legem dei haberet apud eum aeternam felicitatem; si autem legi eius subdi noluisset, sed potestate sua usa contra eius fecisset imperium, secundum eius iustitiam poenae debitae subiaceret. haec omnipotentia dei in creandis omnibus, haec iustitia in remunerandis peccatoribus. ecce autem liberum arbitrium, atque inde quemque peccare, si uelit, non peccare, si nolit, non solum in diuinis scripturis, quas non intellegitis, sed etiam in uerbis ipsius Manichaei uestri probo. circumclusus enim uidet potentiam ueritatis, contra quam conatus fuerat aliam naturam, quam non fecit deus, inducere contra deum non solida ueritate, sed inani phantasmate; tamen ad confitendum uerum de libero arbitrio plus in eo ualuit natura humana, in qua eum deus effecit, quam fabula sacrilega, quam sibi ipse confinxit.

4. Audi ergo de libero arbitrio primo ipsum dominum, ubi duas arbores commemorat, quarum mentionem ipse fecisti, audi dicentem: a u t f a c i t e a r b o r e m b o n a m e t f r u c t u m e i u s b o n u m a u t f a c i t e a r b o r e m m a l a m e t f r u c t u m e i u s m a l u m. cum ergo dicit „a u t h o c f a c i t e a u t illud

28 Matth. 12, 33

3 scripturarum *om.* *R* 9 rationabilem *PR* et ipsam rationalē creaturā factā *b* 11 uellet] ul'ur *R* 13 sed *om.* *b* 15 hominibus *b* 17 peccare quemque *SRb* 19 probo] tibi probo *P* 22 solita *R* fantasmate *TSPR* tantum *R* 23 plus ualuit in eo *b* 25 ipse sibi *b* 26 ipsum primo *R* 30 illud] id *R*

facite," potestatem indicat, non naturam. nemo enim nisi deus facere arborem potest; sed habet unusquisque in uoluntate aut eligere, quae bona sunt, et esse arbor bona, aut eligere, quae mala sunt, et esse arbor mala, non quia mala ipsa, quae eliguntur, aliquam habent in se ipsis substantiam, sed quia deus omnia, quae condidit, gradibus suis condidit generibusque distinxit, caelestia atque terrena, inmortalia atque mortalia et omnia bona in suo quodque genere condidit, animam habentem liberum arbitrium sub se ipso et supra cetera collocauit: ut si seruiret superiori, dominaretur inferiori; si autem offenderet superiorem, poenam ex inferiore sentiret. hoc ergo dominus dicens ,*aut facite* illud *aut facite* illud' ostendit esse in potestate quid facerent, ipse securus et certus in se tamquam deus, et quia si bonum eligerent, praemium eius acciperent, si malum eligerent, poenam eius sentirent; semper autem ille iustus est aut remunerator aut damnator.

5. Audi ergo iam, quemadmodum Manichaeus ipse tam peruersus, tam superbus, ut aliam introducens naturam se aequalem deo faceret, deum ad se ipsum deponeret, confessus sit tamen esse liberum arbitrium. in Thesauro uestro, cui tale nomen ad decipiendos homines indidistis, certe sic loquitur, quod et tu ipse cognoscis: *hi uero, qui neglegentia sua a labe praedictorum spirituum purgari se minime permiserint mandatisque diuinis ex integro parum obtemperauerint legemque sibi a suo liberatore datam seruare plenius noluerint neque ut decebat sese gubernauerint* et cetera. uides in his uerbis confirmatum esse etiam a nesciente quid loqueretur liberum arbitrium. qui enim seruare legem non uult, in potestate est eius, si uelit. non enim dixit: non potuerint, sed: *noluerint.* hoc certe quod nolunt seruare legem, non a gente tenebrarum coguntur;

4 ipsa mala *R* 5 habeant *R* 7 atque] et *b* 8 quodque *scripsi:* quoque *T om. PSRb* 9 ipsa *b* 13 quod *b* 16 est *om. b* 20 tamen] tantum *R* 22 hii *PR* 24 permiserunt *R* et mandatis *b* 25 suo] deo *b* 26 plenius seruare *b* 29 eius est *PRb*

si enim coguntur, non nolunt, sed non possunt; si autem nolunt, non utique coguntur, ut non faciant, sed uoluntate sua nolunt. hoc ergo, quod in eorum uoluntate est, ut nolint, peccatum est certe sine aliqua necessitate gentis tenebrarum; hoc agnosce esse peccatum sine necessitate gentis tenebrarum. et inde uides, unde ueniant omnes culpae, unde merita culparum, unde distributiones poenarum.

6. Habetis etiam hoc in scripturis apocryphis, quas canon quidem catholicus non admittit, uobis autem tanto gratiores sunt, quanto a catholico canone secluduntur. aliquid etiam inde commemorem, cuius ego auctoritate non teneor, sed tu conuinceris. in Actibus conscriptis a Leutio, quos tamquam actus apostolorum scribit, habes ita positum: etenim speciosa figmenta et ostentatio simulata et coactio uisibilium nec quidem ex propria natura procedunt, sed ex eo homine, qui per se ipsum deterior factus est per seductionem. uide quemadmodum hic et ‚per se ipsum' dixit et ‚per seductionem'. fuit enim seductor hominis diabolus, non natura peccator, sed prior uoluntate peccator. sed quia erat in hominis potestate seductori non consentire, ideo positum est et ‚per se ipsum' et ‚per seductionem', ut in eo, quod positum est ‚per se ipsum', liberum arbitrium, in eo uero, quod positum est ‚per seductionem' ‚intellegas diabolum, non obpressorem inuiti, sed tentatorem uolentis.

7. Proinde, quia ego respondi et, quantum potui, probaui ea, quae scripta sunt in libris sanctis de peccatoribus et de iustis non ad diuersitatem naturarum, sed ad distinctionem meritorum pertinere, in quibus meritis non necessitatem natura facit, sed uoluntas culpam, responde tu ad illud, quod iam interrogaui: si deo nocere nihil poterat, quare partem suam,

1 uolunt *b* 6 unde *ante* merita *om. b* 8 apocrifis *TSR* 9 grauiores *PSRb* 12 cum uiceris *S* scriptis *R* leuitico *R* Lenticio *b* 14 obstentatio *R* 16 ex *om. b* est *om. T* 17 (et 18, 21, 23) seditionem *R* 18 dicit *b* 24 temptatorem *PR* 30 ad *om. R*

substantiam suam, hoc quod ipse est, polluendam et ligandam daemonibus miscuerit, quod in nulla diuina scriptura canonica potueris inuenire; si autem nocere ei poterat, non deum incorruptibilem colitis, de quo apostolus dicit: regi autem saeculorum inmortali, inuisibili, incorruptibili, soli deo honor et gloria in saecula saeculorum. denique item dicit: deus habitat lucem inaccessibilem. numquid ad illam lucem non accedunt sancti, de quibus scriptum est: accedite ad eum et inluminamini? numquid ad illam lucem non accedunt sancti, de quibus dicitur: beati mundo corde, quoniam ipsi deum uidebunt? sed quia non ad eam potest accedere, nisi cui deus ipse donauerit, ut accedat, ideo per se ipsam inaccessibilis est. nemo enim potest ad eam accedere, quem deus noluerit, ut accedat; cui autem donauerit, ipse accedet. quomodo ergo poterat illa gens tenebrarum ad habitationem dei accedere, ubi est inaccessibilis lux, quo non accedit, nisi cui deus donauerit? aut si donum acceperat a deo, ut accederet, ad expugnandum regnum dei non daret et non timeret. si autem donum tale non dederat, ut posset accedere, securus in suo regno erat habitans inaccessibilem lucem, quid poterat de tenebrarum gente metuere, ut ei misceret partem suam, substantiam suam, hoc quod ipse est, ligandam, premendam, contaminandam. ubi non solum miserabiliter teneretur, sed etiam turpiter purgaretur? ut enim purgetur inde, dicitis — quod audire nefas est, sed ad uos confundendos et forte saluandos tacere non possumus — ut purgetur inde pars dei, dicitis in naue lucis, quam solem appellatis, facientes iniuriam creatori solis et ipsi soli, quem sic dicitis factum, ubi tanta turpitudo celebretur; dicitis enim

4 I Tim. 1, 17 7 I Tim. 6, 16 9 Ps. 33, 6 10 Matth. 5, 8

3 poterat ei *R* 4 dicit apostolus *P* 7 dicitur *PRb* nunquid *TPSRb* 9 numquid—dicitur *om. b* 10 *ante* beati *legitur* et illud *b* 13 enim *om. b* ad eam (eum *b*) potest *Pb* 16 accedere ad habitationem dei *PSRb* 17 donauerat *b* 18 acceperit *b* pugnandū *b* 20 accedere] addē *R* regno suo *b* 21 quod *b* 22 susstantiam *R* 25 nefas est audire *b* 27 in naue] ignauę *T* ignaue *R*

illic positum deum uirtutes suas conuertere in masculos ad inritandum concupiscentias daemonum feminarum et eosdem rursus conuertere in feminas ad inritandum concupiscentias daemonum masculorum, ut cum daemoniis iniciunt libidinem accensis in formas confictas a deo, relaxentur membra eorum, et sic euadat pars dei, quae ibi fuerit colligata. hoc tantum obprobrium, hoc tantum sacrilegium credere ausi estis et praedicare non dubitatis. haec sunt media doctrinae uestrae. finis uero quis est? quis, nisi quia non potuit deus totum purgare? et quia non potuit, facturum eum dicitis uelut tectorium genti tenebrarum, ut ibi in aeternum damnetur, quod purgari non potuit et nihil sua sponte commisit. ita fit, ut deus uester, non uerus, sed fictus, non alicubi constitutus, sed in corde uestro imaginatus, partem suam misceat infeliciter, purget turpiter, damnet crudeliter. ad haec ergo responde et incipe ab illo, quod dixi: quare deus miscuit istam partem suam, cui nihil nocere poterat? aut si potuit, quomodo sit incorruptibilis.

8. FEL. dixit: Crudelem adseritis Manichaeum haec dicentem; de Christo quid dicimus, qui dixit: ite in ignem aeternum?

AUG. dixit: Peccatoribus hoc dixit.

FEL. dixit: Isti peccatores quare non purgati sunt?

AUG. dixit: Quia noluerunt.

FEL. dixit: Quia noluerunt, hoc dixisti?

AUG. dixit: Hoc dixi, quia noluerunt.

FEL. dixit: Quare noluerunt? est, qui non uult curari? est, qui non uult purgari? est, qui non uult inluminari? quis infirmus est, qui non uult ad sanitatem uenire? si crudele est, quod Manichaeus dicit, quia aliqua pars dei, quae se

20 Matth. 25, 41

2 concupiscentiam *P* 4 coniciunt *R* 5 accensis *ed. Maur.*: accensi *lib. b* 6 fuerat *b* 7 opprobrium *TSRb* 10 eum] unde *b* 14 ymaginatus *R* 15 hoc *b* 17 noceri *PR* 19 haec] hoc *PRb* 29 sanitatem] salutem *PR* 30 dixit *PSRb*

purgare non potuit. in globo ligata est, hoc crudele non est, ut Christus, qui dixit: ego propter peccatores ueni, modo ad ignem aeternum illos mittat, cuius nomen portauerunt? sed mandata, credo, non potuerunt conplere. si hoc crudele est, crudelius est et illud; si illud crudelius est, quia deus illos non potuit purgare et globo ligauit, et id crudelius uidetur esse, quod Christus non potuit purgare, ad ignem aeternum mittere. hoc mihi sanctitas tua exponat de ipsa crudelitate.

AUG. dixit: Si ea, quae iam dixi, uel intellexisses uel te intellegere fatereris — fortassis enim non habendo quod dicas finxisti te non intellegere, quod apertum est — ista non diceres. iam enim diximus et probauimus per diuinas scripturas esse liberum arbitrium; deum autem liberi arbitrii iustum iudicem, remuneratorem fidelium eique se subicientium et uolentium se sanari, damnatorem autem superborum et inpiorum. quia ergo ad peccatores sanandos uenit, sanat utique peccata confessos, sanat paenitentes; neminem autem paenitet, cum alius peccauit, sed si est paenitentia iusta et uerax, unde et ipse dominus dicit: *non ueni uocare iustos, sed peccatores in paenitentiam*, ipsa paenitentia indicat non alienae esse naturae, sed uoluntatis nostrae, si quid forte peccamus. nam si alio peccante alium paenitet, non est ista prudens, sed insana paenitentia. secundum uos autem nulla peccata sunt. gens enim tenebrarum non peccat, quia suam naturam facit; natura lucis non peccat, quia quod facit, facere cogitur. nullum ergo inuenis peccatum, quod damnet deus, nullum inuenis peccatum, quod paenitentia possit sanari. si autem paenitentia est, et culpa est; si culpa est, et uoluntas est; si uoluntas est in peccando, natura non est, quae cogat. sed si quid infirmitatis patiuntur, qui non possunt inplere, quod uolunt — unde apostolus dicit: *uideo aliam legem*

19 Matth. 9, 13 31 Rom. 7, 23

3 illum ignem *R* 9 intelligisses *R* 10 fateris *R* quid *b* 11 *alt.* non] uero *R* 13 autem esse *P* iudicem iustum *PR* 15 se *om. b* 18 tamē aliud *R* 22 peccauimus *b*

in membris meis repugnantem legi mentis meae et captiuantem me in legem peccati, quae est in membris meis — manifestum est hoc uenisse de traduce primi peccati Adam et de consuetudine mala. nam hodieque libera uoluntate faciunt homines consuetudinem, quam cum fecerint, facile superare non possunt; ipsi ergo sibi de se ipsis fecerunt, quod contra eos lex habitet in membris eorum. sed qui concipiunt timorem dei et per liberum arbitrium subdunt se sanandos optimo medico et sicut bono curatori, ita et misericordi creatori, per humilitatem confessionis et paenitentiae sanantur. superbi uero dicentes se iustos aut dicendo, quia non peccant ipsi, sed aliud in illis peccat et alia natura de illis peccat, per ipsam superbiam suam et insanabiles fiunt et experiuntur iustum iudicium dei, qui superbis resistit, humilibus autem dat gratiam. non est ergo indignum, ut deus dicat: ite in ignem aeternum eis, qui eius misericordiam per liberum arbitrium respuerunt, et dicat: uenite, benedicti patris mei, percipite regnum eis, qui per liberum arbitrium fidem eius susceperunt, peccata sua confessi sunt, paenitentiam egerunt, displicuerunt sibi, quales fuerunt et quales per eum facti sunt, illi placuerunt. tu ergo iam ad hoc, quod interrogaui, responde — sed impetrem a te, ne moras superfluas faciamus —: si deo nocere nihil poterat, quare huc nos misit? si nocere poterat, non est incorruptibilis deus.

9. FEL. dixit: Si deo nocere nihil poterat, quare huc misit filium suum?

AUG. dixit: Uide, quemadmodum semper interrogas et ad interrogata respondere non uis. audi, quod interrogasti, memento tamen te ad ea, quae dico, non respondere, me autem

15 cf. Iac. 4, 6 16 Matth. 25, 41 sqq.

2 lege *PSRb* 4 hodie *PRb* 6 ergo] igitur *PR* 7 contraria eos *b* (in marg. *al* cōtraria res) 11 sanandos *R* 16 deus *om. R* 18 patris mei *om. Pb* 24 misit nos *R* nos *b* (*al* filium suum) nocere *om. PR* 26 filium suum misit *PSRb* 29 et quod *P*

respondere. deo nocere nihil potest; sed filium suum misit, ut carne indueretur et hominibus adpareret, peccatores sanaret, in ipsa carne pateretur pro nobis, quam sumpsit ex nobis. in sua quippe natura pati nihil poterat, quia in principio erat uerbum et uerbum erat apud deum et deus erat uerbum. in hac natura, quia deus erat uerbum, pati nihil ille poterat. ut autem pati pro nobis posset, uerbum caro factum est et habitauit in nobis. uerbum caro factum est adsumendo carnem, non mutatum in carnem; adsumpsit enim humanitatem, non amisit diuinitatem. itaque idem deus et idem homo in natura dei aequalis patri, in natura hominis factus mortalis, in nobis, pro nobis, de nobis, manens quod erat, suscipiens quod non erat, ut liberaret quod fecerat, non quod erat. non est ergo passio Christi ex indigentia, sed ex misericordia. praebuit enim exemplum patientiae nobis de nobis, id est homini de homine, carni de carne; non tamen in illa carne ipse deterior factus, sed caro in illo melior facta est. pars uero dei uestri nulla carne adsumpta — non enim erat in gente tenebrarum, pro quo pateretur — descendit, ut teneretur, ligaretur, pollueretur et turpius quam ligabatur purgaretur. iam enim de purgatione eius dixi. haec omnia quanto indigniora sunt, tanto utique faciliora ad intellegendum, quoniam in naturam dei ista non cadunt. et absit a pio animo et fideli talia de deo credere, deo bono, deo uero, qualia uos creditis, non quem inuenistis, sed quem finxistis. responde iam nunc: si deo nocere nihil poterat, pura illa substantia ipsius nulla carne adsumpta in se passura, si quid passura erat, non in carne quam non susceperat, quare huc missa est secundum uestra uaniloquia?

10. FEL. dixit: Si nihil poterat noceri deo a parte aduersa et Christo nihil poterat noceri ab aduersa natura, ad quam

4 Ioh. 1, 1 sqq.

2 apareret *R* 14 ergo *om. b* 18 uestri nulla] nostri in illa *R* 19 qua *b* 20 ligabatur] significabatur *R* 22 quanta *P* 23 natura *T* 24 et] atque *Pb* 28 non *post* quam *om. SPRb* 30 nocere *R* 31 auersa *b*

uenit Christus, ut eam liberaret? quia, ut dicis, propter libertatem nostram uenit. ergo in captiuitate fuimus. si in captiuitate tenebamur et propterea Christus uenit, ut nos liberaret de captiuitate, qui nos tenebat, extraneus a deo erat aut uirtus dei. si dei uirtus erat, qui nos tenebat, utquid Christum mittebat ille, qui nos tenebat? si in ipsius arbitrio erat, quando uellet dimittere, utquid Christus crucifigitur? neminem ergo latet Christum crucifixum. quid illum crucifixerunt? si dei uirtus est, nihil nobis nocebat. si dei uirtus erat, non fuimus capti apud illum, sed quasi nos cum nostro principe, quasi filius cum parentibus, non autem Romani cum barbaris. non oportebat ergo, quia cum uirtute dei constituti eramus, deum filium suum mittere, ut dicatur, quia liberator noster uenit. si paret ergo nos cum uirtute dei constitutos esse, apostolus dixit: Christus nos liberauit de maledicto legis, quia scrip*t*um est: maledictus omnis, qui pendet in ligno. hoc enim apostolus dicit. si iste, qui maledicit omnes, qui pendent in ligno, dei uirtus est — Christus enim pependit in ligno et apostoli ipsius omnes, qui addicti sunt pro ipsius praecepto — quis est iste ergo, qui maledicit omnem, qui pendet in ligno?

11. AUG. dixit: Quos Christus redemit a diabolo, per consensionem suam tenebantur a diabolo et in eius condicione constituti erant per iustum dei iudicium, cui seducenti consenserant per liberum arbitrium. sicut autem in hominis potestate fuit diabolo consentire, ut captiuaretur, sic in ipsius diaboli potestate fuit, cum angelus esset, peccare, ut in deterius mutaretur. peccator ergo angelus per liberum arbitrium suasit peccatum homini habenti liberum arbitrium, ut diabolus, si noluisset, non peccasset et homo, si noluisset, non con-

15 Gal. 3, 13; Deut. 21, 23

5 uirt' dī *b* 7 ergo] autem *b* 8 qui *R* 12 eramus constituti *R* 14 nos *post* dī *legitur in PSRb* 15 de maledicto] de sub maledicto *TSPb* 17 dixit *R* 18 pendet *S* 19 aducti *R* ipsius] eius *R* 20 quis ergo iste est *b* 22 quod *R* 26 fuit *om. R*

sensisset. cum autem iam ab illo, cui consenserat, teneretur, non quia diabolus aliquid potuit, sed quia dei iustum iudicium fuit dare in potestatem diaboli hominem, qui contempsit super se potestatem dei et eius legi obtemperare noluit: quia ergo sic inuenit Christus peccatores sub peccato, cum sit peccatum in libero arbitrio, inueniens peccatores sub peccato redemit confitentes a superbiente. quod autem in lege positum est: maledictus omnis, qui pendet in ligno, unde apostolus dicit: Christus nos redemit de maledicto legis, factus pro nobis maledictum; scriptum est enim: maledictus omnis, qui pendet in ligno, non legem reprehendit, sed misericordiam domini commendauit. quia enim Adam peccauerat et omnis illa massa et propago peccati maledicta erat, dominus autem carnem de ipsa massa suscipere uoluit, ut suscipiendo mortalitatem, quae de poena uenerat, solueret mortem, quod de gratia ueniebat, ideo dicit lex: maledictus omnis, qui pendet in ligno. mors enim ipsa pendebat in ligno, quae mors de maledicto ueniebat. quomodo ergo suscipiendo mortem interfecit mortem, sic suscipiendo maledictum soluit maledictum. unde et apostolus dicit: scientes, quia uetus homo noster simul confixus est cruci cum illo, quia de uetere homine nostro, id est de sorte mortis, quae ueniebat ex merito peccati, suscipere dignatus est carnem mortalem de uirgine Maria, in qua nobis et passionis et resurrectionis praeberet exemplum — passionis ad firmandam patientiam, resurrectionis ad excitandam spem — ut duas uitas nobis ostenderet in carne, quam suscepit de uita nostra mortali, unam laboriosam, alteram beatam: laboriosam, quam tolerare debemus, beatam, quam sperare debemus. toleramus autem laboriosam merito

21 Rom. 6, 6

1 consensisset *R* 2 iustum dei *PSRb* 3 dare—dei *om. PRSb (sed in S spatio 2 uers. uacuo.)* 4 et *om. P* 5 sic] si *R* cum—peccato *om. Rb* 12 dñi] dī *R om. b* 20 inde *SR* 21 confixus] crucifixus *PR* 25 et *(prius) om. b* 26 patientiam] pęnitentiam *Pb*

peccati nostri; ille autem ostendit eam in carne sua, non merito iniquitatis suae, sed officio misericordiae suae. nam ut noueris bonam esse legem, quam tu reprehendere uoluisti, ipse apostolus Paulus quodam loco dixit: lex subintrauit, ut abundaret delictum. adhuc uidetur illam reprehendere; sed audi quod sequitur: ubi autem, inquit, abundauit delictum, superabundauit gratia. data est enim lex superbis hominibus et uiribus suis totum tribuentibus, ut cum inplere non possent legem datam, praeuaricatores inuenirentur et facti rei sub lege peterent misericordiam a legis conditore. proinde paulo post dicit idem apostolus: itaque lex quidem sancta et mandatum sanctum et iustum et bonum. sed ne dicas, quia de alio mandato dicit, ut ostendat, quia de illo dicit, de quo paulo ante dixerat: lex subintrauit, ut abundaret delictum, statim sibi obposuit quaestionem: quod ergo bonum mihi factum est mors? absit; sed peccatum, ut adpareat peccatum, per bonum operatum est mihi mortem. erat enim peccatum, sed non adparebat peccatum; data est lex superbo, fecit contra legem et adparuit peccatum, quod erat, sed non adparebat. adparens autem peccatum humiliauit superbum, humiliatus superbus factus est paenitens, de paenitentia inpetrata est misericordia. audisti ergo, quod interrogasti, responde, quod interrogo: nihil nocere poterat gens tenebrarum deo? quare huc misit partem suam miscendam et polluendam a natura daemonum?

12. FEL. dixit: Si in arbitrio nostro sumus, nemo neminem cogat; quando uoluero, ero christianus. uoluntas nobis subiacet aut esse christianum aut non esse.

AUG. dixit: Quia uoluntas nobis adiacet, manifestum est et hoc de diuinis scripturis docui; quod coactus est etiam

4 Rom. 5, 20 16 Rom. 7, 12 sq.

5 habundaret *R* 6 habundauit *R* 7 superhabundauit *R* et gratia *b* 8 distribuentibus *T* 11 apostolus idem *PR* 12 iustum et sanctum *Pb* 15 sibi *om.* *P* proposuit *R* 18 mihi operatum est *PSRb* 19 data—apparebat *om.* *R* 23 audi *R*

inuitus dicere etiam ille, qui uos in istum induxit errorem. quod autem dicis: nemo cogatur, quando uoluero, ero christianus, nemo te plane cogit; quando uolueris, esto, quia ex uoluntate tua huc uenisti et ex uoluntate tua ista disputasti. et uae uoluntati malae, si mala est; pax bonae uoluntati, si bona est. siue enim mala sit, siue bona sit, uoluntas est. bonam uoluntatem sequitur corona, malam uoluntatem sequitur poena. deus iudex uoluntatum est, creator autem naturarum. si ergo putas cogi te, ut sis christianus, audi a nobis omnino te non cogi. cogita potius, quae audis, perpende, in tua uoluntate es; examina ut prudens, si tamen in te est ulla prudentia uel humana, utrum ea, quae dicta sunt, ueritate fulta sint, utrum tu ipse in Manichaei uestri defensione defeceris, sicut adparet, et quando uolueris, esto quod nondum es, et desine esse quod es.

13. FEL. dixit: Ecce iam compendiue, ut dixit sanctitas tua, ne chartas cumulemus: si tibi placet, quod petiui pridem, huc ueni; ostende mihi ueritatem, ut illud, quod teneo, pareat, quia ueritas non est, et habes me paratum ad credendum. AUG. dixit: Iam quidem quod tenes, satis adparet, quia ueritas non est. absit enim a cordibus ueritatem quaerentium uel tenentium, ut credant deum substantiam suam necessitate coactum mersisse daemonum naturae ligandam atque polluendam; absit a fidelibus credere deum ad liberandam substantiam suam conuertere se in masculos contra feminas et in feminas contra masculos ad eorum concupiscentiam inritandam; absit a fidelibus credere deum substantiam suam, quam ipse daemonibus mersit, postea in aeternum damnare. hoc ergo quia ueritas non est, manifestum est. sed quia uis tibi pro ista falsitate expulsa atque conuicta patefieri ueritatem, si quid de cognoscenda fide catholica adhuc mouet, ab initio fidei poteris erudiri. etenim aptum perceptioni ueritatis in-

3 plane te *b* 4 *pr.* tua *om. R* 6 mabona *R* enim] autem *b* 7 siue uoluntas *R* uolunntatem *alt.*] uero *R om. b* 12 est in te *b* *ab* ‚utrum' *tres uersus in ras. P* 17 cartas *TPRb* 20 satis *om. b* 26 irrigandam *R* tutādā *b* 28 ipsis dęmonib' mersā *b* 30 patefieri tibi *b* 32 perceptione *TPSR*

commutabilis facit pia fides: a qua fide quisquis incipere noluerit, superbus foris remanebit et ad id, quo tendit uel quo uult peruenire, perduci non poterit. sed quia iam illa falsitas manifesta est, anathema falsitatem, ut possis incipere aptus esse ad cognoscendam ueritatem.

14. FEL. dixit: Cum adparuerit mihi; quia mihi non adparet, quia altera mihi non ostensa est, non possum anathemare.

AUG. dixit: Anathemandus est error, qui dicit corruptibilem deum, an non est anathemandus?

FEL. dixit: Iterum dic.

AUG. dixit: Anathemandus est error, qui dicit corruptibilem deum, an non est anathemandus?

FEL. dixit: Quaeratur, si dicit.

AUG. dixit: Ego hoc interrogaui: qui dicit corruptibilem deum, anathemandus est, an non?

FEL. dixit: Qui dicit corruptibilem deum, anathemandus est . hoc mihi obicis?

AUG. dixit: Hoc interrogo.

FEL. dixit: Corruptibilem deum dicis, non autem quod primo dixisti, quia partem suam dedit aduersariis?

AUG. dixit: Interim quod interrogo responde: qui dicit corruptibilem deum esse, anathemandus est, an non?

FEL. dixit: Ualde.

AUG. dixit: Qui dicit corruptibilem esse naturam et substantiam dei, anathemandus est, an non?

FEL. dixit: Non intellexi, quod dixisti.

AUG. dixit: Hoc dico, quod omnis homo intellegit, qui non se fingit non intellegere: naturam et substantiam dei, id est illud ipsum, quicquid est deus, qui dicit corruptibilem esse, anathemandus est, an non?

2 uoluerit (?) *R* 3 perduci *om. b* 4 anathema tisa T^2 (*ubique* tiza *m. 2 superscr.*) 5 cognoscendū *b* 6 paret *PRb* 7 non est ost. *b* anathematizare *b* (*ubique forma exiens in tizare*) 10 *tres uersus inde a* ‚Felix dixit' *usque ad* ‚anathemandus' *om. R* 22 an] aut *T* 27 nisi qui se fingit *Pb* 29 esse corruptibilem *PRb* 30 an nō ē *b*

Fel. dixit: Etiam anathemandus est, si probatum fuerit esse uerum.

Aug. dixit: Nondum tibi dixi, quia Manichaeus dicit corruptibilem naturam dei; sed hoc tibi dixi, quia quicumque hoc dicit, anathemandus est.

Fel. dixit: Et ego respondi: etiam.

15. Aug. dixit: Pars illa, quae mixta est genti tenebrarum, de dei natura est, an de alia aliqua natura?

Fel. dixit: De dei.

Aug. dixit: Quod de dei natura est, hoc est, quod deus est, an aliud quid, quod non est deus?

Fel dixit: Ita est . quod de deo est, deus est, secundum quod et scriptum est: lux lucet in tenebris et tenebrae eam non conprehenderunt; deus enim lumen est et tenebrae in eo non sunt.

Aug. dixit: Bene respondisti, quia et quicquid de dei natura est, deus est et deus lux est et tenebrae in eo non sunt; et talis lux luxit in tenebris et tenebrae eam non conprehenderunt. uideamus ergo, utrum Manichaeus partem dei non dicat conprehensam a tenebris, non etiam teneri ligatam, non etiam maculatam et pollutam, sic ut indigeat misericordia liberatoris et purgatoris. si autem haec dicit, secundum te etiam et secundum ueras confessiones tuas anathemandus est, quia partem dei et naturam dei, quod est ipse deus, dicit conprehensam a tenebris et ligatam et pollutam: quod tu ipse secundum euangelium loquens non potuisti dicere; sed uerum dixisti, quia lux lucet in tenebris et tenebrae eam non conprehenderunt. Manichaeus ergo anathemandus, qui dixit, quia lux tenebrata est in tenebris et tenebrae eam conprehenderunt.

Fel. dixit: Sed et qui polluitur et qui tenetur, liberatur; et nos si polluti sumus, mundamur.

Aug. dixit: Sed hoc de dei natura non recte dicitur. sed

13 Ioh. 1, 5

6 quicũque hoc dicit: etiam *b* 7 quae tenebrarum genti mixta est *R* 8 aliqua alia *b* 10 deus est] deus *PSRb* 13 *pr.* et *om. PR, s. l. S* 20 dicat esse compreh. *PR* 22 hoc *R*

de illa, quae pollui potest, recte dicitur, quia polluitur et mundatur; de illa uero, quae pollui non potest, uides cum quanto sacrilegio dicatur ‚polluitur et mundatur', maxime quia sic dicitis quandam dei partem esse pollutam, ut propterea ligetur in aeternum globo tenebrarum, quia non potuit mundari. hoc qui non anathemat, falsum paulo ante respondit, quia omnis, qui dicit corruptibilem deum, anathemandus est.

16. Fel. dixit: Hoc, quod dixit sanctitas tua, quia pars, quae se non mundauit ab coinquinatione gentis tenebrarum . et sic dicit Manichaeus, quia non sunt missi in regnum dei. hoc enim adseris tu, quia damnati sunt; sed Manichaeus hoc dicit, quia non damnati sunt, sed ad custodiam positi sunt illius gentis tenebrarum.

Aug. dixit: De ista parte tecum ago, quam dicis pollutam purgari; postea, si opus fuerit, de illa, quae figitur in globo eius. interim quae purgatur, polluta erat.

Fel. dixit: Quae polluitur, et mundatur.

Aug. dixit: Qui ergo dicit naturam dei et substantiam dei et id quod deus est, posse pollui, ligari, inquinari a gente tenebrarum, non est anathemandus?

Fel. dixit: Christus unde nos mundauit? unde nos liberauit?

Aug. dixit: Christus non partem dei, non naturam dei liberauit, sed facturam, quam fecit, in peccatum cadentem per liberum arbitrium sua misericordia liberauit. eam rem mundauit, quae pollui poterat, eam rem liberauit, quae captiuari poterat, eam rem sanauit, quae infirmari poterat. modo autem de deo, de natura dei, de substantia dei, de eo, quod deus est, loquimur poterat pollui, an non poterat?

17. Fel. dixit: Anima nostra ex deo est, quae polluta est? si non est ex deo, utquid pro illa Christus crucifixus est? si ergo paret, quia Christus propter animam nostram crucifixus est, paret, quia ex deo est et polluta erat et ipse eam mundauit.

3 mundatur pcēm (?) *R* 6 quod *R* 9 non] nunc *R* 11 sed—sunt *om.* *R* non hoc dicit *b* 18 et substantiam dei *om.* *R* 21 *pr.* unde] enim *b* 27 eo] deo *PR* 28 an non polluti *R* 30 xps pro illa *PR* 32 quod *R* eam] illam *PR*

Aug. dixit: Ego non solum animam, sed et corpus nostrum et omnem creaturam et spiritalem et corporalem ex deo dico esse, quia hoc habet catholica fides. sed aliud est, quod de se deus genuit, quod hoc est, quod ipse; aliud autem, quod fecit deus. quod deus genuit, aequale est patri; quod deus fecit, non est aequale conditum conditori. aliud autem dicimus ex deo esse, quod melius dicitur de deo esse, quia hoc est, quod ipse, sicut unigenitus filius, sicut uerbum eius, per quod facta sunt omnia; alia uero sic dicimus ex deo, quia ‚dixit, et facta sunt; mandauit, et constituta sunt'. hinc est anima, ex his, quae fecit deus, non illud, quod de se genuit deus. ideo uerbum, quod de se genuit, pollui non potuit nec potest nec poterit. anima uero, quam fecit rectricem corporis, ut seruiret superiori, dominaretur inferiori, id est seruiret deo, dominaretur corpori, contempta dei lege per peccatum polluta est; deus autem misericordiam praestans his, quae fecit, misit filium, per quem fecit, et per illum refecit. quando condendum erat, quod non erat, per uerbum conditum est; quando reficiendum erat, quod deprauatum factum fuerat, suscepta est inde creatura de uirgine Maria, ut per id, quod erat homo, demonstraretur homini, et quid sustinendum et quid sperandum esset. itaque natura uerbi, substantia unigeniti filii dei nihil passa est uel a persecutoribus Iudaeis uel a diabolo angelo malo persequente. sed quia induit se carne, induit se re mortali, re passibili, re mutabili: in eo quod se induit, passus est quicquid uoluit ad exemplum patientiae, et reformauit hoc ad exemplum iustitiae. tu modo dic mihi de dei parte, quod deus est, utrum pollui possit, an non. si potest, non est incommutabilis deus, et qui hoc dicit, anathemandus est . si autem non potest, uides anathemandum Manichaeum esse, qui dicit partem dei, naturam dei, id quod est deus, uenisse huc puram ad gentem tenebrarum ligatam atque pollutam, ut indigeat solui et mundari.

8 cf. Ioh. 1, 3 10 cf. Ps. 148, 5

1 et *om. b* 2 esse dico *b* 10 est anima] examina *R* 16 misericordię *PRb* 19 deprauatum fuerat *b* 21 et quid sustinendum *om. R* 30 esse manicheum *PSR* esse *om. b* 31 id *om. b* huc] hic *R* 32 et] ac *PRb*

18. FEL. dixit: Hoc tu dixisti de anima, quia ex deo non est?

AUG. dixit: Non dixi; sed dixi, quia ex deo est, tamquam a deo facta, non tamquam de deo nata.

FEL. dixit: Dixisti de anima, quia non est ex deo, sed factura dei, quia sine deo nihil est; hoc enim dicis tu et non uis adseuerare, quia ex deo est anima.

AUG. dixit: A deo est, sed facta a deo.

FEL. dixit: Aut facta aut missa aut data, ex deo est. ergo si ex deo est et polluta est et uenit Christus liberare eam de pollutione, quid culpas Manichaeum?

AUG. dixit: Quia ego dico animam non naturam dei, sed factam a deo per liberum arbitrium peccasse et peccato esse pollutam et per dei misericordiam in paenitentia liberatam; tu autem ipsam naturam dei, quod deus est, deum de deo dicis in gente tenebrarum captum atque pollutum. et multum interest inter id, quod de se deus genuit et quod fecit non de se, sed ex nihilo, id est cum omnino non esset, a deo accepit, ut esset, id est ut institueretur.

FEL. dixit: Ergo pars dei est.

AUG. dixit: Iam tibi dictum est, non est pars dei; et accipe, quomodo intellegas deum omnipotentem factorem. omnia, quae fiunt et quod quisque facit, aut de se est aut ex aliquo aut ex nihilo. homo quia non est omnipotens, de se filium facit, ex aliquo, sicut artifex ex ligno arcam, ex argento uasculum. potuit enim facere uasculum, sed non potuit facere argentum; potuit facere arcam, sed non potuit facere lignum. ex nihilo autem, ex eo, quod prorsus non est, facere ut sit, nullus hominum potest. deus autem quia omnipotens est, et de se filium genuit et ex nihilo mundum fecit et ex limo hominem formauit, ut per istas tres potentias ostenderet effectionem suam in omnibus ualentem, quia de se quod fecit, nec fecisse

3 a deo nata *PSR* ex deo nata *b* 7 facta est *PRSb* 8 facta ē aut missa ē *b* 9 eam] illam *PSR* eam liberare *b* 12 a] ex *TSR* 16 deus *om. R* 17 de] ex *b* 22 de] ex *R* 24 archam *TR* et ex argento *b* 25 uasiculū *b* 26 facere lignum] lignum *P* 27 ullus *R* 29 genuit *om. T* 30 exceptionem *R*

dicendus est, sed genuisse. quod autem ex aliquo, sicut de terra hominem, non sic fecit hominem de terra, ut alius ei fecerit ipsam terram, unde faceret hominem, quomodo fecit deus argentum argentario, unde faciat uasculum; sed ipse fecit et, quod non erat, ut esset, et quod inde rursus esset, quod iam ipse ex nihilo creauerat, ut esset. sic ergo corpus, sic anima, sic intellegitur uniuersa creatura facta a deo, non genita de deo, ut hoc sit, quod deus. proinde modo forte eliges, quid teneas et quid respuas. elige, quid sit melius. quoniam uidemus multa mutabilia et ipsa tamen bona quamuis mutabilia, multa mortalia et ipsa tamen bona quamuis mortalia, bonum autem incommutabile omnino ipse deus est, quid melius sit tibi tenere elige: deum mutabilem esse, an quod deus fecit esse mutabile, quia necesse est, ut unum de duobus dicas. si nolueris admittere id, quod fecit deus, esse mutabile, restat, ut dicas ipsum deum esse mutabilem. ut autem ab hoc sacrilegio te purges et ab hac blasphemia, ne dicas substantiam dei esse mutabilem, quare non concedis deum, qui uere est et incommutabilis est, quia ipse etiam dixit: ego sum qui sum, fecisse omnia bona, sed non sibi paria? proinde quia incommutabilis ipse est, non est mirum, si quod fecit, quia ei aequale non est, non est incommutabile, sed mutabile. ideo et per liberum arbitrium peccare et pollui potuit et per eius misericordiam liberari.

19. Fel. dixit: Dixisti hominem fecisse sibi filium; nihil interest inter patrem et filium. quia hoc ergo protulit sanctitas tua, et ego respondeo, quia deus et quae facit aequalia sunt sibi.

Aug. dixit: Quod intellegere noluisti, quia homo, cum filium facit, non facere proprie dicitur, sed proprie generare dicitur, sic et ‚deus unicum filium genuit' dixi tibi, non fecit.

20 Ex. 3, 14

2 aliud *R* 3 deus fecit *PR* 4 ex argentario *R* faceret *b* 5 *pr.* et quod] ut quod *b* 11 ipsum *R* 12 oīno incommut. *b* 13 tibi sit *b* mutabile esse *SRb* 15 deus fecit *b* 16 mutabile] inmutabile *R* 17 sacrilegio] prorurio (?) *R* 19 dixit etiam *PR* 21 ipse incommutabilis *PSRb* 23 *pr.* et *om.* *R* 25 et nihil *R* 26 ergo hoc *b* 29 generare proprie *b* 30 sic] sicut *R* filium unicum *PSRb*

fecit autem illud, quod aequale ei non est; quod autem genuit, aequale illi est. itaque elige tibi, utrum uelis dicere mutabilem dei facturam, an mutabilem dei naturam.

FEL. dixit: Quomodo deus inmutabilis est, similiter, quem genuit, inmutabilis est, et quod fecit, si de ipsius natura est, non mutatur.

AUG. dixit: Sed iam tibi dictum est, quia quod fecit, non de ipsius natura est, sed ex nihilo fecit, quia omnipotens est. non erat, et fecit, non de se, non de aliqua re, quam ipse non fecerat, sed ex nihilo.

FEL. dixit: Ego non hoc dixi, sed dixi: quia deus inmutabilis est, et quod genuit inmutabile est, et quod fecit inmutabile est. non dixi, unde illud fecit; non hoc quaesiui, unde fecerit.

AUG. dixit: Sed a me audisti, quod non quaesisti, ut iam desineres stulta loqui. omnipotens deus et de se potuit generare et de nihilo facere et ex eo, quod iam fecerat, aliquid formare: de se filium aequalem sibi; de nihilo mundum et uniuersam creaturam; ex aliquo de terra hominem, quia omnipotens est. quod ergo de se ipso est, pollui numquam potest quomodo ipse; quod autem ab illo factum est, non de illo, et pollui potest per liberum arbitrium et mundari per ipsius misericordiam condemnando, quod peccauit, et agnoscendo, qui eum creauit. tu uero, qui paulo ante dixisti, quia qui dei partem corruptibilem et contaminabilem dicit, anathemandus est, negare autem non potes Manichaeum dixisse, quod pars dei in gente tenebrarum conprehensa atque polluta est, et his eum uerbis blasphemasse adparet, ita ut peius blasphemare forte non posset, aut anathema illum talia dicentem, aut tu cum illo anathemandus es et abiciendus.

20. FEL. dixit: Manichaeus dicit, quia polluta est pars dei; et Christus dicit, quia polluta est anima, et uenit liberare illam de pollutione.

1 et aequale *PR* non est ei *P* 2 est illi *b* 4 mutabilis *R* 6 mutatur. Sed de nihilo fecit, quia opus non mutatur *b* 8 sed — est *om. b* 9 non—fecerat *om. R* 20 nec ipse *b* ipse est *R* illo est *R* 27 hiis *PR* peius] penes *R* 29 et] aut *R*

Aug. dixit: Sed anima non est pars dei. nam tu iam confessus es, quia Manichaeus dixit pollutam partem dei; nos autem pollutam dicimus animam ex uoluntate peccati; non esse autem animam partem dei, non de deo genitam, sed a deo factam. sic ergo dicitur anima ex deo, quomodo dicitur aliquod opus fabri ex artificio eius uel ex ipso factum, non tamen de ipso genitum, sicut filius eius. tu ergo quia iam confessus es Manichaeum dixisse pollui partem dei et iamdudum dixisti anathemandum, qui dicit corruptibilem uel contaminabilem deum uel naturam eius, iam anathemasti, quod non uis fateri. hoc enim, quod dixisti, quia polluitur et quia mundatur, hoc ipso, quod dicis „mundatur,“ expressisti, quia polluitur. et non habes, unde euadas. et Manichaeus et tu dixisti, quia polluitur pars dei. anathema ergo Manichaeum aut anathemandus es cum Manichaeo.

Fel. dixit: Ego non a Manichaeo didici, quia polluta est pars dei, sed a Christo didici, quia propter animam uenit, quae polluta erat.

Aug. dixit: A Christo non didicisti, quia anima pars dei est.

Fel. dixit: A Christo didici, quia anima ex deo est.

Aug. dixit: Et nos didicimus, quia anima ex deo est, sed non „est pars dei.“ sic est enim anima ex deo, quomodo factura ex artifice, non de deo, sicut filius de patre.

Fel. dixit: De pollutione agimus . si polluta est anima, quae ex deo est, et potest purgari a Christo, qui pro illa uenit, et illa pars dei, quam Manichaeus dicit, pollui potest et mundari per mandatum ipsius dei.

Aug. dixit: Ecce iterum dicis partem dei pollutam purgari et paulo ante dixeras anathemandum esse, qui illam dicit corruptibilem; modo dicis, quia pollui potuit, et dicis, quia mundari potest, ut confirmes, quia pollui potuit. hoc nos de

1 iam tu *b* 4 autem esse *b* 8 es *om. R* 10 anathematizasti *b* 12 ipso] ipsum *PSRb* 13 habet *b* et manicheus et tu. Dixisti *TS* 15 anathematizandus *b* cum eo *T* 17 dī] xp̄i *R* 21 dicimus *TS* 28 dixisti *PR* 29 anathematizandū *(forma in tizo exiens omn. fere loc.) b* 30 et] hoc *R*

parte dei non dicimus, sed de anima dicimus, quae tamquam opus eius ex ipso est, non tamquam proles de ipso. redi ergo ad id, quod dicis, et discerne, quod dicimus: anima nec deus est nec pars dei. tu autem Manichaeum dicis dixisse pollui partem dei, quam dicit purgari, ut confirmet, quia polluitur. restat ergo, ut eum anathemes aut ista sentiens anathemeris.

21. FEL. dixit: Pertinet ad deum anima, quae per peccatum coinquinata est, an non?

AUG. dixit: Pertinet, sed non est pars eius.

FEL. dixit: Non hoc interrogaui.

AUG. dixit: Et quid interrogasti?

FEL. dixit: Pertinet ad deum, an non pertinet?

AUG. dixit: Iam dixi, et quia pertinet et quomodo pertineat.

FEL. dixit: Ego quaero, utrum est ex deo.

AUG. dixit: Ex deo, non de deo.

FEL. dixit: Si nihil peccatum est, quia ex deo est et polluta est et uenit Christus liberare eam et eam liberauit a peccato, quid culpamus Manichaeum, qui dicit partem dei pollutam esse et iterum mundari?

AUG. dixit: Quia iam confessus es Manichaeum dixisse partem dei esse pollutam et dicis non esse peccatum talem blasphemiam in deum effundere, nos autem dicimus quidem peccasse animam per liberum arbitrium et paenitendo purgari per misericordiam creatoris sui, quia non est ex deo tamquam pars eius uel tamquam proles eius, sed ex deo uel a deo facta est tamquam opus eius: quid intersit inter nostram fidem et uestram perfidiam, omnibus manifestum est. itaque secundum uerba tua superiora, quia concessisti anathemandum eum, qui dicit corruptibilem dei naturam — quod et Manichaeum et te dicere manifestum est — quia noluisti, ut esset a te anathematus, eris cum illo anathematus.

22. Post haec cum multis uerbis inter se agerent, FEL. dixit: Dic iam, quid uis faciam?

1 quia *PRb* 13 et quia] quia *R* 14 (uere *b*) ex deo est *PRb* 16 quia] et anima *b ed. Maur.* 18 dixit *Pb* 22 peccasse quidē *b* 29 naturam dei *PSRb* 30 et te *om. b* a te esset *PR* 33 iam] iam tu *R* quis *R*

AUG. dixit: Ut anathemes Manichaeum, cuius sunt tantae istae blasphemiae; sed si ex animo facis, tunc fac . nemo enim te cogit inuitum.

FEL. dixit: Deus uidet, si ex animo facio; non enim homo potest uidere . sed hoc peto, ut confirmes me.

AUG. dixit: In quo uis ut confirmem te?

FEL. dixit: Prior tu anathema, ut et ego postea anathemem.

AUG. dixit: Ecce manu mea etiam scribo; uolo enim, ut et tu manu tua scribas.

FEL. dixit: Sed sic anathema, ut spiritum ipsum, qui in Manichaeo fuit et per eum ista locutus est, anathemes.

Augustinus accepta charta scripsit haec uerba: Augustinus ecclesiae catholicae episcopus iam anathemaui Manichaeum et doctrinam eius et spiritum, qui per eum tam execrabiles blasphemias locutus est, quia spiritus seductor erat non ueritatis, sed nefandi erroris; et nunc anathemo supra dictum Manichaeum et spiritum erroris ipsius.

Et cum eandem chartam Felici dedisset, etiam ille manu sua haec uerba scripsit: ego Felix, qui Manichaeo credideram, nunc anathemo eum et doctrinam ipsius et spiritum seductorem, qui in illo fuit, qui dixit deum partem suam genti tenebrarum miscuisse et eam tam turpiter liberare, ut uirtutes suas transfiguraret in feminas contra masculina et ipsas iterum in masculos contra feminea daemonia, ita ut postea reliquias ipsius suae partis configat in aeternum globo tenebrarum. has omnes et ceteras blasphemias Manichaei anathemo.

Augustinus episcopus his in ecclesia coram populo gestis subscripsi.

Felix his gestis subscripsi.

6 Augustinus—confirmem *om. R* ut (*om. b*) te confirmem *PSb* 7 Felix] aug' *R* 8 ecce enī manu mea *b* 13 episcopus ecclesiae catholicae *PSRb* anathematizo *b* 15 loquutus *P* 16 nephandi *R* 18 cartam *T* et ille *R* 24 feminina *b* demonia *T* 27 (*et* 29) hiis *PR* 28 *et* 29 scripsi *R* 29 Explicit liber secundus (*om. R*) beati (*om. SR*, scī *P*) aurelii (*om. TPR*) augustini ēpi (*om. PSR*) contra felicem manicheum *TS fol.* 98 *P fol.* 8 *R*

VIII.

S. Aureli Augustini

de natura boni liber.

S = Sangallensis 152 saec. VIIII.
P = Parisinus 13360 saec. VIIII.
G = Sangallensis 148 saec. XI.
M = Monacensis 1315 saec. XI.
V = Vindobonnensis 1009 saec. XII.
A = Admuntensis 55 saec. XII.
L = Laudunensis 128 saec. XIII.
b = editio princ. Basileae 1506 apud Io. Amerbachium.

VIII.

DE NATURA BONI LIBER.

1. Summum bonum, quo superius non est, deus est; ac per hoc incommutabile bonum est; ideo uere aeternum et uere inmortale. cetera omnia bona nonnisi ab illo sunt, sed non de illo. de illo enim quod est, hoc quod ipse est; ab illo autem quae facta sunt, non sunt quod ipse. ac per hoc si solus ipse incommutabilis, omnia quae fecit, quia ex nihilo fecit, mutabilia sunt. tam enim omnipotens est, ut possit etiam de nihilo, id est ex eo, quod omnino non est, bona facere, et magna et parua, et caelestia et terrena, et spiritalia et corporalia. quia uero et iustus est, ei, quod de se genuit, ea, quae de nihilo fecit, non aequauit. quia ergo bona omnia, siue magna siue parua, per quoslibet rerum gradus non possunt esse nisi a deo; omnis autem natura, in quantum natura est, bonum est: omnis natura non potest esse nisi a summo et uero deo, quia omnia etiam non summa bona, sed propinqua summo bono et rursus omnia etiam nouissima bona, quae longe sunt a summo bono, non possunt esse nisi ab ipso summo bono. omnis ergo spiritus, etiam mutabilis, et omne corpus a deo: haec est omnis facta natura. omnis quippe natura aut spiritus aut corpus est. spiritus incommutabilis deus est, spiritus mutabilis facta natura est, sed corpore melior; corpus autem spiritus non est, nisi cum uentus, quia nobis inuisibilis est, et tamen uis eius non parua sentitur, alio quodam modo spiritus dicitur.

2 Retractatio libri beati (*om. G*) augustini de natura boni. incipit de natura boni *p.* 77 *Sp.* 281 *G* Incipit (*om. PA*) liber sancti (*om. A*, beati *L*) augustini (*om. A*) de natura boni aduersus manicheos (*om. PSLG*) *fol.* 70 *P fol.* 29 *A fol.* 1 *L* 4 et ideo *b* 6 hoc] hoc est (est *add. m.* 2) *Pb* 10 eo quod] quo *G* 12 ei quod] ei filio quem *G* 13 omnia bona *VL* 19 bono *om. G* 21 haec] et haec *G* et hoc *b* 22 *post* est *add.* et *V* 24 qui uentus *b* (*in mg.* al. conuentus) 25 qui anobis *P* sentitur (*in mg.* al. uidetur) *b* 26 quodam] aliquo *V*

2. Propter eos autem, qui, cum intellegere non possunt omnem naturam, id est omnem spiritum et omne corpus naturaliter bonum esse, mouentur spiritus iniquitate et corporis mortalitate et ob hoc aliam naturam maligni spiritus et mortalis corporis, quam deus non fecerit, conantur inducere: sic arbitramur ad eorum intellectum, quod dicimus, posse perduci. fatentur enim omne bonum non esse posse nisi a summo et uero deo, quod et uerum est et ad eos corrigendos, si uelint aduertere, sufficit.

3. Nos enim catholici christiani deum colimus, a quo omnia bona sunt seu magna seu parua; a quo est omnis modus, siue magnus siue paruus; a quo omnis species, siue magna siue parua; a quo omnis ordo, siue magnus siue paruus. omnia enim quanto magis moderata, speciosa, ordinata sunt, tanto magis utique bona sunt; quanto autem minus moderata, minus speciosa, minus ordinata sunt, minus bona sunt. haec itaque tria: modus, species et ordo, ut de innumerabilibus taceam, quae ad ista tria pertinere monstrantur, haec ergo tria: modus, species, ordo, tamquam generalia bona sunt in rebus a deo factis siue in spiritu siue in corpore. deus itaque supra omnem creaturae modum est, supra omnem speciem, supra omnem ordinem; nec spatiis locorum supra est, sed ineffabili et singulari potentia; a quo omnis modus, omnis species, omnis ordo. haec tria ubi magna sunt, magna bona sunt; ubi parua sunt, parua bona sunt; ubi nulla sunt, nullum bonum est. et rursus haec tria ubi magna sunt, magnae naturae sunt; ubi parua sunt, paruae naturae

4 ịṇmortalitate *(exp. m. 1) S* spiritalis (*in mg.* ł spiritus) *S* 5 fecerat *V* 6 duci *G* 7 enim] autem *b* 8 deo] bono *b* 10 a quo— paruus *om. G* 13 a quo est omnis modus siue magnus siue paruus ạ qụọ ọmṇịṣ spẹçieṣ sịuẹ mạgṇa sịụe pạruạ a quo est omnis ordo *sqq. G* 14 mo derata *P* 17 itaque] namque *L* et *om. b* 19 haec— ordo *om. V* ergo *om. L* 21 supra omnem ordinem supra omnem speciem *P* 22 spatiis] species *G* 24 hęc ergo *b* ubi *s. l. a m. 1 S* ubicv̄que (cv̄ *s. l.*) *G* 26 rursum *A* ubi hęc tria *b* ubi magna sunt hęc tria *L* 27 *prius* naturae] creaт̃e *A*

sunt; ubi nulla sunt, nulla natura est. omnis ergo natura bona est.

4. Proinde cum quaeritur, unde sit malum, prius quaerendum est, quid sit malum . quod nihil aliud est quam corruptio uel modi uel speciei uel ordinis naturalis. mala itaque natura dicitur, quae corrupta est; nam incorrupta utique bona est. sed etiam ipsa corrupta, in quantum natura est, bona est; in quantum corrupta est, mala est.

5. Fieri autem potest, ut quaedam natura, quae modo et specie naturali excellentius ordinata est, etiam corrupta melior sit adhuc quam est incorrupta altera, quae minore modo et specie naturali inferius ordinata est . sicut in hominum aestimatione secundum qualitatem, quae aspectibus adiacet, melius est utique etiam corruptum aurum quam incorruptum argentum et melius est etiam corruptum argentum quam plumbum incorruptum: sic et in naturis potentioribus atque spiritalibus melior est etiam corruptus per malam uoluntatem spiritus rationalis quam inrationalis incorruptus; et melior est quilibet spiritus etiam corruptus quam corpus quodlibet incorruptum melior est enim natura, quae cum praesto est corpori, praebet ei uitam, quam illa, cui uita praebetur. quantumlibet autem corruptus sit spiritus uitae, qui factus est, uitam praebere corpori potest; ac per hoc melior illo est quamuis incorrupto corruptus.

6. Corruptio autem si omnem modum, omnem speciem omnem ordinem rebus corruptibilibus auferat, nulla natura remanebit. ac per hoc omnis natura, quae corrumpi non potest, summum bonum est, sicut deus est. omnis autem natura, quae corrumpi potest, etiam ipsa aliquod bonum est; non

1 nullę naturę sunt *G* nulla naturę est *A* 4 quid] quod *P* 6 quae] qñ *b* 7 ipsa etiam *V* ipsa *om. P* 10 naturalis (s *s. l. a m. 1*) *G* excellentię *G* 11 incorrupta (in *s. l. a m. 1*) *S* 13 ęqualitatem *b* 14 utique] itaque *Ab* etiam *om. b* 15 etiam *om. Ab* utique argentum etiam corruptum *L* 17 etiam] enim *b* 21 ei] et *G* quantum *b* 22 et uitam *b* 23 ille *G* 25 autem] enim *A* 26 rebusque *SP*[1] 27 non *om. G* 28 *alt.* est *om. A* autem] enim *A* 29 non—est *om. G*

enim posset ei nocere corruptio nisi adimendo et minuendo quod bonum est.

7. Creaturis autem praestantissimis, hoc est rationalibus spiritibus, hoc praestitit deus, ut si nolint, corrumpi non possint, id est, si oboedientiam conseruauerint sub domino deo suo ac sic incorruptibili pulchritudini eius adhaeserint; si autem oboedientiam conseruare noluerint, quoniam uolentes corrumpuntur in peccatis, nolentes corrumpantur in poenis. tale quippe bonum est deus, ut nemini eum deserenti bene sit; et in rebus a deo factis tam magnum bonum est natura rationalis, ut nullum sit bonum, quo beata sit, nisi deus. peccantes igitur in suppliciis ordinantur: quae ordinatio quia eorum naturae non competit, ideo poena est; sed quia culpae competit, ideo iustitia est.

8. Cetera uero, quae sunt facta de nihilo, quae utique inferiora sunt quam spiritus rationalis, nec beata possunt esse nec misera. sed quia pro modo et specie sua etiam ipsa bona sunt nec esse quamuis minora et minima bona nisi a summo bono deo potuerunt, sic ordinata sunt, ut cedant infirmiora firmioribus et inualidiora fortioribus et inpotentiora potentioribus, atque ita caelestibus terrena concordent tamquam praecellentibus subdita. fit autem decedentibus et succedentibus rebus temporalis quaedam in suo genere pulchritudo, ut nec ipsa, quae moriuntur uel quod erant esse desinunt, turpent ac turbent modum et speciem et ordinem uniuersae creaturae: sicut sermo bene compositus utique pulcher est, quamuis in eo syllabae atque omnes soni tamquam nascendo et moriendo transcurrant.

9. Qualis autem et quanta poena cuique culpae debeatur, diuini iudicii est, non humani: quae utique et cum conuersis

3 enim *A* 6 sic] si *G* 10 naturę *b* 12 supliciis *P* 13 cōp-petit P^1 15 sunt de nihilo facta *L* 18 necesse *P* nec— (*uers.* 24) erant *om.* *L* 19 esse poterunt *b* cędent P^1 20 inuallidiora *P* inualida *G* 22 autem] enim *A* 23 temporalibus rebus *G* 24 desinant *b* 25 ac] aut *PAVGb* 29 qualis—humani *om.* *G* enim *A*

remittitur, magna est bonitas apud deum, et cum debita redditur. nulla est iniquitas apud deum, quia melius ordinatur natura, ut iuste doleat in supplicio quam ut inpune gaudeat in peccato. quae tamen etiam sic habens nonnullum modum et speciem et ordinem in quacumque extremitate adhuc. aliquod bonum est: quae si omnino detrahantur et penitus consumantur, ideo nullum bonum erit, quia nulla natura remanebit.

10. Omnes igitur naturae corruptibiles nec omnino naturae essent, nisi a deo essent, nec corruptibiles essent, si de illo essent, quia hoc, quod ipse est, essent. ideo ergo quocumque modo, quacumque specie, quocumque ordine sunt, quia deus est, a quo factae sunt; ideo autem non incommutabiles sunt, quia nihil est, unde factae sunt. sacrilega enim audacia coaequantur nihil et deus, si quale est illud, quod de deo natum est, tale uelimus esse illud, quod ab eo de nihilo factum est.

11. Quapropter nec naturae dei omnino noceri potest nec alicui naturae sub deo noceri iniuste potest, quia et cum peccando iniuste aliqui nocent, uoluntas iniusta eis inputatur; potestas autem, qua nocere permittuntur, non est nisi a deo, qui et ipsis nescientibus nouit, quid illi pati debeant, quibus eos nocere permittit.

12. Haec omnia tam perspicua, tam certa si uelint aduertere, qui aliam naturam inducunt, quam non fecit deus, non tantis blasphemiis implerentur, ut et in summo malo tanta bona ponerent et in deo tanta mala. sufficit enim, ut supra dixi, ad eorum correctionem, si uelint adtendere, quod eos etiam inuitos cogit ueritas confiteri omnia prorsus bona non

1 remitatur *A*   et cum] cum (*sup.* cum *superscr.* dm̄) *A*   et—deum *om. L*   reditur P^1 3 supplitio *P*   et impune *G*   4 quae] quia *b*   etiam *om. b*   habens *(in ras.) S* habent *b*   6 et] et ut *A* ut *b*   poenitus *SP*   consumatur G^1 consum|mantur *P*   8 igitur] ergo *b*   oīno nō *b*   9 nec—essent *om. L*   12 autem] enim *A*   non *om. V, s. l. L*   incommutabiles (s *a m. 1 s. l.*) *P*   13 enim] autem *b*   audatia *P*   14 deo] eo *G*   16 Qua nec propter *A*   natura *G*   nocere omnino *b*   17 nocere *G*   quia G^1 18 aliquid *G*   20 nocentibus *b*   22 uellent *PAVGb*   27 prorsus bona. et ab alio parua bona n̄ nisi *sqq. A*

esse nisi a deo. non ergo ab alio sunt magna bona et ab alio parua bona, sed et magna et parua bona nonnisi a summo bono, quod deus est.

13. Commemoremus ergo bona quanta potuerimus, quae dignum est ut deo auctori tribuamus, et his sublatis uideamus, utrum aliqua natura remanebit. omnis uita et magna et parua, omnis potentia et magna et parua, omnis salus et magna et parua, omnis memoria et magna et parua, omnis intellectus et magnus et paruus, omnis tranquillitas et magna et parua, omnis uirtus et magna et parua, omnis copia et magna et parua, omnis sensus et magnus et paruus, omne lumen et magnum et paruum, omnis suauitas et magna et parua, omnis mensura et magna et parua, omnis pulchritudo et magna et parua, omnis pax et magna et parua et si qua similia occurrere potuerint maximeque illa, quae per omnia reperiuntur, siue spiritalia siue corporalia, omnis modus, omnis species, omnis ordo et magnus et paruus, a domino deo sunt. quibus bonis omnibus qui male uti uoluerit, diuino iudicio poenas luet; ubi autem nullum horum omnino fuerit, nulla natura remanebit.

14. Sed in his omnibus quaecumque parua sunt, in maiorum comparatione contrariis nominibus appellantur: sicut in hominis forma quia maior est pulchritudo, in eius comparatione simiae pulchritudo deformitas dicitur. et fallit inprudentes, tamquam illud sit bonum et hoc malum; nec intendunt in corpore simiae modum proprium, parilitatem ex utroque latere membrorum, concordiam partium, incolumitatis custodiam et cetera, quae persequi longum est.

1 alio (o *sup.* ą *a m. 1*) *SP²* 2 alia *P¹* sed *om. L* nonnisi] non sunt nisi *VLb* 4 quantū *b* 5 ut deo] ut ea deo *G* 8 *post* memoria *sequitur in b* omnis uirtus 12 suauitas] sanitas *b* 15 concurrere poterunt *b* 16 repperiuntur *SAG* et omnis species *V* 18 bonis omnibus] omnibus modis quibus *L* uoluerint *G* iuditio *P* 19 poenis *P¹* luent *G* 22 conparationem *P¹* 23 eius pulchritudo *b* comparatione et semię. Simię *sqq. b* 26 parilitatem (ri *ex* ra *a m. 1*) *P* 27 incolomitatis *SAG* 28 quae] qua *P¹* prosequi *b*

15. Sed, ut quod dicimus intellegatur et nimium tardis satis fiat, uel etiam pertinaces et apertissime ueritati repugnantes cogantur quod uerum est confiteri, interrogentur, utrum corpori simiae possit nocere corruptio. quod si potest, ut foedius fiat, quid minuit nisi pulchritudinis bonum? unde tamdiu aliquid remanebit, quamdiu corporis natura subsistit. proinde si consumpto bono natura consumitur, bona est ergo natura. sic et tardum dicimus ueloci contrarium; sed tamen qui se omnino non mouet, nec tardus dici potest. sic acutae uoci contrariam uocem dicimus grauem uel canorae asperam; sed si omnem speciem uocis penitus adimas, silentium est, ubi uox nulla est: quod tamen silentium eo ipso, quod uox nulla est, tamquam contrarium uoci solet obponi. sic et lucida et obscura tamquam duo contraria dicuntur; habent tamen et obscura aliquid lucis, quod si penitus careant, ita sunt tenebrae lucis absentia sicut silentium uocis absentia.

16. Quae tamen etiam priuationes rerum sic in uniuersitate naturae ordinantur, ut sapienter considerantibus non indecenter uices suas habeant. nam et deus certa loca et tempora non inluminando tenebras fecit tam decenter quam dies. si enim nos continendo uocem decenter interponimus in loquendo silentium: quanto magis ille quarundam rerum priuationes decenter facit sicut rerum omnium perfectus artifex? unde et in hymno trium puerorum etiam lux et tenebrae laudant deum, id est eius laudem bene considerantium cordibus pariunt.

17. Non ergo mala, in quantum natura est, ulla natura,

2 apertissimę *S* 4 sime P^1 5 fędius *SP* fedius stat quod minuit si *A* 6 aliquid *om.* *G* 7 sič sūpto *A* consumto *P* ergo est *V* 9 sic] si *S* 10 contrariū *A* grauem dicimus *PAVLG* canore *S* 11 omnem *om.* *A* penitus *om.* *A* 13 apponi G^1 et *om.* *A* 14 et *(s. l. a m. 1)* *S* *om.* P^1G^1 15 locis P^1 quod] quo AVG^2b sint *G* 16 sicut—absentia *om.* *L* 17 sic G^1 ordinantur in uniuersitate naturę *b* 19 habeeant *S* 20 facit *P* quam P^1 dies] deus *PSALGb* 24 in *om.* *A* hymno *S* ymno *AG* 25 dominum *G* bene] in bene *AG* 27 mala est *b* quantum natura *om.* P^1

sed cuique naturae non est malum nisi minui bono. quod si minuendo absumeretur, sicut nullum bonum, ita nulla natura relinqueretur, non solum qualem inducunt Manichaei, ubi tanta bona inueniuntur, ut nimia eorum caecitas mira sit, sed qualem potest quilibet inducere.

18. Neque enim uel illa materies, quam hylen antiqui dixerunt, malum dicenda est. non eam dico, quam Manichaeus hylen appellat dementissima uanitate nesciens, quid loquatur, formatricem corporum — unde recte illi dictum est, quod alterum deum inducat; nemo enim formare et creare corpora nisi deus potest; neque enim creantur, nisi cum eis modus et species et ordo subsistit, quae bona esse nec esse posse nisi a deo, puto quia iam etiam ipsi confitentur — sed hylen dico quandam penitus informem et sine qualitate materiem, unde istae quas sentimus qualitates formantur, ut antiqui dixerunt. hinc enim et silua graece ὕλη dicitur, quod operantibus apta sit, non ut aliquid ipsa faciat, sed unde aliquid fiat. nec ista ergo hyle malum dicenda est, quae non per aliquam speciem sentiri, sed per omnimodam speciei priuationem cogitari uix potest. habet enim et ipsa capacitatem formarum; nam si capere impositam ab artifice formam non posset, nec materies utique diceretur. porro si bonum aliquod est forma, unde quia ea praeualent, formosi appellantur, sicut a specie speciosi, procul dubio bonum aliquid est etiam capacitas formae; sicut quia bonum est sapientia, nemo dubitat, quod bonum sit capacem esse sapientiae. et quia omne bonum a deo, neminem oportet dubitare etiam istam, si qua est, materiem non esse nisi a deo.

1 minui *om. A* 4 nimia ů *A* 6 antiqui hylen *b* 7 non] nam *G* 8 appellant (*exp. m. 1*) *P* demandatissima (e s. l.) (*corr. m. 1*) *S* 12 necesse *P* 13 puto *om. G* quia] quae *SL* quod *Gb* 14 materiam *A* 15 istas *A om. G* formari *A* ut (*s. l. a m. 1*) *S om. P*[1]*A* 16 hyle *SPVALG* dicitur hyle *b* 17 non] no *P*[1] 19 aliquem *P*[1] 20 cogitare *P*[1] 23 formonsi *P*[1] 24 a] ab *AG* aliquod *VLb* 26 quod—dubitare *om. A* 28 materiam *P*

19. Magnifice igitur et diuine deus noster famulo suo dixit: ego sum qui sum et: dices filiis Israhel, qui est, misit me ad uos. uere enim ipse est, quia incommutabilis est; omnis enim mutatio facit non esse quod erat . uere ergo ille est, qui incommutabilis est; cetera, quae ab illo facta sunt, ab illo pro modo suo esse acceperunt. ei ergo, qui summe est, non potest esse contrarium nisi quod non est; ac per hoc sicut ab illo est omne, quod bonum est, sic ab illo est omne, quod naturale est, quoniam omne, quod naturaliter est, bonum est. omnis itaque natura bona est et omne bonum a deo est; omnis ergo natura a deo est.

20. Dolor autem, quod praecipue malum nonnulli arbitrantur, siue in animo sit siue in corpore, nec ipse potest esse nisi in naturis bonis. hoc enim ipsum, quod restitit, ut doleat, quodam modo recusat non esse quod erat, quia bonum aliquod erat . sed cum ad melius cogitur, utilis dolor est, cum ad deterius, inutilis. in animo ergo dolorem facit uoluntas resistens potestati maiori; in corpore dolorem facit sensus resistens corpori potentiori. sunt autem mala sine dolore peiora; peius est enim gaudere de iniquitate quam dolere de corruptione . uerumtamen etiam tale gaudium non potest esse nisi ex adeptione bonorum inferiorum; sed iniquitas est desertio meliorum. item in corpore melius est uulnus cum dolore quam putredo sine dolore, quae specialiter corruptio dicitur: quam non uidit, id est non passa est mortua caro domini, sicut in prophetia praedictum erat: nec dabis sanctum tuum uidere corruptionem. nam uulneratum

2 Ex. 3, 14 26 Ps. 15, 10 27 cf. Ioh. 19, 18 . 34

1 magnificenter et diuinę *G* et] etiam *A* 3 uere—erat *om. A* quia] qui *SMA* inmutabilis *A* 5 inmutabilis *SA* 6 suo modo *b* 7 non *ante* est *om. G* 9 naturaliter *b* naturale est quod naturaliter est *A* *post* omne *ras. 1 uocabuli in P* 13 sit *post* corpore *add. in b* 14 resistit *LG²b* 17 inutilis est *b* 19 sunt] sič *G* 21 correptione *PV* etiam *om. b* 22 ademptione *SG* demp*tione (n *er.*) *A* sed *S* (*in mg.* ł sič) 27 uidere (*s. l. a m. 1*) *P* uulneratam *P*

esse confixione clauorum et percussum de lancea quis negat? sed etiam ipsa, quae proprie ab omnibus corruptio corporis dicitur, id est ipsa putredo, si adhuc habet aliquid, quod alte consumat, bonum minuendo crescit corruptio. quod si penitus absumpserit, sicut nullum bonum, ita nulla natura remanebit, quia iam corruptio quod corrumpat non erit. et ideo nec ipsa putredo erit, quia ubi sit omnino non erit.

21. Ideo quippe et parua atque exigua iam communi loquendi usu modica dicuntur, quia modus in eis aliquis restitit, sine quo iam non modica, sed omnino nulla sunt. illa autem, quae propter nimium progressum dicuntur immodica, ipsa nimietate culpantur; sed tamen etiam ipsa sub deo, quia omnia in mensura et numero et pondere disposuit, necesse est, ut modo aliquo cohibeantur.

22. Deus autem nec modum habere dicendus est, ne finis eius dici putetur. nec ideo tamen immoderatus est, a quo modus omnibus rebus tribuitur, ut aliquo modo esse possint. nec rursum moderatum oportet dici deum, tamquam ab aliquo modum acceperit. si autem dicamus eum summum modum, forte aliquid dicimus, si tamen in eo, quod dicimus summum modum, intellegamus summum bonum. omnis enim modus, in quantum modus est, bonus est: unde omnia moderata, modesta, modificata dici sine laude non possunt, quamquam sub alio intellectu modum pro fine ponamus et nullum modum dicamus, ubi nullus est finis: quod aliquando cum laude dicitur, sicut dictum est: et regni eius non erit finis.

13 cf. Sap. 11, 21 26 Luc. 1, 33

1 percussum P^1 de *om.* *A* 2 propriae P^1 omnibus] hominibus *G* corruptio *om.* *L* 3 abet P^1 5 absumpserit (p *m. 1 superscr.*) *P* 6 quod] quę *A* 7 omnino *om.* *A* 10 resistit *AVLb* non iam *b* 12 ipsa etiam *b* 13 qui *G* quō *A* omnia *om.* *A* in numero *b* disposșuit (*exp. m. 1*) *P* 14 neçcesse (*exp. m. 1*) *P* et necesse *A* aliquo modo *b* 15 dicendu P^1 16 nec] non est *b* est *om.* *b* 17 omnibus] omnis *PA* tribuitur rebus *b* 18 necrur sū *P* rursus *b* 20 forte—modum *om.* *G* 23 quaquā P^1 24 et—ubi *om.* *G*

posset enim dici etiam „non erit modus,“ ut modus pro fine dictus intellegeretur; nam qui nullo modo regnat, non utique regnat.

23. Malus ergo modus uel mala species uel malus ordo aut ideo dicuntur, quia minora sunt quam esse debuerunt aut quia non his rebus accomodantur, quibus accommodand sunt: ut ideo dicantur mala, quia sint aliena et incongrua, tamquam si dicatur aliquis non bono modo egisse, quia minus egit quam debuit, aut quod ita egit, sicut in re tali non debuit, uel amplius quam oportebat uel non conuenienter: ut hoc ipsum, quod reprehenditur malo modo actum, non ob aliud iuste reprehendatur, nisi quia non est ibi seruatus modus. item species mala uel in comparatione dicitur formosioris atque pulchrioris, quod ista sit minor species, illa maior, non mole, sed decore, aut quia non congruit huic rei, cui adhibita est, ut aliena et inconueniens uideatur: tamquam si nudus homo in foro deambulet, quod non offendit, si in balneo uideatur. similiter et ordo tunc malus dicitur, cum minus ipse ordo seruatur: unde non ibi ordo, sed potius inordinatio mala est, cum aut minus ordinatum est quam debuit, aut non sicut debuit. tamen ubi aliquis modus, aliqua species, aliquis ordo est, aliquod bonum et aliqua natura est; ubi autem nullus modus, nulla species, nullus ordo est, nullum bonum, nulla natura est.

24. Haec, quae nostra fides habet et utcumque ratio uestigauit, diuinarum scripturarum testimoniis munienda sunt, ut qui ea minore intellectu adsequi non possunt, diuinae aucto-

1 posse* (t *er.*) *G* etiam *om. G* 6 in his *b* actomodantur *G*[1] 7 ut] aut *b* quia] quod *PVLG* que *A* sunt *b* 9 an quia *b* ita] non ita *G* non *om. G* 11 modo (do *ex* du *corr. m. 1*) *P* 13 formonsioris *P*[1] 17 nudus] nullus *L* 18 malus tunc *b* esse dicitur *L* 19 ipse minus *Lb* ordo *(pr.) om. b* potius *om. G* inordinatio] ordinatio *L* 20 aut] aū *S* autem *L* 21 ubi tamen *L* ubi est *b* 22 aliquid *L* est *post* natura *om. L* 23 autem] enim *A* 24 et nulla *b* est *om. L* 25 fides nostra *b* inuestigauit *V* 26 munienda (u *sup.* i *a m. 1*) *P* 27 qui] quia *G*[1] ea *om. G*[1] sequi *P*[1]

ritati credant et ob hoc intellegere mereantur; qui autem intellegunt, sed ecclesiasticis litteris minus instructi sunt, magis ea nos ex nostro intellectu proferre quam in illis libris esse non arbitrentur. itaque deum esse incommutabilem sic scriptum est in psalmis: mutabis ea, et mutabuntur; tu autem idem ipse es; et in libro sapientiae de ipsa sapientia: in se ipsa manens innouat omnia. unde et apostolus Paulus: inuisibili, incorruptibili soli deo et apostolus Iacobus: omne datum optimum et omne donum perfectum desursum est descendens a patre luminum, apud quem non est commutatio nec momenti obumbratio. item quia id, quod de se genuit, hoc, quod ipse est, ita ab ipso filio breuiter dicitur: ego et pater unum sumus. quia non est autem factus filius, quippe cum per illum facta sint omnia, sic scriptum est: in principio erat uerbum et uerbum erat apud deum et deus erat uerbum; hoc erat in principio apud deum. omnia per ipsum facta sunt et sine ipso factum est nihil, id est non est factum sine ipso aliquid.

25. Neque enim audienda sunt deliramenta hominum, qui nihil hoc loco aliquid intellegendum putant et ad huiusmodi uanitatem propterea putant cogi posse aliquem, quia ipsum nihil in fine sententiae positum est. ergo, inquiunt, factum est et ideo, quia factum est, ipsum nihil aliquid est; sensum enim perdiderunt studio contradicendi nec intellegunt nihil interesse, utrum dicatur „sine illo factum est nihil," an „sine illo nihil factum est." quia etsi illo ordine diceretur

5 Ps. 101, 27 7 Sap. 12, 27 8 I Tim. 1, 17 9 Iac. 1, 17 13 Ioh. 10, 30 15 Ioh. 1, 1 sqq.

6 sapientia innouat omnia in se manens *A* 7 ipsa *om. Ab* omnia ipsa *b* unde *om. b* paulus (*sec.* u *s. l. a m. 1*) *P* paulus apostolus *b* 8 et incorruptibili *A* 11 transmutatio *AV* 12 hoc] hoc est (est *superscr. m. 2*) *Sb* 14 autem non est *VLb* illum] ipsum *A* illã P^1 sint] sunt *G* 15 sic enim *A* 18 id non est *A* 21 ob huiusmodi uentate G^1 22 ipsum *om.* G^1 23 positum est sententię *b* 25 prediderunt (*s. l. a m. 1*) *P* perdiderant *A* 26 illo] ipso *LV (bis)* 27 quia—est *om. b*

„sine illo nihil factum est“, possent nihilominus dicere ipsum nihil aliquid esse, quia factum est. quod enim reuera est aliquid, quid interest, utrum ita dicatur „sine illo facta est domus“ an „sine illo domus est facta,“ dum intellegatur aliquid sine illo factum, quod aliquid domus est? ita quia dictum est: sine illo factum est nihil, quoniam nihil utique non est aliquid, quando uere et proprie dicitur, siue dicatur „sine illo factum est nihil“ siue „sine illo nihil factum est“ uel „nihil est factum“ nihil interest. quis autem uelit loqui cum hominibus, qui hoc ipsum, quod dixi „nihil interest“. possunt dicere: ergo interest aliquid, quia ipsum nihil aliquid est? hi autem, qui sanum habent cerebrum, rem manifestissimam uident hoc idem intellegi, cum dixi „nihil interest,“ quod intellegeretur si dicerem „interest nihil.“ at isti si alicui dicant: quid fecisti? et ille respondeat nihil se fecisse, consequens est, ut ei calumnientur dicentes: fecisti ergo aliquid, quia nihil fecisti; ipsum enim nihil aliquid est. habent autem et ipsum dominum in fine sententiae ponentem hoc uerbum, ubi ait: et in occulto locutus sum nihil. ergo legant et taceant.

26. Quia ergo deus omnia, quae non de se genuit, sed per uerbum suum fecit, non de his rebus, quae iam erant, sed de his, quae omnino non erant, hoc est de nihilo fecit, ita dicit apostolus: qui uocat ea, quae non sunt, tamquam sunt. apertius autem in libro Machabaeorum scriptum est: oro te, fili, respice ad caelum et terram et omnia, quae in eis sunt; uide et scito, quia non erant, ex

19 Ioh. 18, 20   24 Rom. 4, 17   26 II Mach. 7, 28

1 possit *SLP*^{1}*G*   dici *G*   3 ita *om. V*   4 est facta] facta est *V*   5 factum sine illo *b*   6 quoniam] quod *G*   7 propriae *P*^{1} 8 est factum *PVAI*,   9 *alt.* factum est *SPLVG*   10 qui autem uelint *A*   quia *A*   12 aliquid *om. A*   14 intellegeres *G*   15 at isti] ita fit *A*   16 se *om. b*   calumnietur *P*^{1} calumpnientur *A*   21 omnia *om. b*   de se non *b*   non *om. V*   per uerbum suum] uerbo suo *G*   23 qua *P*^{1} 24 tamquam ea quę sunt *b*   27 uide] unde *b*

quibus fecit nos dominus deus et illud, quod in psalmo scriptum est: ipse dixit, et facta sunt, manifestum, quod non de se ista genuerit, sed in uerbo atque imperio fecerit; quod autem non de se, utique de nihilo. non enim erat aliud, unde faceret. de quo apertissime apostolus dicit: quoniam ex ipso et per ipsum et in ipso sunt omnia.

27. „Ex ipso“ autem non hoc significat quod „de ipso.“ quod enim de ipso est, potest dici „ex ipso;“ non autem omne, quod „ex ipso“ est, recte dicitur „de ipso;“ ex ipso enim caelum et terra, quia ipse fecit ea, non autem de ipso, quia non de substantia sua. sicut aliquis homo si gignat filium et faciat domum, ex ipso filius, ex ipso domus, sed filius de ipso, domus de terra et de ligno. sed hoc quia homo est, qui non potest aliquid etiam de nihilo facere; deus autem, ex quo omnia, per quem omnia, in quo omnia, non opus habebat aliqua materia, quam ipse non fecerat, adiuuari omnipotentiam suam.

28. Cum autem audimus „omnia ex ipso et per ipsum et in ipso,“ omnes utique naturas intellegere debemus, quae naturaliter sunt. neque enim ex ipso sunt peccata, quae naturam non seruant, sed uitiant. quae peccata ex uoluntate esse peccantium multis modis sancta scriptura testatur, praecipue illo, quo dicit apostolus: existimas autem hoc, o homo, qui iudicas eos, qui talia agunt, et facis ea, quoniam tu effugies iudicium dei? an diuitias benignitatis et patientiae eius et longanimitatis contemnis, ignorans, quoniam patientia dei ad paenitentiam te adducit? secundum duritiam autem cordis tui et

2 Ps. 148, 5 5 Rom. 11, 36 23 Rom. 2, 3 sqq

1 nos fecit *b* 2 manifestum est *PV* manifestissimū ē *b* 3 ista (*s. l. a m. 1*) *P* genuerit (*corr. m. 1 ex* genuit) *P* genuerint *b* 4 erat enim *VL* 5 fecerat P^1L^1 8 dici] dici etiam *V* 13 de *ante* ligno *om. PVGb* 14 etiam *om. b* 15 in quę* (m *er; corr. m. 1*) *P* 16 habet *b* 17 potentiam *A* 23 illo quod (*a m. 2 superscr.* .s. modo quo) *G* quod *A* 25 iuditium *P* 26 contempnis (*exp. m. 1*) *S* 27 ignoras *Gb* patiencia *P*

cor inpaenitens thesaurizas tibi iram in diem irae et reuelationis iusti iudicii dei, qui reddet unicuique secundum opera sua.

29. Nec tamen, cum in deo sint uniuersa, quae condidit, inquinant eum, qui peccant, de cuius sapientia dicitur: adtingit autem omnia propter suam munditiam, et nihil inquinatum in eam incurrit. oportet enim, ut sicut deum incorruptibilem et incommutabilem, ita consequenter etiam incoinquinabilem credamus.

30. Quia uero et minima bona, hoc est terrena atque mortalia ipse fecit, illo apostoli loco sine dubitatione intellegitur, ubi loquens de membris carnis nostrae „quia si glorificatur unum membrum, congaudent omnia membra; et si patitur unum membrum, conpatiuntur omnia membra“ etiam hoc ibi ait: deus posuit membra, singulum quodque eorum in corpore prout uoluit et: deus temperauit corpus ei, cui deerat, maiorem honorem dans, ut non essent scissurae in corpore, sed idem ipsum ut pro inuicem sollicita sint membra. hoc autem, quod sic in modo et specie et ordine membrorum carnis laudat apostolus, in omnium animalium carne inuenis, et maximorum et minimorum, cum omnis caro in bonis terrenis ac per hoc minimis deputetur.

31. Item quia cuique culpae qualis et quanta poena debeatur, diuini iudicii est, non humani, sic scriptum est: o altitudo diuitiarum sapientiae et scientae dei! quam inscrutabilia sunt iudicia eius et inuestigabiles uiae eius! item quia bonitate dei donantur peccata con-

5 Sap. 7, 24 sq. 12 I Cor. 12, 26 . 18 . 24 . 25 26 Rom. 11, 33

1 inpoenitens *S* inpenitęns *P* die *b* 2 reddat *P*[1] 7 incurret *G* 8 ita *om. A* 9 inquoinquinabilem *P*[1] 12 qua *P*[1] 14 patiatur *b* menbra *A (sic semper)* 15 omnia membra *b* quoque *b* 16 eorum *om. b* uult *G* 17 honor *P*[1] 18 ipsum idem *b* 20 in specie *b* 22 minorum *G* 24 quanta] quanta et qualis *L* debeatur pęna *b* 26 diuiciarū *A*

uersis, hoc ipsum, quod Christus missus est, satis ostendit, qui non in sua natura, qua deus est, sed in nostra, quam de femina adsumpsit, pro nobis mortuus est: quam dei bonitatem circa nos et dilectionem sic praedicat apostolus: commendat, inquit, suam caritatem deus in nobis, quoniam cum adhuc peccatores essemus, Christus pro nobis mortuus est; multo magis iustificati nunc in sanguine ipsius salui erimus ab ira per ipsum. si enim, cum inimici essemus, reconciliati sumus deo per mortem filii eius, multo magis reconciliati salui erimus in uita ipsius. quia uero etiam cum peccatoribus poena debita redditur, non est iniquitas apud deum, sic dicit: quid dicemus? numquid iniquus deus, qui infert iram? uno autem loco et bonitatem et seueritatem ab illo esse breuiter admonuit dicens: uides ergo bonitatem et seueritatem dei: in eos quidem, qui ceciderunt, seueritatem, in te autem bonitatem, si permanseris in bonitate.

32. Item quia etiam nocentium potestas non est nisi a deo, sic scriptum est loquente sapientia: per me reges regnant et tyranni per me tenent terram. dicit et apostolus: non est enim potestas nisi a deo. digne autem fieri in libro Iob scriptum est. qui regnare facit, inquit, hominem hypocritam propter peruersitatem populi. et de populo Israhel dicit deus: dedi eis regem in ira mea. iniustum enim non est, ut improbis accipientibus nocendi potestatem

4 Rom. 5, 8 sqq. 12 Rom. 3, 5 15 Rom. 11, 22 19 Prou. 8, 15 21 Rom. 13, 1 22 Iob. 34, 30 24 Osee 13, 11

1 xp̄s ipse *V* misus *P* 2 quia *AG* 3 assumpsit (p *s. l. a m. 1*) *P* est *om. P* 4 p̄dicauit *b* 6 christus—ipsius *om. A* 7 nunc iustificati *b* 9 reconciliati sumus in uita ipsius deo *sqq. G* 12 dicimus *P*[1] 13 est deus *b* *post* iram *add.* absit *AVb* 15 ammonuit *P*[1] 16 dei *om. A* quidem *om. A* seueritatem *om. A* 18 etiam *om. A* nocentium *om. b* 19 scriptum est *om. A* 22 inquit *om. G* hypocritam hominem *b* 23 propter] ob *A* peruersitatem] peccata *G* 24 israelitico *A* deus] dominus *G* mea (m *ex* n *a m. 2*) *P* 25 enim] ęstimo *G*

bonorum patientia probetur et malorum iniquitas puniatur. nam per potestatem diabolo datam et Iob probatus est, ut iustus adpareret, et Petrus temptatus, ne de se praesumeret, et Paulus colaphizatus, ne se extolleret, et Iudas damnatus, ut se suspenderet. cum ergo per potestatem, quam diabolo dedit, omnia iuste ipse deus fecerit, non tamen pro his iuste factis, sed pro iniqua nocendi uoluntate, quae ipsius diaboli fuit, ei reddetur in fine supplicium, cum dicetur impiis, qui eius nequitiae consentire perseuerauerint: ite in ignem aeternum, quem parauit pater meus diabolo et angelis eius.

33. Quia uero et ipsi mali angeli non a deo mali sunt conditi, sed peccando facti sunt mali, sic Petrus in epistula sua dicit: si enim deus angelis peccantibus non pepercit, sed carceribus caliginis inferi trudens tradidit in iudicio puniendos seruari. hinc Petrus ostendit adhuc eis ultimi iudicii poenam deberi, de qua dominus dicit: ite in ignem aeternum, qui paratus est diabolo et angelis eius. quamuis iam poenaliter hunc inferum, hoc est inferiorem caliginosum aerem tamquam carcerem acceperint, qui tamen quoniam et caelum dicitur, non illud caelum, in quo sunt sidera, sed hoc inferius, cuius caligine nubila conglobantur, et ubi aues uolitant — nam et caelum nubilum dicitur et uolatilia caeli appellantur — secundum hoc apostolus Paulus eosdem iniquos angelos, contra quos nobis inuidos pie uiuendo pugnamus, „spiritalia nequitiae in caelestibus“ nominat. quod ne de illis superioribus caelis

2 cf. Iob. 1, 2 3 cf. Matth. 26, 31 sqq. 67 sqq. 4 cf. II Cor. 12, 7 5 cf. Matth. 27, 5 9 Matth. 25, 41 14 II Petr. 2, 4 26 Ephes. 6, 12

1 et bonorum *b* et] ut *G* 2 diaboli *PS*[1] 3 ē tēptatus (ē *s. l. a m. 2*) *G* temptatus ē ut nō *b* 4 colaphyzatus *SP* 8 supplitium *P* 9 consentiri *G* 10 etnv̄ & cet̄a *A* 12 mali *om. A* 13 sic] sič *G* 15 detrudens *b* 16 inditio *P* 17 iuditii *P* 19 quāuis quidam (quidam *s. l.*) *G* poena *P* infernū *Ab* 21 tamen aer *Ab* quoniam] qñque *b* *alt.* caelum *om. b* 22 sydera *V* 25 eosdem *om. A* 27 nominauit *b*

intellegatur, aperte alibi dicit: secundum principem potestatis aeris huius, qui nunc operatur in filiis diffidentiae.

34. Item quia peccatum uel iniquitas non est appetitio naturarum malarum, sed desertio meliorum, sic in scripturis inuenitur scriptum: omnis creatura dei bona est, ac per hoc et omne lignum, quod in paradiso deus plantauit, utique bonum est. non ergo malam naturam homo appetiuit, cum arborem uetitam tetigit, sed id, quod melius erat, deserendo factum malum ipse commisit. melior quippe creator quam ulla creatura, quam condidit: cuius imperium non erat deserendum, ut tangeretur prohibitum quamuis bonum, quoniam deserto meliore bonum creaturae appetebatur, quod contra creatoris imperium tangebatur. non itaque deus arborem malam in paradiso plantauerat, sed ipse erat melior, qui eam tangi prohibebat.

35. Ad hoc enim et prohibuerat, ut ostenderet animae rationalis naturam non in sua potestate, sed deo subditam esse debere et ordinem suae salutis per oboedientiam custodire, per inoboedientiam corrumpere. hinc et arborem, quam tangi uetuit, sic appellauit „dinoscentiae boni et mali," quia cum eam contra uetitum tetigisset, experiretur poenam peccati et eo modo dinosceret, quid interesset inter oboedientiae bonum et inoboedientiae malum.

36. Nam quis ita desipiat, ut dei creaturam maxime in paradiso plantatam uituperandam putet, quandoquidem nec ipsae spinae ac tribuli, quos peccatori in labore conterendos

1 Ephes. 2, 2 6 I Tim. 4, 4 21 Gen. 2, 9

2 filios *VG*[1]*b* 5 sič *G* 6 scriptum est *SAVG* sic scriptum est *L* 8 homo *om. A* 9 id *om. A* 11 ulla] illa *A* 12 quoniam] quo *b* 13 bono *G* 15 paradyso *PV* eū *G*[1] 16 prohibebat. fecit casum illicitū *A* 17 ad] a *P*[1] et *om. G* naturā animę *b* 21 sic *om. V* appellant *P*[1] dinoscentiae] scientiam *V* 22 qui *b* 24 et] et inter *b* 27 ipse *G* peccatore *P* conterendo *PAVG* conterendos (s *a m. 1 s. l.*) *S*

secundum dei iudiciariam uoluntatem terra peperit, recte uituperentur? habent enim et tales herbae modum et speciem et ordinem suum, quae quisquis sobrie considerauerit, laudanda reperiet; sed ei naturae ista mala sunt, quam peccati merito sic coherceri oportebat. non est ergo, ut dixi, peccatum malae naturae adpetitio, sed melioris desertio et ideo factum ipsum malum est, non illa natura, qua male utitur peccans. malum est enim male uti bono. unde apostolus damnatos quosdam diuino iudicio reprehendit, qui coluerunt et seruierunt creaturae potius quam creatori. neque enim creaturam reprehendit — quod qui fecerit, creatori facit iniuriam — sed eos, qui male usi sunt bono meliore deserto.

37. Proinde si custodiant omnes naturae modum et speciem et ordinem proprium, nullum erit malum; si autem his bonis quisque male uti uoluerit, nec sic uincit uoluntatem dei, qui etiam iniustos iuste ordinare nouit, ut si ipsi per iniquitatem uoluntatis suae male usi fuerint bonis illius, ille per iustitiam potestatis suae bene utatur malis ipsorum recte ordinans in poenis, qui se peruerse ordinauerint in peccatis.

38. Nam nec ipse ignis aeternus, qui cruciaturus est impios, mala natura est habens modum et speciem et ordinem suum nulla iniquitate deprauatum; sed cruciatus est damnatis malum, quorum peccatis est debitus. neque enim et lux ista, quia lippos cruciat, mala natura est.

39. Aeternus autem ignis non sicut deus aeternus, quod

9 Rom. 1, 25

1 dei *om.* *G* terra *G*[1] pepperit *S* repperit *P* 2 haerbae *P* 3 quę si quisque *A* sobriae *P*[1] 4 repperiet *S* repperiet *AG* ei naturę] in natura *G* 5 coherceri *S* malae *om.* *G* 6 appeticio *A* factum ē *b* 7 ē *om.* *b* 9 iuditio *P* 10 creaturas *b* 11 reꝑhendit *P* quod] sed *S* 14 malum (*s. l. a m. 1*) *S* 15 ne *P*[1] uicerit *b* dei uoluntatem *b* 18 *ante* ordinans *add. s. l. m. 2 in G* eos 19 ordinauerunt *b* 20 aeternus *om.* *V* 22 malus *PVb* 23 et] et (*add. m. 1 sup.* ut) *G* 24 lyppos *S*[1]*V* cruciat oculos *b* 25 eťn' dicitur primo (proprię *b*) quia propterea diciť ignis eťn' est quod sine fine sit *sqq.* *Ab*

licet sine fine sit, non est tamen sine initio; deus autem etiam sine initio est. deinde quia licet perpetuus peccatorum suppliciis adhibeatur, mutabilis tamen natura est. illa est autem uera aeternitas, quae uera inmortalitas; hoc est illa summa incommutabilitas, quam solus deus habet, qui mutari omnino non potest. aliud est enim non mutari, cum possit mutari, aliud autem prorsus non posse mutari. sicut ergo dicitur homo bonus non tamen sicut deus, de quo dictum est: nemo bonus nisi unus deus et sicut dicitur anima inmortalis non tamen sicut deus, de quo dictum est: solus habet inmortalitatem et sicut dicitur homo sapiens non tamen sicut deus, de quo dictum est: soli sapienti deo: sic dicitur ignis aeternus non tamen sicut deus, cuius solius inmortalitas est uera aeternitas.

40. Quae cum ita sint secundum catholicam fidem et sanam doctrinam et intellegentibus perspicuam ueritatem, nec naturae dei nocere potest quisquam nec natura dei nocere iniuste cuiquam uel nocere inpune patitur quemquam; qui enim nocet, ait apostolus, recipiet id, quod nocuit et non est personarum acceptio apud deum.

41. Quod Manichaei si uellent sine pernicioso studio defendendi erroris sui et cum dei timore cogitare, non scelestissime blasphemarent inducendo duas naturas, unam bonam, quam dicunt deum, alteram malam, quam non fecerit deus, ita errantes, ita delirantes, immo uero ita insanientes, ut non uideant et in eo, quod dicunt naturam summi mali, ponere se tanta bona, ubi ponunt uitam, potentiam, salutem, memo-

9 Marc. 10, 18 10 I Tim. 6, 16 12 Rom. 16, 27 18 Col. 3, 25

1 licet] licet (*s. l. a m. 2*) *P* etsi *VA om. SLG* est *om. G* 2 perpetuis *Gb* 3 supplitiis *P* inmutabilis *V* naturę *G* illa autem uera est *b* 4 quae] quę ē *b* hęc *b* 6 cum enim *b* 9 unus] solus *b* 10 qui solus *b* 14 nimortalitas ipsa (ipsi *b*) *AGb* 16 naturā *A* naturae dš (s *ex* i) nocere (*corr. in* noceri *et in mg. add.* ł naturę dei nocere) *S* 17 nocere dei *G* potest *om. b* potest—nocere *om. S* naturæ *P*[1] naturā *A* 18 qui] Quod *b* 21 quod] quodsi *Ab* si *om. Ab* pernitioso *P* 24 deo *A* fecerat *b* 26 et *om. b* 27 ponant *b*

riam, intellectum, temperiem, uirtutem, copiam, sensum, lumen, suauitatem, mensuras, numeros, pacem, modum, speciem, ordinem: in eo autem, quod dicunt summum bonum, tanta mala: mortem, aegritudinem, obliuionem, insipientiam, perturbationem, inpotentiam, egestatem, stoliditatem, caecitatem, dolorem, iniquitatem, dedecus, bellum, inmoderationem, deformitatem, peruersitatem. principes enim tenebrarum et uixisse in sua natura dicunt et in suo regno saluos fuisse et meminisse et intellexisse. sic enim contionatum illi dicunt principem tenebrarum, ut neque ipse talia dicere neque ab eis, quibus dicebat, audiri sine memoria et intellectu potuisset: et habuisse temperiem animo et corpori suo congruam et uirtute potentiae regnasse et copias elementorum suorum ac fecunditatis habuisse et sensisse se inuicem ac sibi uicinum lumen et oculos habuisse, quibus illud longe conspicerent; qui utique oculi sine aliquo lumine lumen uidere non poterant, unde recte etiam lumina nominantur; et suauitate suae uoluptatis esse perfruitos et dimensis membris atque habitationibus determinatos fuisse. nisi autem etiam qualiscumque pulchritudo ibi fuisset, nec amarent coniugia sua nec partium congruentia corpora eorum constarent: quod ubi non fuerit, non possunt ea fieri, quae ibi facta esse delirant. et nisi pax aliqua ibi esset, principi suo non oboedirent. nisi modus ibi esset, nihil aliud agerent quam comederent aut biberent aut saeuirent aut quodlibet aliud sine aliqua satietate; quamquam nec ipsi, qui hoc agebant, formis suis determinati essent, nisi modus ibi esset. nunc uero talia dicunt eos egisse, ut in omnibus actionibus suis modos sibi congruos habuisse negare non possint. si autem species ibi non fuisset, nulla ibi

5 aegestatem SP^1 6 deformitatem *om.* *V* 7 enim *om.* *VL* et *om.* *b* 8 dicuntur G^1 9 contionatum S^1 illic *AGb* dicunt *om.* *A* 10 ipsi *V* dicere] cernere *b* (*in mg.* al. debere) 11 quibus (*s. l. a m. 1*) *P* potuisset G^1 12 habuisset *A* animo suo et corpori congruē G^1 14 fecunditates P^2b 18 dimensis *b* (*in mg.* al. diuersis) 22 nisi] si *G* 23 fuisset *b* 24 fuisset *b* 25 sacietate *S* societate *b* quāquam (quā *s. l. a m. 1*) *P* 28 actibus *G* 29 possunt *b*

qualitas naturalis subsisteret. si nullus ordo ibi fuisset, non alii dominarentur, alii subderentur, non in suis elementis congruenter uiuerent, non denique suis locis haberent membra disposita, ut illa omnia, quae uana isti fabulantur, agere possint. dei autem naturam si non dicunt mortuam, quid secundum eorum uanitatem suscitat Christus? si non dicunt aegram, quid curat? si non dicunt oblitam, quid commemorat? si non dicunt insipientem, quid docet? si non dicunt perturbatam, quid redintegrat? si non uicta et capta est, quid liberat? si non eget, cui subuenit? si non amisit sensum, quid uegetat? si non est excaecata, quid inluminat? si non est in dolore, quid recreat? si non est iniqua, quid per praecepta corrigit? si non est dedecorata, quid mundat? si non est in bello, cui promittit pacem? si non est immoderata, cui modum legis imponit? si non est deformis, quid reformat? si non est peruersa, quid emendat? omnia enim haec a Christo non illi rei praestari dicunt, quae facta est a deo et arbitrio proprio peccando deprauata, sed ipsi naturae, ipsi substantiae dei, quae hoc est quod deus.

42. Quid istis blasphemiis comparari potest? nihil omnino. sed si aliarum peruersarum sectarum considerentur errores, si autem iste sibi error ex parte altera, de qua nondum diximus, comparetur, adhuc etiam multo peius et execrabilius in dei naturam blasphemare conuincitur. dicunt enim etiam nonnullas animas, quas uolunt esse de substantia dei et eiusdem omnino naturae, quae non sponte peccauerint, sed a gente tenebrarum, quam mali naturam dicunt, ad quam debellandam non ultro, sed patris imperio descenderunt, superatae et oppressae sint, affigi in aeternum globo horribili tenebrarum. ita secundum eorum sacrilega uaniloquia deus se ipsum in

2 subdarentur *P*[1] 4 qua uana ista *P*[1] possent *PV* posset *b* 5 mortuam dicunt *b* 10 ammisit *P*[1] 11 excęcata *G*[1] 13 decorata *G* 16 $\overline{\text{xpo}}$ (x *s. l. a m. 1*) *S* non illi] nulli *G* 17 praestare *P*[1]*V* a deo] ideo *G* 23 exsecrabilius (s *exp. m. 1*) *P* 24 natura *PV* 25 substantiae *P*[1] 26 quę *P*[1] peccauerunt *b* 27 quam—tenebrarum u. 29 *om. L* 28 oppressae cum sint (cum *s. l. add. m. 2*) *P*

quadam parte a magno malo liberauit et rursus se ipsum in quadam parte damnauit, quam liberare ab hoste non potuit et tamquam de ipso hoste deuicto insuper triumphauit. o scelestam et incredibilem audaciam talia de deo credendi, talia loquendi, talia praedicandi! quod cum defendere conantur, ut in peiora inruant clausis oculis, dicunt malae naturae commixtionem facere ista, ut bona dei natura tanta mala patiatur; nam ipsam apud se ipsam nihil horum pati potuisse uel posse. quasi inde laudanda sit natura incorruptibilis, quia ipsa sibi non nocet, et non quia ei nihil noceri ab aliquo potest. deinde si natura tenebrarum nocuit naturae dei et natura dei nocuit naturae tenebrarum: duo ergo mala sunt, quae sibi inuicem nocuerunt, et meliore animo fuit gens tenebrarum, quia etsi nocuit, nolens nocuit; neque enim nocere, sed frui uoluit bono dei. deus autem illam extinguere uoluit, sicut Manichaeus apertissime in epistula ruinosi sui Fundamenti delirat. oblitus enim, quod paulo ante dixerat: „ita autem fundata sunt eiusdem splendidissima regna supra lucidam et beatam terram, ut a nullo umquam aut moueri aut concuti possint" ‚postea dixit: lucis uero beatissimae pater sciens labem magnam ac uastitatem, quae ex tenebris surgeret, aduersum sua sancta impendere saecula, nisi aliquod eximium ac praeclarum et uirtute potens numen obponat, quo superet simul ac destruat stirpem tenebrarum, qua extincta perpetua quies lucis incolis pararetur. ecce timuit labem ac uastitatem impendentem saeculis suis. certe sic erant fundata super lucidam et beatam terram, ut a nullo

3 de se ipso *G* hoste ipso *b* 4 audatiam *P* et talia *b* 5 conantur *om.* *A* 6 ruant *G* 10 nihil ei *PVAGb* noceri (i *ex* e *a m. 1*) *P* 11 possit *b* nocuit *om.* *b* 15 sed frui *om.* *G* 16 epistu-la P^1 17 quid *b* *inter* ante *et* dixerat *spat. 5 litter. uac. rel. sed. ras.* *S* 18 eisdem *S* 19 a *om.* *b* 22 ex *om.* *A* aduersus *AVb* 24 potens lumen (ns *add. m. 2;* l *in ras. uid. a m. 1*) *P* 25 ac destruat (*corr. m. 1 ex* adestru&) *P* qua] qui P^1 26 extincta] destruta L^1

umquam moueri aut concuti possent. ecce a timore nocere uoluit uicinae genti, quam destruere et extinguere conatus est, ut perpetua quies lucis incolis pararetur. quare non addidit „et perpetuum uinculum?“ an illae animae, quas in globo tenebrarum in aeternum configit, non erant incolae lucis, de quibus aperte dicit, quod errare se a priore lucida sua natura passae sint? ubi et nolens coactus est dicere libera eas uoluntate peccasse, qui non uult peccatum ponere nisi in necessitate naturae contrariae ubique nesciens, quid loquatur, et tamquam ipse iam inclusus sit in tenebrarum globo, quem finxit, quaerens, qua exeat, et non inueniens. sed dicat quod uult seductis et miseris, a quibus multo amplius quam Christus honoratur, ut hoc pretio tam longas et tam sacrilegas eis fabulas uendat. dicat quod uult, includat in globo tamquam in carcere gentem tenebrarum et forinsecus affigat naturam lucis, cui de hoste extincto quietem perpetuam promittebat: ecce peior est poena lucis quam tenebrarum, peior poena diuinae naturae quam gentis aduersae. illa quippe etsi in tenebris intus est, ad naturam eius pertinet in tenebris habitare; animae autem, quae hoc sunt quod deus, non poterunt recipi, sicut dicit, in regna illa pacifica et a uita ac libertate sanctae lucis alienabuntur et configentur in praedicto horribili globo: unde et adhaerebunt, inquit, iis rebus animae eaedem, quas dilexerunt, relictae in eodem tenebrarum globo, suis meritis id sibi conquirentes. certe non est liberum uoluntatis arbitrium. uidete quomodo insaniens quid dicat ignorat et contraria sibi loquendo peius bellum contra se gerit quam contra deum ipsius gentis tene-

1 a] in *G* 3 ut sic *A* 7 sunt *P* nolens] nesciens *A* 10 in *om. AV* globo tenebrarum *P* 11 quam *b* fixit P^1V 13 amplius ipse *V* 14 eas *G* uendit P^1 15 carcerē ingentē *A* 16 affigat *b* (*in mg.* al. affligat) hoste] honeste *A* 17 permittebat *A* 18 peior] peior est *b* poene P^1 22 libertate (*ult* e *in ras.*; *corr. a m. 1 ex* i) *S* confringentur *AG* 23 inquid P^1 his *SGPVb* 24 eadem P^1 25 conquerentes *A* · 26 certe *om. V* uide *PVG* 27 peius] potius *V* 28 gentis tenebrarum *om. A*

brarum. deinde si propterea damnantur animae lucis, quia dilexerunt tenebras, iniuste damnatur gens tenebrarum, quae lucem dilexit. et gens quidem tenebrarum lucem ab initio dilexit, quam etsi uiolenter, tamen possidere uoluit, non extinguere, lucis autem natura in bello tenebras extinguere uoluit; eas ergo uicta dilexit. quod uultis eligite: utrum necessitate conpulsa, ut diligeret tenebras, an uoluntate seducta: si necessitate, quare damnatur? si uoluntate, quare dei natura in tanta iniquitate deprehenditur? si necessitate dei natura coacta est diligere tenebras, uicta est ergo, non uicit; si uoluntate, quid iam miseri dubitant peccandi uoluntatem tribuere naturae, quam deus ex nihilo fecit, ne retribuant eam luci, quam genuit?

43. Quid? si etiam ostendimus ante commixtionem mali, quam fabulose confictam dementissime crediderunt, in ipsa lucis natura, quam dicunt, magna mala fuisse, quid ad istas blasphemias addi posse uidebitur? illic enim fuit, antequam pugnaretur, dura et ineuitabilis pugnandi necessitas. ecce iam magnum malum, antequam bono misceretur malum. dicant, hoc unde, cum adhuc nulla esset facta commixtio. si autem necessitas non erat, uoluntas ergo erat. unde et hoc tam magnum malum, ut deus ipse naturae suae nocere uellet, cui noceri ab hoste non poterat, mittendo eam crudeliter miscendam, turpiter purgandam, inique damnandam? ecce quantum malum perniciosae et noxiae et inmanissimae uoluntatis, antequam ullum malum de gente contraria misceretur. an forte nesciebat hoc euenturum membris suis, ut diligerent tenebras et inimicae existerent sanctae luci, sicut ipse dicit, hoc est non tantum deo suo, sed etiam patri, de quo erant?

1 propterea] postea *b* 6 eis uero *A* dilexit] dixit *A* 7 conpulsa P^1 9 dei natura *om.* *A* 10 uicta] uita P^1 12 tribuant *PAVGb* 14 quid] quod S^2AG^2 ostendamus P^2 15 conuictā *A* 16 mala (*ex* male *corr.* *m.* *1*) *P* 18 purgaretur *b* 21 et *om.* *A* 24 turpitudine G^1 25 perniciosae S^1 Inanissimȩ *A* 26 genere contrario *b* 28 inimica *G* lucis *SP* dixit *A* 29 non tantum] notandū AP^1

unde ergo hoc in deo tam magnum ignorantiae malum, antequam ullum de gente contraria misceretur malum? si autem futurum hoc sciebat, aut sempiterna in illo erat crudelitas, si de suae naturae futura contaminatione et damnatione nihil dolebat, aut sempiterna miseria, si dolebat. unde et hoc tantum malum. summi boni uestri ante ullam commixtionem summi mali uestri? ipsa certe particula naturae ipsius, quae in illius globi aeterno uinculo configitur, si hoc sibi imminere nesciebat, etiam sic erat in natura dei sempiterna ignorantia; si autem sciebat, sempiterna miseria. unde hoc tantum malum, antequam ullum de gente contraria misceretur malum? an forte magna caritate gaudebat, quia per eius poenam perpetua quies ceteris lucis incolis parabatur? hoc quam nefas sit dicere naturae dei natura dei sic subueniri qui uidet, anathemet. sed si hoc saltem ita faceret, ut ipsa luci inimica non fieret, posset fortasse non tamquam dei natura, sed tamquam aliquis homo laudari, qui pro patria sua uellet mali aliquid pati, quod quidem malum ad tempus posset esse, non in aeternum. nunc uero et illam in globo tenebrarum confixionem dicunt aeternam et non cuiusque rei, sed naturae dei. et utique iniquissimum et execrabile et ineffabiliter sacrilegum gaudium erat, si dei natura gaudebat se tenebras dilecturam et lucis sanctae inimicam futuram. unde hoc tam inmane et scelestum malum, antequam ullum ex gente contraria misceretur malum? quis tam peruersam et tam inpiam ferat insaniam summo malo tribuere tanta bona et summo bono, quod deus est, tanta mala?

1 hoc ergo *L* 3 hoc futurum *b* eo fuit *b* 5 dolebat] docebat *G* docebat *G* et *om. A* 8 globo *A* si (*corr. m. 1 ex* sibi) *G* 9 in natura] natura *S* naturę *G* 10 sic G^1 sciebat *om.* G^1 sempiternam miseriam *SGb* tantum] tam magnum *A* 11 ullum] illum P^1 gente tenebrarū *A* 14 natura dei] *a natura dei *P om. VLAGb* quicumque *b* uidit *V* audit *b* anathemet S^1 anathematizet *ALG*, (mati *s. l.*) *V* anathematizaret *b* 15 ipsi *b* 17 quia *AGb* 18 ad] at P^1 possed P^1 esse *om. A* 20 et non *s. l. a m. 1 P* 22 luci *b* 23 immane P^2 24 ex] de *A* 25 uesaniam *V*

44. Iam uero quod ipsam partem naturae dei dicunt ubique permixtam in caelis, in terris, sub terris, in omnibus corporibus, siccis et humidis, in omnibus carnibus, in omnibus seminibus arborum, herbarum, hominum, animalium, non potentia diuinitatis sine ullo nexu incoinquinabiliter, incorruptibiliter omnibus rebus administrandis regendisque praesentem, quod nos de deo dicimus, sed ligatam, obpressam, pollutam, quam solui, liberari purgarique dicunt, non solum per discursum solis et lunae et uirtutes lucis, uerum etiam per electos suos: hoc genus nefandissimi erroris quam sacrilegas et incredibiles turpitudines eis suadeat, etiamsi non persuadeat, horribile est dicere. dicunt enim uirtutes lucis transfigurari in masculos pulchros et obponi feminis gentis tenebrarum, et easdem rursus uirtutes lucis transfigurari in feminas pulchras et obponi masculis gentis tenebrarum, ut per pulchritudinem suam inflamment spurcissimam libidinem principum tenebrarum et eo modo uitalis substantia, hoc est dei natura, quam dicunt in eorum corporibus ligatam teneri, ex eorum membris per illam concupiscentiam relaxatis soluta fugiat et suscepta uel purgata liberetur. hoc infelices legunt, hoc dicunt, hoc audiunt, hoc credunt, hoc in libro septimo Thesauri eorum — sic enim appellant scripturam quandam Manichaei, ubi istae blasphemiae conscriptae sunt — ita positum est: tunc beatus ille pater, qui lucidas naues habet diuersoria et habitacula secundum magnitudines, pro insita sibi clementia fert opem, qua exuitur et liberatur ab inpiis retinaculis et angustiis atque angoribus suae uitalis substantiae. itaque inuisibili suo nutu illas

1 dei *om. G* 2 sub terris *(s. l. a m. 1) P, om. G* corporibus] temporibus *b* 3 et *om. b* carnis P^1 4 seminibus] sensibus *G* 5 *post* incoinquinabiliter *add.* inuiolabiliter *Ab* 6 amministrandis P^1 8 discursos *A* discursus *b* 12 lucis *om. A* 13 feminabus *b* 14 et— ut *u.* 15 *om. A* 15 per *(s. l. a m. 1) S* 18 in eorum *om. G* 19 soluta] sola *A* 21 redunt (c *add. m. 2*) P^1 septem *A* 22 enim *om. A* 23 ita positum est *om. A* 25 secundum *scripsi:* seu *lib.* 26 clementia] dementia *G* ex*uitur (s *er.*) *S* 27 atque] et *A* 28 uitali *SPV*

suas uirtutes, quae in clarissima hac naui habentur, transfigurat easque parere facit aduersis potestatibus, quae in singulis caelorum tractibus ordinatae sunt. quae quoniam ex utroque sexu masculorum ac feminarum consistunt, ideo praedictas uirtutes partim specie puerorum inuestium parere iubet generi aduerso feminarum, partim uirginum lucidarum forma generi contrario masculorum, sciens eas omnes hostiles potestates propter ingenitam sibi letalem et spurcissimam concupiscentiam facillime capi atque isdem speciebus pulcherrimis, quae adparent, mancipari hocque modo dissolui. sciatis autem hunc eundem nostrum beatum patrem hoc idem esse, quod etiam suae uirtutes, quas ob necessariam causam transformat in puerorum et uirginum intemeratam similitudinem. utitur autem his tamquam propriis armis atque per eas suam conplet uoluntatem. harum uero uirtutum diuinarum, quae ad instar coniugii contra inferna genera statuuntur quaeque alacritate ac facilitate id, quod cogitauerint, momento eodem efficiunt, plenae sunt lucidae naues. itaque cum ratio poposcerit, ut masculis adpareant eaedem sanctae uirtutes, illico etiam suam effigiem uirginum pulcherrimarum habitu demonstrant. rursus, cum ad feminas uentum fuerit, postponentes species uirginum puerorum inuestium speciem ostendunt. hoc autem uisu decoro illarum ardor et concupi-

1 naui *om.* *A* 2 parere] prę̨esse *b* 6 speciem *P*¹*G* inuestium forma *V* inuestium specie *L* 9 lętalem *S* 11 eisdem *VP*² hisdem *S* in hisdem *b* 13 quod (*m.* 1 d *add.* et *uirg. sup.* o *er.*) *P* 15 in *om.* *A* intemeratā *b* (*in mg.* al. intemperatā) 18 ad *om.* *AVG* 20 felicitate *G* facultate *P*¹ 21 effitiunt *P* efficiunt eodem *b* plene *b* 22 eadem *P*¹ 23 ilico *SPV* illic *AG* 24 habitum *P*¹ 25 posponentes *P*¹ 26 in puerorum *G* inuestium speciem *om.* *V* ostenduntur *G* 27 uiso *SPGb* decore *PG* ardore *SP*¹

scentia crescit atque hoc modo uinculum pessimarum cogitationum earum soluitur uiuaque anima, quae eorundem membris tenebatur, hac occasione laxata euadit et suo purissimo aeri miscetur, ubi penitus ablutae animae ascendunt ad lucidas naues, quae sibi ad uectationem atque ad suae patriae transfretationem sunt praeparatae. id uero, quod adhuc aduersi generis maculas portat, per aestus atque calores particulatim descendit atque arboribus ceterisque plantationibus ac satis omnibus miscetur et coloribus diuersis inficitur. et quo pacto ex ista magna et clarissima naui figurae puerorum et uirginum adparent contrariis potestatibus, quae in caelis degunt quaeque igneam habent naturam, atque ex isto aspectu decoro uitae pars, quae in earundem membris habetur, laxata deducitur per calores in terram: eodem modo etiam illa altissima uirtus, quae in naui uitalium aquarum habitat, in similitudine puerorum ac uirginum sanctarum per suos angelos adparet his potestatibus, quarum natura frigida atque humida, quaeque in caelis ordinatae sunt. et quidem his, quae feminae sunt, in ipsis forma puerorum adparet, masculis uero uirginum. hac uero mutatione et diuersitate diuinarum personarum ac pulcherrimarum humidae frigidaeque stirpis principes masculi siue feminae soluuntur atque id, quod in ipsis est uitale, fugit;

3 eorum de membris *b* lassata *b*, *om.* *G* 4 euadet *SP*[1]*AVG* euanessit *Lb* 5 ablutae] absolute *V* 6 euectionē *AV* 8 masculas *A* portat *P*[1] 10 ac] atque *A* miscitur *P*[1] 11 inficitur *b*: infigitur *lib* et quo] quo *b* 12 fugurae *P* et] ac *LVb* contrariis apparent *b* 14 ignem *P*[1] 16 Eodem *b* 17 illa (*s. l. a m. 1*) *S* 18 aquaru *P*[1] in *om.* *PVA*, (*s. l. a m. 1*) *S* similitudinem *PG* similitudine (*uirg. er. m. 1*) *S* 20 natura (*in mg.* al. naui) *b* frigida est *b* 21 et *om.* *SPG* quide *P*[1] equidem *b* 22 forme (me *add. m. 2*) *P* apparet *P*[1] 23 hęc *G*[1] mutationem *P*[1] 24 personarum diuinarum *PAVG* 25 stipis *P*[1] 26 quod *om.* *A* uitale est *b*

quod uero resederit, laxatum deducitur in terram per frigora et cunctis terrae generibus admiscetur. quis hoc ferat? quis hoc credat, non dico, ita esse, sed uel dici potuisse? ecce qui docentem timent anathemare Manichaeum et non timent credere haec facientem, haec patientem deum!

45. Per electos autem suos purgari dicunt eandem ipsam commixtam partem ac naturam dei manducando scilicet et bibendo, quia eam in alimentis omnibus dicunt ligatam teneri: quae cum ab electis uelut sanctis in refectionem corporis manducando et bibendo adsumuntur, per eorum sanctitatem solui, signari et liberari. nec adtendunt miseri, quam non incongrue de illis creditum sit, quod frustra negant, nisi eosdem libros anathemauerint et Manichaei esse destiterint. si enim, sicut dicunt, in omnibus seminibus est ligata pars dei et ab electis manducando purgatur: quis non digne credat eos facere, quod inter uirtutes caelorum et principes tenebrarum fieri in Thesauro suo legunt, quandoquidem et carnes suas de gente tenebrarum esse dicunt et in eis ligatam teneri uitalem illam substantiam, partem dei, credere atque affirmare non dubitant? quae utique si soluenda est et manducando purganda, sicut eos fateri cogit funestus error ipsorum, quis non uideat, quis non exhorreat, quanta turpitudo et quam nefaria consequatur?

46. Nam et a quibusdam principibus gentis tenebrarum sic dicunt Adam primum hominem creatum, ut lumen ab eis ne fugeret teneretur. in epistula enim, quam Fundamenti appellant, quomodo princeps tenebrarum, quem patrem primi hominis inducunt, ad ceteros socios suos tenebrarum principes locutus fuerit et egerit, ita scripsit Manichaeus: iniquis

1 residerit P^1S laxatur G^1 p frigore P^1 2 ammiscetur P^1 3 ita (*m. 2 corr. ex* ut) *P* 4 qui] quid *SP* quid *AVG* anathemate G^1 anathematizare *AVL* 5 hoc *b* haec] et haec *PVA* et hoc *b* pacientem *P* deum *om. A* 8 qui *ALGb* elementis *PA* 9 ueIud P^1V 13 anathematizauerint *AVGb* 18 dicunt esse *AG* 19 partem] quam partem *AVG* 22 exorreat P^1 27 principes AP^1 28 sotios *V* princeps *G* 29 iniquis *b* (*in mg.* al. in quibus)

igitur commentis ad eos, qui aderant, ait: quid uobis uidetur maximum hoc lumen, quod oritur? intuemini, quemadmodum polum mouet, concutit plurimas potestates. quapropter mihi uos potius aequum est id, quod in uestris uiribus habetis, luminis praerogare: sic quippe illius magni, qui gloriosus adparuit, imaginem fingam, per quam regnare poterimus, tenebrarum aliquando conuersatione liberati. haec audientes ac diu secum deliberantes iustissimum putauerunt id quod postulabantur praebere. nec enim fidebant se idem lumen iugiter retenturos: unde melius rati sunt principi suo offerre, nequaquam desperantes eodem se pacto regnaturos. quo igitur modo lumen idem, quod habebant, praebuerint, considerandum est. nam hoc etiam omnibus diuinis scripturis arcanisque caelestibus aspersum est; sapientibus uero quomodo sit datum scire minime est difficile; nam coram aperteque cognoscitur ab eo, qui uere ac fideliter intueri uoluerit. quoniam eorum, qui conuenerant, frequentia promiscua erat, feminarum scilicet ac masculorum, inpulit eos, ut inter se coirent. in quo coitu alii seminarunt, aliae grauidae effectae sunt. erant autem partus his, qui genuerant, similes uires plurimas parentum uti primi obtinentes. haec sumens eorum princeps uti praecipuum donum gauisus est. et sicuti etiam nunc fieri uidemus corporum formatricem naturam mali inde uires sumentem figurare,

1 Quid uobis uidetur? Maximum—intuemini *S* 3 quemammodum *P*[1] polum] populū *S* polū modo (*s. l. add.* alibi: populū mou&) *G* moueat *b* 4 potius] opus est *Lb* 5 prerogare *P* 8 hoc *b* 9 secum diu *V* indeliberantes *P* putarunt *P* 12 offerre] id offerre *VAb* 13 pacto se *A* lumem *A* 14 idem] illud *Ab* praebuerit *P* 15 archanisque *AG* ***nisque (arca *add. m. 2*) *P* 19 quoniam] quomō *b* erat frequentia *b* 20 promiscuerat (e *sup.*) *S* erat] erit (*sup.* i *add. m. 1* a) *P* 21 inpulit *P*[1] 23 his *SAGb* 24 optinentes *S* hoc *b* 25 p̄pụṭiụṃ (*superscr. m.* 2 pręcipuū donū) *G* 27 figurate *A* fingere *G*

ita etiam ante dictus princeps sodalium prolem accipiens habentem parentum sensus, prudentiam, lucem simul secum in generatione procreatam comedit; ac plerisque uiribus sumptis ex istius modi esca, in qua non modo inerat fortitudo, sed multo magis astutiae et praui sensus ex fera genitorum mente, propriam ad se coniugem euocauit ex ea, qua ipse erat, stirpe manantem; et facto cum ea coitu seminauit ut ceteri abundantiam malorum, quae deuorauerat, nonnihil etiam ipse adiciens ex sua cogitatione ac uirtute, ut esset sensus eius omnium eorum, quae profuderat formator atque descriptor; cuius compar excipiebat haec, ut semen consueuit culta optime terra percipere. in eadem enim construebantur et contexebantur omnium imagines caelestium ac terrenarum uirtutum, ut pleni uidelicet orbis, id quod formabatur, similitudinem obtineret.

47. O scelestum monstrum! o execranda perditio et labes deceptarum animarum! omitto, quid sit de natura dei, quod sic ligetur, haec dicere. hoc saltem adtendant miseri decepti et errore mortifero uenenati, quia, si per coitum masculorum et feminarum ligatur pars dei, quam se manducando soluere et purgare profitentur, cogit eos huius tam nefandi erroris necessitas, ut non solum de pane et holeribus et pomis, quae sola uidentur in manifesto accipere, sed inde etiam soluant et purgent partem dei, unde per concubitum potest, si feminae

1 sodalium] sed alia *G*¹ 2 parentṽ (ṽ *sup.* ẽ *a m. 1*) *S* parentẽ *G* 5 erat *b* astutia *G* 6 praui] prauus *G* patrii *b* genitorẽ *P*¹ mente] gente *b* (*in mg.* al. mente) 7 ipsi *P* 8 manentem *AVb* seminauit (uit *s. l. a m. 2*) *P* 9 nonnihil] ut nihil *b* 10 cogitatione *b* (*in mg.* al. cognitione) 11 ẽ& (& *cum* e *coni. et* ~ *add. m. 2*) *P* 13 hoc *b* 14 construebantur] constituebantur *G* contexæbantur *P*¹ 16 formabantur *P*¹ 17 optineret *P*¹ 18 monstrum scelestum *b* ex*ecranda (s *er.*) *P* perdicio *V* 19 omito *S* ommitto *P* 20 legetur *P*¹ legitur *Lb* hoc *b* haec dicere] edicere *G* adtendant *P*¹ 21 quasi *b* 22 ligetur *G*

utero concepta fuerit, conligari. hoc se facere quidam confessi esse in publico iudicio perhibentur non tantum in Paphlagonia, sed etiam in Gallia, sicut a quodam Romae christiano catholico audiui; et cum interrogarentur, cuius auctoritate scripturae ista facerent, hoc de Thesauro suo prodidisse, quod paulo ante commemoraui. isti autem cum hoc eis obicitur, solent respondere nescio quem inimicum suum de numero suo, hoc est electorum suorum desciuisse et schisma fecisse atque huiusmodi spurcissimam haeresim condidisse. unde manifestum est, quia hoc etiam si isti non faciunt, de ipsorum libris hoc faciunt, quicumque faciunt. abiciant ergo libros, si crimen exhorrent, quod committere coguntur, si libros tenent; aut si non committunt, mundius uiuere contra suos libros conantur. sed quid agunt, cum eis dicitur: aut purgate lumen de quibus potueritis seminibus, ut nec illud recusetis, quod uos non facere adseritis, aut Manichaeum anathemate, qui, cum dicit in omnibus seminibus esse partem dei et concumbendo ligari, quicquid autem luminis, hoc est eiusdem partis dei ad escas electorum peruenerit, manducando purgari, quid uobis suadeat uidetis et eum adhuc anathemare dubitatis: quid agunt, inquam, cum hoc eis dicitur? ad quas tergiuersationes se conuertunt, cum aut tam nefaria doctrina sit anathemanda aut tam nefaria turpitudo facienda, in cuius comparatione iam illa omnia mala, quae intolerabilia paulo ante commemorabam, eos de natura dei dicere, quod necessitate obpressa sit, ut bellum gereret, quod aut sempiterna

1 hęc *A* se *om. b* quidem *V* quod *A* 2 iuditio *P* pa**flagonia *P* paflagonia *GSAV* 4 auctoritatis *SP*[1]*G*[1] auctoritati *V* 5 prodisse *b* 8 hoc] id *V* sc*isma *P* scisma *S* fecisse|fuisse (*exp. m. 1*) *P* 9 heresem *PS*[1] he'sym *A* 10 manifestum] mirū *b* istorum *A* 11 quodcumque *b* abiciunt *S*[1]*G*[1] 12 exhorent *P* cogantur *G*[1] 13 aut] at *AV* 15 potuerit *G*[1] 16 manicheorum *G*[1] anathematizate *AVb* 17 seminibus] se minimis *P*[1] 18 partis (i *ex* e *a m. 1*) *P* 19 peruenerint *b* quod *S* 20 eum] um *P*[1] cū *G*[1] 22 nefanda doctrina *A* 23 anathematizanda *Ab* nefanda turp. *G* 26 aut] autem *SG*

ignorantia secura erat aut sempiterno dolore et timore sollicita, quando sibi ueniret corruptio commixtionis et uinculum aeternae damnationis, quod denique gesto bello sic fuerit captiuata, obpressa, polluta, quod post falsam uictoriam sic futura sit in horribili globo in aeternum confixa et ab originis suae felicitate separata, tolerabilia uideantur, cum per se ipsa, si considerentur, sustineri non possint?

48. O magna patientia tua, domine misericors et miserator, longanimis et multum misericors et uerax, qui facis oriri solem tuum super bonos et malos, pluis super iustos et iniustos; qui non uis mortem peccatoris, quantum ut reuertatur et uiuat; qui partibus corripiens das locum paenitentiae, ut relicta malitia credant in te, domine; qui patientia tua ad paenitentiam adducis, quamuis multi secundum duritiam cordis sui et inpaenitens cor thesaurizent sibi iram in die irae et reuelationis iusti iudicii tui; qui reddis unicuique secundum opera sua; qui in qua die conuersus fuerit homo a nequitia sua ad misericordiam et ueritatem tuam, omnes iniquitates eius obliuisceris: praesta nobis, da nobis, ut per nostrum ministerium, quo execrabilem et nimis horribilem hunc errorem redargui uoluisti, sicut iam multi liberati sunt, et alii liberentur et siue per sacramentum sancti baptismi tui siue per sacrificium contribulati spiritus et cordis contriti et humiliati in dolore paenitentiae remissionem peccatorum et blas-

9 cf. Paul. 102, 8 11 cf. Matth. 5, 45 12 cf. Ez. 33, 1 13 cf. Sap. 12, 2 17 cf. Rom. 2, 4 sqq. 19 cf. Ez. 18, 21 24 cf. Ps. 50, 19

6 sua *G* felicitate (ici *in ras.*) *A* uideatur *P*¹*G*¹ 7 conderentur *G*¹ possent *P*¹ possunt *L*¹*A* 8 potentia *A* 10 pluit *P*¹ et pluis *Ab* 11 quo *P*¹ quantum] quantum (tum *s. l. a m. 1*) *PL*¹ sed *A* sed tantum *L*² sed uis *b* ut *om.* *G*¹ conuertatur *A* 12 parcis *Lb* dans *b* 14 paenitentiam *S*¹ tę adducis (*exp. m. 2*) *P* 15 inpaenitens *S*¹ cor impęnitens *b* 16 tui] dī *AV* dī tui *L* reddis *P*¹ 17 in (i *s. l. a m. 2*) *P* quacumque *Lb* 18 et ueritatem *om.* *b* 19 da] dona *PAVG* 24 paenitentiae *S*¹ poenitentiae (o *s. l. a m. 1*) *P*

phemiarum suarum, quibus per ignorantiam te offenderunt, accipere mereantur. tantum enim ualet praepollens misericordia et potestas tua et ueritas baptismi tui clauesque regni caelorum in sancta ecclesia tua, ut nec de illis desperandum sit, quamdiu in hac terra per tuam patientiam uiuunt, qui etiam scientes, quantum malum sit talia de te sentire uel dicere, propter aliquam temporalis et terrenae commoditatis consuetudinem uel adeptionem in illa maligna professione detinentur, si ad tuam ineffabilem bonitatem saltem increpati tuis correptionibus fugiant et omnibus carnalis uitae inlecebris caelestem uitam aeternamque praeponant.

1 ignorantiā suā *b* 2 praepollens] impellens *b* 4 tua *om. b* 5 uiunt *P*[1] 6 te *(s. l. a m. 2) P* 9 increpati tuis] increpatiuis *SPLAG* 10 fugiant—omnibus *om. S* in omnibus carnalibus *b* 11 aeternamque uitam *VA* amen *P* EXPLICIT LIBER *(om. A)* SCI AVGVSTINI DE NATVRA BONI *fol.* 89 *P p. 128 S fol.* 8 *L fol.* 53 *AV* Liber augustini de natura boni explicitus finit *p.* 309 *G*

VIIII.

Secundini Manichaei

ad sanctum Augustinum epistula.

C = Carnutensis nr. 101 saec. X.
b = editio princ. Basileae 1506 apud Io. Amerbachium.
Maur. = editio Maurina a. 1680.

VIIII.

SECUNDINI MANICHAEI

AD SANCTUM AUGUSTINUM EPISTULA.

Domino merito honorabili atque laudabili et unice percolendo Augustino Secundinus.

Habeo et ago gratias ineffabili ac sacratissimae maiestati eiusque primogenito omnium luminum regi Iesu Christo, habeo gratias et subplex sancto refero spiritui, quod dederint praebuerintque occasionem, qua ego securus salutarem tuam egregiam sanctitatem, domine merito laudabilis et unice percolende. nec mirum; sunt enim et ad omnia bona praestanda et ad omnia mala arcenda satis aptissimi et potentissimi, quibus tuam beneuolentiam suis defendant propugnaculis eripiantque ab illo malo, non quod nihil est aut quod factione passioneque mortalium gignitur, sed quod paratum est, ut ueniat. uae autem illi, qui se eidem praebuerit occasionem. nam dignus es, qui ab iisdem talia munera consequaris iidemque ueritatis tuae nutritores efficiantur, uere lucerna, quam in cordis tui candelabro dextera posuit ueritatis, ne furis aduentu thesauri tui dilapidetur patrimonium, iubeantque sine lapsu illam manere domum, quam tu non super erroris harenam, sed super scientiae lapidem conlocasti, illumque a nobis repellant atrocem spiritum, qui hominibus timorem inmittit et perfidiam, ut animas auertat ab angusto tramite saluatoris:

2 INCIPIT EPISTVLA SECVNDINI MANICHAEI ad scm august *fol.* 28ᵃ *C* 4 *pro* domino merito *habet. in b* Secundinus domino—Secundinus *om. Maur.* adque *C* unicę *C* 5 Secundinus *om. b* 6 sacratissime *C* 7 primogenito* (m *er. et* u *in* o *mut.*) *C* 8 suplex *C* dederunt prębueruntque *b* 9 occa*sionem (n *er.*) *C* 11 ne* (c *er.*) *C* si*nt (i *ex* u) *C* et *om. b* prestanda *C* 12 et potentissimi *om. b* 13 quibus] quique *b* boni uolentiam *C* eripiantque (que *s. l. a m. 1*) *C* 14 aut] ac ut *b* 16 uę *C* prebuerit *C* occasione *C* 18 tuarum et *Cb* 19 aduen (τu *euan.*) *C* 20 lapidetur *C* 24 augusto *Cb*

cuius omnis inpetus per illos principes funditur, contra quos se apostolus in Ephesiorum epistula certamen subisse fatetur. dicit enim se non contra carnem et sanguinem habere certamen, sed aduersus principes et potestates, aduersus spiritalia nequitiae, quae sunt in caelestibus. et reuera. quis enim contra arma habeat, et non contra armatum aduersus illum, qui mouetur? ut enim hominum corpora arma peccati sunt, ita salutaria praecepta arma iustitiae. hoc Paulus, hoc ipse testatur Manichaeus.

Non ergo armorum pugna est, sed spirituum, qui iisdem utuntur; pugnant autem animarum gratia. horum in medio posita est anima, cui a principio natura sua dedit uictoriam. haec si una cum spiritu uirtutum fecerit, habebit cum eo uitam perpetuam illudque possidebit regnum, ad quod dominus noster inuitat; si uero ab spiritu uitiorum incipiat trahi et consentiat ac post consensum paenitudinem gerat, habebit harum sordium indulgentiae fontem. carnis enim commixtione ducitur, non propria uoluntate. at si cum se ipsam cognouerit, consentiat malo et non se armet contra inimicum, uoluntate sua peccauit. quam si iterum pudeat errasse, paratum inueniet misericordiarum auctorem. non enim punitur, quia peccauit, sed quia de peccato non doluit. at si cum eodem peccato sine uenia recedat, tunc excludetur, tunc uirgini stultae comparabitur, tunc heres erit sinistrae manus, tunc a domino pelletur ex conuiuio nuptiarum nigrarum causa uestium, ubi fletus erit et stridor dentium, ibitque cum diabolo ad ignem originis ipsius: quem tua mira prudentia aut ex archangelo

3 Ephes. 6, 12 9 cf. Rom. 6, 13

1 omnes *b* funduntur *b* 2 certame *C* subire *b* 4 certamen *om. C* aduersus (ad *s. l. a m. 1*) *C* 5 que *C* celestibus *C* 6 et non] et nisi *b* nisi *Maur.* 8 precepta *C* 9 manicheus *C* 10 quisdem *C* quibus *b* 12 cui* (m *eras.*) *C* 13 hec *C* uirtutem *b* 16 consentum *C* penitudinem *C* 17 arum *C* surdium *C* commixtionem *C* 22 de (*s. l. m. 2 uid.*) *C* 23 tunç *C* uirgines *C* stulte *C* 24 ęręs ęrit *C* sinistre *C* a] ad *C* 25 comuiuio *C* hubi *C* 26 ibique *Cb* diabulo *C*

factum memorat aut nihil esse fatetur. cur igitur regnabunt iusti? cur apostoli et martyres coronabuntur? totum propterea, quia uicerunt nihil? o quantum frustatur uincentis potentia, cum aduersarius nullius uirtutis esse praedicatur! muta, quaeso, sententiam, depone punicae gentis perfidiam et recessionem tuam ad ueritatem, quae per timorem facta est, conuerte, noli his mendaciis excusare.

Legit enim aliquanta exile meum et qualecumque Romani hominis ingenium reuerendae tuae dignationis scripta, in quibus sic irasceris ueritati ut philosophiae Hortensius. haec itaque cum suspenso animo agilique oculo iterum iterumque repetissem, summum inueni ubique oratorem et deum paene totius eloquentiae, nusquam uero conperi christianum, et armatum quidem contra omnia, adfirmantem uero nihil, cum te magis scientia peritum debueris ostendere, non sermone. illud uero tacere non possum tuae patientissimae sanctitati; uisus enim mihi es — et pro certo sic est — et numquam fuisse Manichaeum nec eius te potuisse arcana incognita secreti cognoscere atque sub Manichaei nomine persequi te Hannibalem atque Mithridatem. ego namque fateor non tali diligentia nec tanta industria Anicianae domus micare marmora, quanta tua scripta perlucent eloquentia. hanc si uoluisses ueritate concordare, magnum utique nobis extitisset ornamentum. noli, rogo, contra tuam uenire naturam, noli esse erroris lancea, qua latus percutitur saluatoris. uides enim illum et in omni mundo et in omni anima esse crucifixum, quae anima

1 (et 2) quur *C* ergo *Maur.* regnabant *C* 3 frustratur *b Maur.* 4 aduersariis *C* predicatur *C* 5 punioe *C* 6 que *C* 7 mendatiis *C* te excusare *b Maur.* 9 tue *C* 10 philophsophię *C* 11 iterum *om. C* 13 ęloquentiae *C* nusqua (e *in* a *corr. m. 1*) *C* uere *C* 14 omnium *C* et firmantem *C* 17 esset *C* 18 manicheum *C* archana *C* 19 cognuscere *C* persequi te] persequente *C* 20 Hannibalem] humilem *b* mitridatem *C* 21 aniτianę *C* 22 perlucente loquentia *C* uoluisse *C* 23 uterque *C* uobis *C* exτitisset (τi *m. 1 superscr.*) *C* 24 *pr.* nolo *C* 26 mundo (al. nido) *b* que *C*

numquam habuit suscensendi naturam. et tu igitur, qui ex ipsa es, dimitte, quaeso, iam uanas incusationes, superfluas relinque controuersias. tanto tempore cum parente tuo in medio tenebrarum constitutus numquam subsannasti: in medium solis ac lunae inuentus es accusator. quis igitur tibi patronus erit ante iustum tribunal iudicis, cum et de sermone et de opere coeperis te teste conuinci? Persa, quem incusasti, non aderit. hoc excepto quis te flentem consolabitur? quis Punicum saluabit? an emendatum in euangelio est, quod spatiosa uia non deducat in interitum? an falsum in Paulo est, quod operum singuli suorum non erunt reddituri rationem? o utinam a Manichaeo recedens academiam petisses aut Romanorum bella, qui omnia superarunt, interpretatus fuisses! quam magna ibi, quam egregia conperisses, et non castus homo utique totius pudicitiae et paupertatis isses ad Iudaeorum gentes barbaras moribus, cum praeceptis inseris fabulas et adducis uxorem fornicariam et: facies filios fornicariae et: fornicando fornicabitur terra a domino, et: non lauabis manus post coitum coniugis, et: mitte manus super femur meum, et: macta et manduca, et: crescite et multiplicamini. an tibi leones in lacu placuerunt, quia caueae non erant? an tibi sterilitas Sarae doluit, cuius pudoris distractor maritus sororem fingens extiterat? sed forte post Daretis et Entelli certamen Iacob et ipsius pammachiam

10 cf. Matth 7, 13 11 cf. Rom. 14, 12 17 Osee 1, 2 19 Gen. 24, 2; 47, 29 20 Act. 10, 13 Gen. 1, 28 21 cf. Dan. 6, 16 23 cf. Gen. 12, 13; 20, 2 24 Verg. Aen. 5, 362 sqq.

1 numquam (*in mg.* al. numquid) *b* susc. nat.] finem sustinendi *b* (al. causam succensendi) 2 quęso *C* 4 constitutus (s *ante* ti *m. 2 adsuta*) *C* numquam (*in mg.* al. numquid) *b* 5 lune *C* accusatur *C* 6 patrones (*corr. m. 1*) *C* sermo (*in fine lin.*) *C* 7 deo pere *C* cęperit *C* 8 adherit *C* 9 punitum (t *an* c *sit. dub.*) *C* quod (d *sup.* s *m. 1*) *C* 10 dedúcit *b* 11 opero *C* 12 adchademiam *C* 14 ęgręgiam *C* uir que *C* 15 prudentię *C* iudeorum *C* gentis barbare cum mor. *C* 16 tum *C* preceptis *C* inseris *om.* *C* 20 sub *C* 21 lãeones *C* 22 caue ęnon *C* sterelitas *C* sarre *C* 23 distractur *C* maritos *C* fratrem *C* fing*ens (s *eras.*) *C* 24 darethis *C* p*amma quam (l *eras*) *C*

exspectare uolueras? an numerum Amorrhaeorum, an pancarpum in arca Noe conspicere disposueras? noui ego haec te semper odio habuisse, noui ego te semper magna amauisse, quae terras desererent, quae caelos peterent, quae corpora mortificarent, quae animas uiuificarent. quis igitur ille est, qui te repente mutauit?

Quamquam haec tuae sanctitati dicere nimis absurdum sit. ipse enim non ignoras, quam pessimus sit quamque malignus quique etiam tanta calliditate aduersus fideles et summos uiros militat, ut et Petrum coegerit sub una nocte tertio dominum negare, et eidem resurgenti Thomam non permiserit credere: quae tamen uulnera curata sunt indulgentiae medicina. illud uero quam audacter molitus sit, ut domino optimum semen seminanti ille zizania miscuerit et tanto pastori Iscariotem rapuerit; et ut ad ultimum crucis subplicium ueniretur, in perniciem ipsius scribas pharisaeosque accenderit, ut Barnabam dimitti clamarent et Iesum crucifigi. euasimus igitur, quia spiritalem secuti sumus saluatorem. nam illius tantum erupit audacia, ut si noster dominus carnalis foret, omnis nostra fuisset spes amputata. et tamen ne ipso quidem crucis obprobrio potuit satiari: quin immo insaniens hinc coegit spinis coronari, illinc aceto potari; hinc militum lancea percuti, illinc sinistri latronis ore blasphemari. at postea tantum

1 cf. Gen. 32, 24 sq. cf. Ios. 10, 5 2 cf. Gen. 7 23 cf. Matth. 26 . 27; Luc. 22 . 23; Ioh. 18--20

1 numerǒ *(corr. m. 1)* *C* et amorreum *C* amorreorum *b* an *om.* *C* pan carpum (n *ex* m *corr. m. 1*) *C* 2 in//archa noę *C* 3 amadisse *C* 4 que *C* desederant *C* deserant *b* que *C* celis *C* que *C* corpore *C* 5 que *C* 7 sc̄itaτe *C* 8 ipe (s *euan.*) *C* ignores (es *in ras.*) *C* 9 caliditate *C* fidelis *C* summus *C* 10 coęgerit *C* uno *C* ter *b* 11 sesurgenti *C* τomam *C* premiserit ţọm *C* 12 que *C* mediτina (a *ex* ę *m. 1 corr.*) *C* 13 ϙƀ audacter *C* obtimum *C* 14 zizaniae *C* scarioτæm *C* scariothen *b* 16 phariseosque *C* 17 dimittere *b* et iesum *om.* *C* crucifigerent *b* et uasimus *C* 18 qua *C* 19 e*rupit (r *eras.*) *C* audatia *C* 20 nostręa|| *C* fuisse *C* 21 obpprio *C* 22 coęgit *C* egit *b* acęto *C* potare *C* 23 ac *Cb* postea] post omnia in *C*

eius creuit iniquitas, ut et ipso et apostolis eius illuc ascendentibus diuersas conponeret quaestiones, sub eorum, quod peius est, nomine superstitiosis omnibus, id est catholici uocabuli diuidens dignitatem. omitto namque, quatenus unumquemque discipulorum aduersus magistros armauerit quatenus Hymenaeum, quatenus Alexandrum deceperit, quae apud Antiochiam, quae apud Smyrnam, quae apud Iconium commiserit: illa nunc addo, quae praesens actitat multitudo, a qua tantum uirtus procul est, quantum populo clausa est. nec enim uirtus est, ad quam turba peruenit et turba quam maxime feminarum. sed uereor clandestina eorum publicare, ne ab aliis ordita crimina geminentur. quamquam sapientium est utrumque ferre, utrumque ridere et ad illud tantum niti, quod beatitudinem conciliat, quod parturit uitam.

Et tamen iterum atque iterum subplex deprecor, oro, etiam atque etiam obsecro, primum quidem ueniam largiri digneris, si quo sermone fuerit tuum titillatum aureum pectus: ardore enim hoc nimio feci, quia nolo te a nostro grege diuelli, a quo etiam ego ipse aberrans paene perieram, nisi cito me de iniqua communionis tulissem natura. deinde, ut concilies te illi, quae in te nihil deliquit: redeas ad illam, quae tibi, si redieris, propter culpam non erit suscensura. nec enim septies

6 cf. I Tim. 1, 20

2 questionis *C* 3 nominę *C* subpressionis *C* idem *C* catolice *C* 4 (5.6) quatęnus *C* 5 discipolorum *C* 6 ermogenem *C* hymineum *b* (*in mg.* al. hermogenem) que *C* aput *C* anteochiam *C* 7 qui *C* aput *C* zmyrnam *C* qui *C* nam quę *b* aput *C* ionium *b* commisserit *C* 8 apdo *C* que *C* presens *C* 10 maximę *C* 11 uereos *C* clam distina *C* 12 crimina que *C* sapium (enci *m. 1 superscr.*) *C* 13 reddere *C* 15 adque *C* or*o (r *uidetur er.*) *C* 16 atque etiam] adque *C* largire *C* 17 titilatum *C* 18 nimio (*s. l. m. 1*) *C* gregi *C* a quo] ac *C* 19 pęnę *C* perirem *b* deniqua *C* 20 naturam *C* 21 illi* (c *eras.*) *C* qui *C* delinquit *C* reddeas *C* que *C* si redieris] et in dierum *b Maur* 22 *post* eris *4 litterae eras. C;* quare propt̄ scripsi *quod et b et Maur. om.* suscengura *C* n& (sic ubique) *C* septiens *C*

tantum nouit ignoscere: quin immo habet et ligandi et soluendi potestatem. noli te fingere palpare, qui dudum uidisti, noli uelle discere, qui potes docere. dimitte hominum gloriam, si uis Christo placere. temporibus nostris renoua Paulum, qui cum legis Iudaicae doctor esset, consecutus a domino apostolatus gratiam, quae putabat commoda, contempsit ut stercora, ut Christum lucrifaceret. subueni animae tuae tam lucidae, quia ignoras, quali sit fur hora uenturus. noli ornare mortuos, quia uiuorum es ornamentum. noli comes esse lati itineris, quia Amorrhaeum expectat, sed ad artam festina uiam, ut consequaris uitam aeternam. desine, quaeso, utero claudere Christum, ne ipse rursus utero concludaris, desine duas naturas facere unam, quia adpropinquat domini iudicium. uae, qui accipient, qui, quod dulce est, in amaritudinem transferunt!

Sed si dubitas de principio, si ambigis de pugnae exordio, poterit diurno tractatu pacificoque conloquio reddi ratio. illud tamen notum facio tuae sagacissimae bonitati, quia sunt quaedam res, quae exponi sic non possunt, ut intellegantur; excedit enim diuina ratio mortalium pectora. ut puta hoc ipsum, quomodo sint duae naturae aut quare pugnauerit, qui nihil poterat pati, necnon etiam de saeculo nouo quod idem memorat, quia praecisis maximae illius terrae motibus hoc aedificetur. quis autem admittat inter diuina praecidi, scilicet nisi

7 cf. Phil. 3, 8

1 soluandi *C* 2 nolite *C* 3 noli/// (τe *eras.*) *C* potest *C* ominem *C* 5 doctur *C* 6 granamque *C* quomoda *C* contemsit *C* 8 lucide *C* quam ignorans qualis *C* 9 mortuos (os ex us m. 1 corr.) *C* noli/// (τe eras.) *C* comis *C* 10 qua *C* amorreum *Cb* ar τam festinā *C* 11 uiā ut cum sequaris uitam ęternam *C* queso *C* 13 unaquam *C* adpropinquant domino *C* 14 ue *C* excipient *C* quicque *C* 16 printipio *C* pugne *C* 17 patificoque *C* cumloquio *C* redde *C* 18 fatio *C* sagratissimę *C* quidem *C* 19 que *C* intelleguntur *C* 21 quomodo] cum *b* do ę *C* quare (a *ex* ę *corr.*) *C* 22 seculao noue *C* 23 qui *C* precisis *C* prȩteritis *b* 24 amittit *C* precidi *C* sed nisi *C*

figuram facias interpretantis ad auditorem, quia ab hoc uerba praeciduntur et in illo conponuntur? et quamuis tractator multa dixerit, quae teneat apud se auditor, tamen a tractatore non recesserunt: nisi taliter et de illo sentias saeculo, et id, quod dicitur stultum satis et ineptum. ita quoque et de pugna, quod nisi primo conicias, quia deus totus iustitia est, ultimum autem facinus est inuadere aliena, ad hoc uero cum uenerit contraria natura, ille quidem nihil poterat pati, quia praescius erat, uisus fuisset facinori consensisse nisi pugnasset: et ideo magnam obposuit uenienti uirtutem, uti iustitia ipsius nulla pollueretur sacrilegii consensione. ita enim ab eo iustus finitus est, ut nec ipse peccet aliquando nec aliquando consentiat peccatori. illud etiam quia deus in regno suo potens erat in natura, ut omnipotens et iudex. haec si quidem ita dicta sunt, non ut ille factus est, sed ut adsequi ego non ualui, adhuc non satis faciunt perfidiae, nec caecis sol exortus est nec surdis uox audita est nec dapes mortuis praeparatae. quod autem loca naturis adsignari non possunt, hoc est, quod condicio humana inenarrabile uocat atque ineffabile, saluator autem, cui totum facile est, duo haec dextrum uocat ac laeuum, intus ac foris, u e n i t e a c r e c e d i t e. tu autem conuersum facis et pedem ponis, ut est orbis, uita, salus, lumen, lex, ordo, potestas, si uocalem dicis et mutam, longam uocas breuem.

21 Matth. 25

1 phigura *C* fatias temperantes *C* ad (*ex* aut *m. 1*) *C* 2 preciduntur *C* tractatur *C* 3 aput *C* auditur *C* a* (d *eras.*) *C* 4 sententias *C* seculo *C* 5 inęptum *C* 7 fatinus *C* 8 pati (*s. l. m. 1*) *C* pretius *C* 9 ui usfuisset *C* fatinori *C* 10 magna *C* ut menti uir *C* ut *C* iustitiā *C* iustitię *b* nolla *C* 11 puluereṭur *C* sagralegii *C* iustus *b* (*in mg.* al. munitus) 13 deus] dicitur *b* suo regno *b* 14 et] esset *b'* ita *om. C* 15 ut non *b* no *C*[1] adsequiego (i m. 1 superscr.) *C* 16 non *om. C* cecis *C* nec— uox (in ras.) *C* 17 sordus *C* dabes *C*[1] mortuus *C* preparate *C* 19 umana *C* in enar/rabile (m. 2 add. uid.) *C* adque *C* saluatur *C* 20 ac laeuum] ęlege unum *C* 21 ac] canite *C om. b* 22 orbes (i m. 1 superscr.) *C* salis *C*

quae naturae haec non sonant, duo pro certo significant et ab inuicem separata.

Sed tuae admirandae sublimique prudentiae cum talia a me exponuntur, tale est, quale si Iordanis oceano aquam commodet, aut soli lucerna lucem, aut populus episcopo sanctitatem. quam ob rem ferre oportet quicquid haec epistula continet. nam et ego nisi tuam diuinam nossem patientiam, quae facile cuique condonat, numquam taliter scripsissem: quamuis cernas eximios me sensus summatim tetigisse plurimumque cauisse, ne tibi multus uiderer. quocirca haec fidem penes tuam reppererint sanctitatem, qualiterque saluemur; alioquin milia uoluminum exinde poteris generare, domine merito laudabilis et unice percolende. uale.

1 que *C* naturam *C* signi///ficant (fi *uid. eras.*) *C* 3 sublim (i *fin. ex* ę *corr.*) *C* comtalia *C* 4 talis esτ (τ *m. 2 add.*) *C* quale (e *m. 2 add.*) *C* iord^{n}anes *C* ocęano *C* aquam] aliquam *C* 5 auso *C* hauso *b* liberam *Cb* 6 quę *C* obportet *C* epistola *C* 7 ęgo *C* ni^{si} *C* 8 que autem facile quicquam condonatur *C* scribissem *C* 10 Neç *C* uiderit *C* quodcirca *C* 11 pęnęs *C* repperinτ (nτ *an* m (?); τ *in ras.*) *C* 12 similia *Cb* eidem *C* dnō *C* 13 uni *C*

X.

S. Aureli Augustini

contra Secundinum liber.

C = Carnutensis nr. 101 saec. X.

b = editio princ. Basileae 1506 apud Io. Amerbachium

Maur. = editio **Maurina** a. 1680.

X.

CONTRA SECUNDINUM LIBER.

1. Tua in me beneuolentia, quae adparet litteris tuis, grata mihi est . sed quam te redamari a me oportet amantem me, tam tristis sum, quod tenaciter inhaesisti suspicionibus falsis partim aduersus me, partim aduersus ipsam, quae mutari non potest, ueritatem. sed quod de animo meo non uerum sentis, facile contemno; hoc enim sentis, quod etsi in me non agnosco, fieri tamen potest, ut sit in homine. ergo etiamsi erras in me, non tamen ita erras, ut me de hominum numero eximat tua opinio, quia id de me credis, quod fieri potest in animo humano, etiamsi non sit factum in animo meo. non igitur opus est, ut tibi hanc suspicionem magnopere coner auferre. non enim spes tua pendet ex me aut bonus esse non poteris, nisi ego fuero. senti de Augustino quicquid libet, sola me in oculis dei conscientia non accuset. quod enim ait apostolus, m i h i m i n i m u m e s t, u t a u o b i s i u d i c e r a u t a b h u m a n o d i e. ego autem uicem tibi non rependam, ut de tua mente aliquid existimare in malam partem audeam, quod intueri non ualeo. nec dico, quod me subdole lacerare uolueris, sed tantum de te opinor, quantum de te indicas uerbis. quamobrem etsi non bona de me suspicatus sis, quod carnali timore

17 I Cor. 4, 3

2 INCI SCI AVGVSTINI RESPONSIO *fol.* 31ᵇ *C* eiusdem diui aurelii aug. hipp. epi contra Secundinum manicheum liber incipit *b* 3 tua *om. C* que *C* 4 redemari *C* 5 inhesisti *C* 6 que *C* 7 (et 9) po*test *C* non *ante* uerum *om. b* 8 ȩnim *C* sen///tis (si *uidetur eras.*) *C* 9 agnusco *C* cognosco *b* *omine (h *er.*) *C* 11 oppinio *C* 12 anim*o (a *er.*) *C* nec *b* 13 tibi] *ibi (h *uid. eras.*) *C* suspitionem *C* 15 agustino (v *m. 1 add.*) *C* quicquid (d *in* c *mut.*) *C* 16 me* *C* acuset *C* quo' *C* 17 apostolos *C* minium *C* diiudicarer *C* 18 umano *C* 19 stimare *C* 20 uolueri*s *C* 21 oppinor *C* iudicas *b*

alicuius incommoditatis, quae de uestra societate mihi accidere poterat, haeresim Manichaeorum reliquerim, uel cupiditate honoris, quem in catholica adeptus sum, tamen non de te uicissim male sentiens credo esse beneuolam suspicionem tuam et hoc non criminandi causa, sed corrigendi studio scripsisse te existimo. si autem mihi adcommodares credendi beneuolentiam, quoniam latebras animi mei arguis, quas utique promere ad oculos tuos et demonstrare non possum, facile de ipso mutares sententiam et nolles amplius temere adfirmare, quod nescis.

2. Ego enim fateor, timore Manichaeos deserui, sed timore illorum uerborum, quae per apostolum Paulum prolata sunt: spiritus, inquit, manifeste dicit, quia in nouissimis temporibus recedent quidam a fide, adtendentes spiritibus seductoribus et doctrinis daemoniorum in hypocrisi mendaciloquorum, cauteriatam habentes conscientiam suam, prohibentes nubere, abstinentes a cibis, quos deus creauit ad percipiendum cum gratiarum actione fidelibus et his, qui cognouerunt ueritatem. omnis enim creatura dei bona est, et nihil abiciendum, quod cum gratiarum actione percipitur. quibus uerbis etsi alios quoque fortasse haereticos, tamen maxime Manichaeos breuiter aperteque descripsit. hoc ergo timore, cum in puerili ingenio serius saperem, me ab illa societate diuulsi; amore quoque honoris arsisse me fateor, ut inde discederem, sed illius honoris, de quo idem dicit apostolus: gloria autem et honor et pax omni operanti bonum. quis autem operari bonum conabitur, qui non in uoluntate

13 I Tim. 4, 1—4 27 Rom. 2, 10

1 incommoditati hisque *C* 2 heresē *C* manicheorum *C* relinquerim *C* 3 chatholia (c *m. 1 superscr.*) *C* 4 suspitionem *C* 6 scribisse *C* accomoderes *C* 7 arguas *b* utiquę *C* 9 timere *C* 11 (et 23) timorē *C* manicheos *C* 12 que *C* 14 quidem *C* 15 demoniorum *C* 16 ypocris|inmendati locorum *C* 18 cybis *C* 21 com *C* accione *C* 22 hereticos *C* 24 serius *scripsi*: seruis *C om. b Maur.* 25 deuulsi *C* 28 autem] enim *C*

mutabili, sed in natura incommutabili malum esse putauerit? unde et ipse dominus eis, qui bona se loqui arbitrabantur, cum essent mali, aut facite, inquit, arborem bonam et fructum eius bonum aut facite arborem malam et fructum eius malum. malis uero iam mutatis in bonum apostolus ait: fuistis enim aliquando tenebrae, nunc autem lux in domino. sed, si non uis mihi de animo meo credere, existima ut libet; tantum de ipsa ueritate caue quid sentias. temptatio te non adprehendat nisi humana. humanus enim error est, ut id factum esse in animo meo credas, quod fieri potuit, etiam si non est factum; cum uero sacrilegam et non solum falsissimam, sed etiam fallacissimam fabellam Persicam non de quolibet homine, sed de summo deo mendaciis contaminatissimis contextam atque confictam putas esse ueritatem, non est hoc modo praetereundum neque tanta mors animae contemnenda. est enim, quod tecum agi possit, quia non sicut de animo meo nihil amplius possum dicere, nisi ut credas mihi; quod si nolueris, non inuenio, quod faciam. ita etiam cum de ipsa luce animorum, quam rationales mentes quanto puriores, tanto tranquillius intuentur, falsum aliquid existimas, non tibi potest, si patienter audias, demonstrari, quam sit remotissimum a ueritate, quod sentis. sicut enim sensum oculi tui sentire non possum nec tu mei, sed tantummodo nobis de hac re credere uel non credere possumus, illam uero speciem, quae utriusque nostrum oculis uisibilis subiacet, inuicem nobis ualemus ostendere: sic de adfectioni-

3 Matth. 12, 33 6 Ephes. 5, 8 9 cf. I Cor. 10, 13

1 mulum *C* 3 inquid *C* 5 mala *C* 6 apostolus (u *ex* o *corr.*) *C* tenebre *C* 7 meo *om. C* 8 caue *C* 10 esse* (τ eras.) *C om. b* anima mea *b* 11 factū* (s *er.*) *C* sacrilegum (cr *ex* gr. *m. 1 corr.*) *C* 12 sed etiam fallacissimam (*in marg. inf. m. 1 add.*) *C* fabulam *Maur.* 13 colibet *C* homine* (m *er.*) *C* mendatiis *C* 14 adque *C* 15 pretereundum *C* 16 contempnenda *C* 17 non *om. b* 18 quid *b Maur.* fatiam *C* 21 exstimas (i *m. 1 superscr.*) *C* audeas *C* 24 possu*mus (m *eras.*) *C* 25 spetiem que *C* utriusque nostrum nostris *b* 26 side (c *m. 1 superscr.*) *C*

bus animorum nostrorum, quas proprias habemus, credamus nobis, si placet; si autem non placet, non credamus . rationem autem ueritatis, quae nec mea nec tua est, sed utrique nostrum ad contemplandum proposita, posita peruicaciae caligine serenatis mentibus pariter adtendamus.

3. Nec alia documenta tibi proferam, quibus Manichaei error adparet, quam ex epistula tua. scribis habere te et agere gratias ineffabili ac sacratissimae maiestati eiusque primogenito, omnium luminum regi, Iesu Christo. dic mihi quorum luminum sit rex Iesus Christus? eorumne, quae fecit, an eorum, quae genuit? nos enim dicimus deum patrem genuisse filium aequalem sibi, creasse autem per eum, hoc est condidisse ac fecisse creaturam inferiorem, quae utique non est, quod est ille, qui fecit et per quem fecit. itaque quoniam per eum fecit saecula, recte ab apostolo dictus est rex saeculorum, tamquam superior inferiorum et regendi potens, regens ea, quae regimine indigeant. tu autem cum Iesum Christum regem luminum appellas, si genuit ea, cur non sunt aequalia generanti? si autem dicis aequalia, quomodo rex eorum est, cum regem necesse sit regere nec ullo pacto fieri possit, ut sint ea, quae reguntur, ei, a quo reguntur, aequalia? quodsi non genuit, sed fecit haec lumina, quaero unde fecerit. si de se ipso propagauit, cur ergo inferiora sunt? cur degenerauerunt? si autem non de se ipso, dic unde? an forte nec fecit nec genuit lumina quibus regnat? habent ergo originem propriam atque naturam, sed profecto inualidiorem, ut a potentiore uicino uel patiantur se

16 cf. I Tim. 1, 17

1 animaerum *C* habęmus *C* 3 que *C* utriquę *C* 4 contemplandaum *C* posita *scripsi:* sine *b Maur.* 7 ępistulę *C* scribis enim *b* 9 eius qui *C* 11 eorume *C* 14 quae] ut *C* non est *om. C* quam *C* illę *C* fęcit *C* 15 secula *C* 16 dictus* *C* seculorum *C* **tâquam (â *in ras. ante* tâ *eras.* an) *C* 17 ęa que *C* 18 apellas *C* 20 rege *C* 21 eaque *C* 22 aequalia] similia *b* quosi *C* 23 quero propagasse *C* 24 quur (*bis*) *C* cur degenerauerunt *om. b* 25 se *om. C* fecit nec *om. C* 26 adque *C* 27 uitino *C*

regi uel cupiant. nonne cognoscis, si ita est, excepta gente tenebrarum iam duas esse naturas, alteram alterius egere auxilio, sed neutram ex alterius pendere principio? hanc profecto opinionem tu repudiabis, quoniam Manichaeo maxime aduersa est, qui non duas naturas, regem luminum et lumina, quae reguntur, sed duas naturas, regnum luminum et regnum tenebrarum, persuadere conatur. refugies igitur ad id, ut genita dicas haec lumina . ubi cum quaesiero, cur infirmiora sint, contendere fortasse temptabis aequalia. sed cum retulero: quae causa est, ut regantur? negabis regi. hinc respondebo: cur habent regem? ubi non uideo, quid restet ingenuitati tuae, nisi ut te paeniteat tale ostium posuisse in epistula tua, per quod tu ipse exire non possis. sed etiam cum te paenituerit et dixeris non ideo Manichaeum uictum putari oportere, quod tu aliquid in litteris tuis incautius posuisti, innumerabilibus locis de libris Manichaei recitabo regnum lucis ab eo uocari, quod regno tenebrarum naturaliter constituit esse contrarium, nec regnum, sed regna, quandoquidem in ipsa epistula ruinosi Fundamenti cum de deo patre loqueretur, nullo, inquit, in regnis eius aut indigente aut infimo constituto. ubi autem regna sunt, quis tam caecus est, qui non intellegat aequales reges his, quibus regnant, omnino esse non posse? quid igitur tam uicinum, si uelis aduertere, et tam conueniens honestati pectoris tui, quam ut te non paeniteat illud in epistula posuisse? est enim uerissime Iesus Christus rex luminum nullo modo sibi aequalium,

1 cognosci *C* excepte *C* ex pacto (*in mg.* al. expecta) *b* 2 alterios *C* ęgerę *C* 4 oppinionem *C* repudias *b* manicheo *C* maximę *C* 6 que *C* *post* naturas *ex u. anteced.* regem – reguntur *repet. leguntur in C* 8 quesiero *C* 9 temtabis *C* 10 que *C* negabis] nec abhis *C* 11 quur *C* ingenuitati (ti *ex* te *corr. m. 1*) *C* 12 te *(s. l. m. 1) C* peneteat *C* 14 penituerit *C* manicheṽ (v *ex* o) *C* 16 innumera***bilibus (rea *eras.*) *C* manicheis *C* 17 lucis C^1 habeo *C* 19 ępistula *C* 20 inquid *C* 21 infirmo *b Maur.* cecus *C* 23 uitinum *C* uellis *C* 24 auertere *C* 25 peniteat (ni *corr. ex* ne *m. 1*) *C* uerissimę *C*

sed subiectorum, et eorum rector beatorum. paeniteat autem te potius fuisse Manichaeum, cuius omnes deceptorias machinationes ueridica frons epistulae tuae uno ictu arietante subuertit. quia enim Christus luminum rex est nec de se ipso genuit inferiora, quibus rex esset, nec ea uicina sibi, quibus regnaret, adsumpsit, quae nec genuerit ipse nec fecerit, ne sint duo genera boni, quorum neutrum sit ex altero, sed nec unum indigens altero, quod a tramite ueritatis alienum est: restat, ut ea lumina, quibus regnat, quae utique bona sunt, quia inferiora sunt, non genuerit, quia propria sunt, non usurpauerit, sed fecerit et condiderit deus.

4. Si uolueris quaerere, unde fecerit, et imaginari coeperis adiutoria materiae, quam ipse non fecit, ut ibi non uideatur omnipotens facere, quod uellet, nisi eum aliqua res, quam non fecerat, adiuuaret, rursus inexplicabiles caligines erroris patieris. sed dicta prophetica sobrio ictu intellegentiae sublimi atque ineffabili maiestati aptissime adiungente ,ipse dixit, et facta sunt; ipse mandauit, et creata sunt', ita uidebis, quomodo dicatur in catholica fide, quod deus de nihilo fecerit omnia bona ualde. si enim de aliquo fecit, utique aut de se ipso aut non de se ipso; sed si de se ipso, non ergo fecit, sed genuit . cur igitur inferiora genuit? nam eorum nisi inferiora essent, rex esse non posset. si non de se ipso, non utique de aliquo, quod ipse non fecit; alioquin de alieno fecit, et erat iam bonum, quod ipse non fecerat, unde sibi

17 Ps. 148, 5 20 cf. Gen. 1, 31

1 peniteat *C* aultem *C* 2 manicheum *C* 3 ępistule *C* hic[tu] *C* uariętate *C* subnerterit *b Maur.* 4 qui[^] ·*C* se *(s. l. m. 1) C* 5 uitina *C* 6 que *C* 7 non utrum *C* alterao *C* nec] ne *b* 8 *ante* quod *ras. C* 9 que *C* 10 *pr.* n̄** *C* 12 querere *C* 13 adiutoriam *C* adiutorium *Maur.* ubi *C* 14 eum] cum *b* 15 errorisque *C* 16 hictu *C* captu *b Maur.* 17 aptissimi *C* apertissime *b* aт que ingente *C* adiunguntur *b* *post* dixit *legitur* inquiunt *in b* 19 nihillo *C* 21 se *(med.) om. C* e[r]go *C* 22 quur *C* 24 alięno *C*

regnum statueret. quod si ita est, incipit non esse bonorum operum creator, quia erat bonum, quod ipse non creauerat; non enim de malo alieno lumina, quibus regnaret, efficeret. relinquitur itaque, ut etiam si de re aliqua fecit, de illa fecerit, quam ipse iam fecerat.

5. Ita fit, ut primas origines condendarum rerum de nihilo deum fecisse fateamur, nisi quia forte ineffabilis ac sacratissimae maiestatis primogenitum Iesum Christum esse dixisti, non secundum susceptionem hominis, in qua per adoptionem uocatos, sicut apostolus dicit, et sicut catholica credit fides, fratres habere dignatus est quibus esset primogenitus, sed potius secundum ipsam diuinitatis excellentiam uis eum primogenitum intellegi, ut illa lumina, in quibus regnat, fratres eius sint, non facti a patre per ipsum, sed geniti a patre post ipsum, ut sint ipsi postgeniti, ille primogenitus, omnes tamen de propria patris eademque substantia. quod si ita credis, primum contradicis euangelio, ubi etiam unigenitus dictus est — et uidimus, inquit, gloriam eius tamquam unigeniti a patre — quando nullo modo uerum diceretur, si sempiterna quoque uirtus eius ac diuinitas, qua consubstantialis est patri et est ante omnem creaturam, ex eadem substantia fratres haberet. itaque cum et unigenitum et primogenitum eum diuina testentur eloquia — unigenitum, quia sine fratribus, primogenitum, quia cum fratribus — non inuenies, quomodo utrumque de illo secundum eandem naturam diuinitatis intellegas. fides uero catholica, quae inter creatorem creaturamque distinguit, nullam patitur in his duobus nominibus intellegendi difficultatem, unigenitum eum accipiens

11 cf. Rom. 8, 29

1 statuerẹt *C* statuerat *b* incipi *C* 2 creatur *C* 4 etiam *om. Maur.* 6 i*τa (s eras.) *C* 7 ineffabili *Cb* 10 uocatuṡ *C* fides *om. C* 11 fratres *om. b* 13 *pro* fratres *hab.* semper *b* 17 euangelo *C* 18 inquid *C* 19 quoniam *b* 20 quoque *om. C* consubstantialis (es *in* is *corr. m. 1*) *C* 21 ex] nisi ex *b* 22 *pro* fratres *hab.* semper *b* primu* genitum* (*post* u *eras.* m.) *C* 23 testantur *b* ẹloquia *C* 25 ẹandem *C* 26 chatholica *C* que *C*

secundum id, quod scriptum est: in principio erat uerbum et uerbum erat apud deum et deus erat uerbum, primogenitum autem uniuersae creaturae secundum id, quod apostolus ait: ut sit ipse primogenitus in multis fratribus, quos ei pater ad fraternam societatem non aequalitate substantiae, sed adoptione gratiae generauit. lege itaque scripturas, nusquam inuenies de Christo dictum, quod adoptione sit filius dei. de nobis autem saepissime legitur: accepistis spiritum adoptionis filiorum, adoptionem expectantes redemptionem corporis nostri; ut adoptionem filiorum recipiamus; praedestinauit nos in adoptionem filiorum; gens sancta, populus in adoptionem; uocauit uos per euangelium nostrum in adoptionem gloriae domini nostri Iesu Christi et si qua talia recordanti uel legenti occurrerint. aliud est enim per patris excellentiam esse unicum filium dei, aliud per misericordem gratiam accipere potestatem filios dei fieri credentes in eum. dedit eis, inquit, potestatem filios dei fieri. non ergo erant natura, cum potestatem ut fierent acceperunt credendo in ipsum, cui unico non pepercit, sed pro nobis omnibus tradidit eum, ut apud se unigenitum, ad nos primogenitum faceret. ex illo igitur, quod unigenitus est, non ex carne, non ex sanguine, non ex uoluntate uiri neque ex uoluntate carnis, sed ex deo natus est; ex illo autem, quod primogenitus in ecclesia fratribus factus est, uerbum caro factum est et habitauit in nobis. nos quoque, in quantum naturaliter filii irae fuimus, hoc est uindictae filii uinculo mortalitatis obstricti, quamuis illo creante atque instituente, qui procul

1 Ioh. 1, 4 sqq. 4 Col. 1, 18 8 Rom. 8, 15 . 23 10 Gal. 4, 4 11 Eph. 1, 5 12 I Petr. 2, 9 II Thess. 2, 12 sq. 20 Rom. 8, 32 25 Ioh. 1, 12 sqq. 27 cf. Ephes. 2, 3

2 uerbū* (m *eras.*) *C* 5 ei] et *C* sotiętatem *C* 6 adoptionē *C* 7 adoptionis *b* 8 sepissime *C* 11 predistinauit *C* 13 gloria *C* 15 uelle genti *C* 16 misericordiam *C* 17 potes tatem *C* 18 inquid *C* filius *C* 19 acciperunt *C* ipso *C* 20 nobis (i *ex* u *corr.*) *C* *omnibus (h *eras.*) *C* 21 apuτ *C* 25 ęcclesia *C* 27 uindicte *C*

dubio a summis usque ad ima omnia in mensura et numero et pondere disponit et format, tamen ex carne et sanguine et ex uoluntate carnis nati sumus; in quantum autem accepimus potestatem filii dei fieri, nec nos ex carne et sanguine aut ex uoluntate uiri aut ex uoluntate carnis, sed ex deo, non quidem coaequante natura, sed adoptante gratia nascimur.

6. Deinde si iam concederem non esse unicum patri Christum Iesum secundum eiusdem substantiae diuinitatem, sed habere fratres post se natos, quibus esset primogenitus, quomodo rex eorum esse potest? quaeso te, an auderes dicere eo fortiorem natum esse, quo priorem? puderet certe ita sentire. non autem ita sentis. quid igitur sentis? leni animum tuum et placabilem te redde considerandae sine pertinacia ueritati. hoc enim etiam abs te requiram, quomodo intellegas primogenitum Iesum Christum in illa diuina atque optima aeternaque substantia: utrum tempore primus est genitus, ut posteriore tempore natos in illo regno intellegamus, quibus est primogenitus — neque possimus dicere, quot horis uel diebus mensibusque aut annis maior sit, qui ortus est prior, sed tamen aliquo interuallo atque spatio temporali has generationes discretas esse cogitemus — an uero non tempore, sed ipsa excellentia sublimioris utique maiestatis, qua etiam rex esse fratribus luminibus meruit, primogenitum accipiamus tamquam in aliquo genitum principatu. si responderis eum tempore fratribus priorem esse atque maiorem, ut iam ex hoc ei regnum in fratres delatum esse contendas, quod eos

2 cf. Sap. 11, 21

1 adima *C* inmensura *C* 3 uoluntati *C* carni *C* accępimus *b* 4 sangui *C* 5 uolutati *C* 6 coequante *C* 9 fratres] semper *b* posse *C* natus *C* 10 posset *b* *Maur.* audires *C* 13 considerande *C* pertinatia *C* 15 primumgenitum *C* adque *C* 17 posteriore tempore] posteriores *b* *Maur.* natus *C* 18 possumus *b* quot] qđ *C* 19 mensibus que *C* 20 intelluallo (*m. 1 corr.*) *C* 21 anņ *C* 22 utllutique *C* que *C* 23 esset *Cb* 24 tamqua *C* principatu* (m *eras.*) *C* 25 adque *C* 26 ei] et *C* fratres] super *b*

nascendo praecesserit et aliquando ipse fuerit, cum illi nondum essent, quid dicis, frater? itane praecipitabis cor tuum in hoc inpietatis abruptum, ut existimes in illam diuinam summamque naturam mutabilitatem temporis cadere et credas ibi aliquid existere, quod ante non fuerit? an quia oportebat inde aduersus tenebrarum gentem lumina progredi, progressiones ipsas generationes uocas, quas temporaliter factas putas, ut temporaliter pugnaretur? non ergo poterat unum lumen sufficere, quod totum illud bellicum negotium diuina uirtute perageret. aut si multis opus erat, hocne in spiritalibus sentiendum est, ut angustum arbitremur aditum fuisse, qua simul exire non possent, ut ex eo, quod unus e fratribus prior exisset, et primogenitus dici et rex fieri ceteris mereretur? nolo minutatim singula persequi, ne ingenio tuo ualenti ex paucis cuncta conspicere nimis onerosus sim. erige igitur aciem mentis, nebulas contentionis absterge, uidebis profecto neque secundum locos neque secundum tempora, motus, progressus, exortus, occasus ullasue conuersiones fieri posse nisi in creatura mutabili: quae tamen nisi esset ex artifice et conditore deo, non dixisset apostolus: et coluerunt et seruierunt creaturae potius quam creatori, qui est benedictus in saecula.

7. In hac enim sententia maxime duo sunt necessaria. quae mecum intuearis peto: unum, quia, si creatura aliena esset a deo, non eius creator deus ab apostolo diceretur; alterum, quia, si unius eiusdemque substantiae creator et creatura esset, non reprehenderentur, quia seruierunt creaturae potius

20 Rom. 1, 25

1 precesserit (t *in ras.*) *C* 2 precipitabis *C* 4 summam que *C* 5 quia] forte *b* 7 ipsas (*bis scr.*) *C* 10 simultis *C* hoc nč *b* spiritalius *b* 11 aut *C* arbitraremur *C* 12 possint *Cb* ex (*s. l. m. 1*) *C* e* (x *er.*) *C* exiret *b* 13 cęteris *C* 15 honerosus *C* igitur *om.* *C* atiem *C* 16 nebula *C* contentiones *C* uideo *b* *Maur.* ꝑfeccione que *C* 17 loca *Maur.* 18 illa suae *C* conuersione *C* creaturam *C* 19 que *C* 20 et coluerunt *om.* *b* colue*runt *C* 22 secula *C* 23 que *C* 24 creatura *om.* *C* 25 (et 26) creatur *C*

quam creatori, quoniam cuicumque seruissent, ab eadem natura atque substantia non recessissent. quomodo enim nemo potest seruire filio, qui non seruiat et patri, quia utriusque est una substantia: sic nemo potest seruire creaturae nisi seruiens creatori, si esset utriusque una substantia. unde si iam discernis et sapis, plurimum intenderes esse inter creatorem et creaturam. atque oportet intellegas prolem creatoris non esse creaturam; nam si esset, non esset inferior, sed aequalis eiusdemque substantiae, ac per hoc quisquis coleret eique seruiret, simul etiam creatori eius et patri cultum seruitutemque praeberet. cum uero reprehenduntur ab apostolo et detestabiles habentur, qui coluerunt et seruierunt creaturae potius quam creatori, satis ostenditur illius et huius diuersas esse substantias. sicut enim non potest uideri, hoc est intellegi filius, nisi in ipso intellegatur et pater — ipse enim dicit: qui me uidit, uidit et patrem — sic non potest coli filius nisi in eo colatur et pater. et ideo si creatura filius esset, non coleretur sine creatore neque damnarentur, qui creaturam potius quam creatorem coluerunt. perspicis itaque iam, ut arbitror, non tibi congruere, ut dicas primogenitum secretissimae atque ineffabilis maiestatis et omnium luminum regem Iesum Christum, nisi Manichaeus esse destiteris, ut creaturam a creatore discernas, ut Iesus Christus et unigenitus sit secundum id, quod uerbum dei est, deus apud deum pariter incommutabilis et pariter aeternus, non rapinam arbitrans esse aequalis deo, et primogenitus omnis creaturae secundum id, quod in ipso condita sunt omnia in caelis et

16 Ioh. 14, 9 24 cf. Ioh. 1, 1 26 cf. Phil. 2, 6

1 seruisent *C* 3 quia*** (non *eras.*) *C* 6 et creaturam *om. C* 8 creaturam. nec sibi esse inferiorem sed ęqualem eiusdemque *sqq. b* 9 eiusque *C* ac] hac *C* quisquis] si quis *b* 11 destestabiles *C* 13 uius *C* 16 me [ui] dit (*m. 1 superscr.*) *C* uidet (*bis*) *b* 18 sine creaturę *C* damnaretur *b* 19 prospicis *C* 21 secretissimę (c *corr. ex* g) *C* adque *C* 22 manicheus *C* 24 dī (*s. l. m. 1 superscr.*) *C* apuτ *C* 25 incommotabilis *C* 27 celis *C*

in terra, uisibilia et inuisibilia. agnoscis enim, ut opinor, uerba apostoli ad Colossenses.

8. Quapropter cum abs te quaero, unde facta sit uniuersa creatura quamuis in suo genere bona, creatore tamen inferior atque illo incommutabili permanente ipsa mutabilis, non inuenies quid respondeas, nisi de nihilo factam esse fatearis. et ideo potest uergere ad nihilum, quando peccat illa creatura, et portio, quae potest peccare, non ut nihil sit, sed ut minus uigeat minusque firma sit. nam minus uigere et minus ualere, si animo perducas ad ultimum, remanet nihil. diligit ergo sponte uanitatem, cum deserta soliditate ueritatis opinabilia sequitur, id est mutabilia. cum autem inde meritas poenas luit, subicitur non sponte uanitati, sicut subiecta est in homine peccante. hinc enim ait apostolus: omnis creatura uanitati subiecta est non sponte, quia et in homine omnis est. inest quippe homini et inuisibile quid secundum animum et uisibile secundum corpus; omnis autem creatura partim est uisibilis, partim inuisibilis, nec tamen omnis in pecore, cui mens intellectualis non inest. in spem sane subiectam esse dicit propter misericordiam liberantis per remissionem peccatorum et adoptionem gratiae. tu uero si fateri nolueris a patre per filium in bonitate spiritus sancti, quae trinitas consubstantialis et aeterna et incommutabilis semper manet, de nihilo factam esse creaturam, bonam quidem, sed tamen inparem creatori atque mutabilem, cogeris utique sacrilegia dicere, ut aliquid deus de se ipso genuerit, quod non

2 cf. Col. 15, 16   14 Rom. 8, 20

1 agnuscit C   oppinor C   2 colosenses C   3 quero C   sit facta b   4 quamuis] quam nisi Cb   bono b   creaturea C   6 nihsi C   facta C   8 que C   9 uigiat C   quefirma C   10 omnino b *Maur.*   11 unitatem C   deserto C   12 penas C   13 uanitatis C   14 apostolos C   15 uanitate (*pr. a m. 1 superscr.*) C   omine C   16 quisecundum (d *m. 1 superscr.*) C   17 animaum C animam b   uisibili C   19 mens sit Cb   inest] inest (in *m. 1 superscr.*) C est b   20 remisionem C   22 boni/// sps (*ras. quattuor litter.*) C   23 cumsubstantialis C   etęterna C   25 utiquę C   sacrilegi adicere C

sit aequale gignenti et possit subici uanitati; aut si aequale dixeris, erit utrumque mutabile. quae maior inpietas quam ista credere ac dicere et malle peruersa opinione deum in deterius quam correcta ratione se ipsum in melius commutare? si autem timueris dicere mutabilem deum, quia reuera magna est et apertissima inpietas, dixeris etiam creaturam esse incommutabilem, ut eam parem facias creatori et unius eiusdemque substantiae, rursus tibi tua epistula respondebit. unde est enim anima illa, quam ponis in medio spirituum, cui a principio dicis naturam suam dedisse uictoriam, eique legem condicionemque proponis, quia, si una cum spiritu uirtutum fecerit, habebit cum eo uitam perpetuam illudque possidebit regnum, ad quod dominus noster inuitat; si uero ab spiritu uitiorum incipiat trahi ac post consensum paenitudinem gerat, habebit harum sordium indulgentiae fontem. his certe uerbis ex epistula tua recognitis simul etiam recognoscis mutabilem te animae constituisse naturam. aliquando enim consentire spiritui uitiorum ac rursus paenitudinem gerere quid est aliud quam nunc in melius, nunc in deterius commutari? et hoc te manifestissima ueritas conpulit dicere. ipsa enim anima tua, si dissimulare uelles, urgueret te adtendere mutabilitatem suam, et totiens, ex quo natus es, per uarias uoluntates, doctrinas, obliuiones consensionesque mutata testis sibi fieret ac nulla extrinsecus documenta quaeritaret.

9. Nisi forte hoc te adiuuari putas, ut dicas incommutabilem esse animam, quia subiunxisti dicens: non enim propria uoluntate peccauit, sed alterius ductu; carnis enim commixtione ducitur, non propria uoluntate. in qua sententia forte hoc uis intellegi, ut scilicet anima in na-

1 siaelquale *C* 2 erit *om.* *C* que *C* 3 male *C* peruersæ *C* oppinione *C* 4 ratio *C* 6 creaturās *C* 8 tuąę *C* 10 uictoriamei que *C* 12 uirtutem *b* 15 penitudinem *C* arum *C* 16 ępistula *C* 19 penitu**dem (d *m. poster.*) *C* 20 melios *C* com mutari *C* 23 tocies *(in ras.)* *C* totiens *b* 24 consensiones que *C* mutatas *C* 26 incommutabilem (bilem *paene euanuit*) *C* 27 subiunxit *C*

tura propria sit incommutabilis, in alterius uero naturae commixtione mutabilis; quasi uero quaeratur, cur ita sit, et non, quia ita est. iam hoc modo etiam Hectoris, Aiacis, immo uero cunctorum hominum atque animantium corpora inuulnerabilia dicerentur, si abesset ictus et casus, quibus eis uulnus possit infligi. sed nimirum propterea solius Achillis corpus siue poetico figmento siue aliqua occultiore ui rerum inuulnerabile dictum est, quod etiam tela cum ingruerent, non penetrabatur, et ex qua parte penetrari potuit, ex hac utique inuulnerabile non fuit. sic anima si esset incommutabilis, ita nullius rei permixtione commutaretur, sicut corpus, quod est inuulnerabile, nullius rei contactu aut inpetu uulneratur. itaque nos, quia dei uerbum incontaminabile dicimus, etiam carne mortali et uulnerabili adsumpta, ut nos et mortem et quaelibet incommoda corporis contemnere doceret, natum de uirgine credere non timemus; uos autem, quia inpia peruersitate contaminabilem filium dei creditis, carni eum permittere formidatis; cuius tamen substantiam animae naturam esse perhibentes ita commixtum carni adseueratis, ut etiam in deterius commutatum non dubitetis opinari. elige igitur, quid uelis: utrum deum commutabilem dicere uel credere, ut de commutabilis patris substantia commutabilem prolem genitam esse pariter credas — quae quanta sit inpietas, profecto sentis — an incommutabilem deum dicere, sed tamen de substantia sua prolem genuisse mutabilem — quod nihilominus uides quam inpie absurdeque dicatur — an uero ita deum incommutabilem confiteris, ut etiam quod de substantia sua genuit aequaliter non mutetur pariterque sit summum ac

2 commixtionis *C* queratur *C* 3 hęctoris *C* 4 uerius *b* cunctorum *C* inuulnerabili addicerentur *C* 6 infigi *Cb* 7 in rerum natura inuulnerabile *b* 8 ingruerint *b* penetrabatur] penetrabant *b* 9 hac] ac *C* 10 inuulnerabilis *Cb* 12 si nullius *b* contractu *C* uulneretur *Cb* 13 inmutabile *C* 14 carni *C* 15 quelibet *C* contempnere *C* 18 substantia *C* inanime *C* in anime *b* 19 commixtam *b* 21 uellis *(alt. l paene eras.)* *C* 22 commutabili *b* genita *C* 23 que *C* 24 dįces *b* 26 uidis *C* impie *C* 28 quesit *C* hac *C*

praestantissimum bonum ipsumque summe esse ad eundem modum permansione inuiolabili obtineat, cetera uero inferiora bona, quam creaturam uocamus, non de ipso, nam essent aequalia, sed tamen quia bona, ipse, quia non aequalia, de nihilo fecerit: quod si credis, inpius non eris et obliuisceris Persas et noster eris.

10. At enim ait apostolus: *non est nobis conluctatio aduersus carnem et sanguinem, sed aduersus principatus et potestates*, qui ad amorem proprii fastus et honoris uoluntate inpia declinando animis piis reditum inuideant. sed hoc interest inter uestram opinionem et nostram fidem, quia uos eosdem principes ex sua propria quadam natura exortos, quam deus nec genuerit nec fecerit, sed habuerit aeterna uicinitate contiguam, aduersus deum belligerasse arbitramini eique intulisse ante commixtionem boni et mali magnum primo necessitatis malum, quod illis substantiam suam adfligendam perturbandamque, in errore commutandam atque obliuione sui penitus demergendam commiscere cogeretur, ut liberatore, correctore, emendatore, praeceptore indigeret — quod cernis quam stulte fabuloseque dicatur, quanto scelere inpietatis obstringat — nobis autem per christianam fidem persuasum est non esse contrarium deo, qui summe est, nisi quod omnino non est; quicquid autem aliquo modo est, ab illo, qui summe est, habere, ut quoquo modo sit, atque in suo genere bonum esse, sed alia magis esse, alia minus. atque ita omnia bona, quae a conditore deo facta sunt, certis ac distributis gradibus ordinata partim locorum interuallis ac sedibus, sicut omnia corporalia, partim meritis naturalibus, sicut anima praeponitur

7 Eph. 6, 12

1 prestantissimum *C* ipseque *C* 2 optineat *C* cętera *C* 5 obliuiscaris *C* 6 et *om.* *C* 9 que *b* amorem] morem *b* factus *C* 11 *post* inter *ras.* *C* 12 natura* exortus *C* 13 quem *C* 15 ante] arte *Cb* 16 necessitates *C* necessitate *b* affigendam *b* 17 adque *C* obliuionem *Cb* 18 miscere *C* 21 ubstringat *C* per *om.* *C* 23 quid quid *C* 24 habet *b* quoquo] quo *b* adque *C* 25 maius *b* ita] ista *b* 26 que *C* hac *C* 27 hac *C* 28 preponitur *C*

corpori, partim meritis praemiorum atque poenarum, sicut anima uel adtollitur ad quietem uel doloribus subditur. ac per hoc illi principes, contra quos habere nos conlucationem dicit apostolus, poenam peccatorum suorum priores patiuntur, ut noceant. nullus enim inuidus, ut alterum laedat, non sibi prior ipse tormento est, nocent autem infirmioribus fortiores; nam nullus alterum superat, nisi quo est potentior. sed tamen ipsi infirmiores sunt principes iniqui, quam si in statu pristino atque iustitia permanerent. interest autem, unde sit quisque alio fortior: utrum corpore, ut equi hominibus, an animae natura, ut rationale inrationali, an adfectione animi, ut iustus iniusto, an ordine potestatis, ut imperator milite aut prouinciali. potestas autem a summa dei potestate omnino dari creditur; saepe etiam deterioribus in meliores, id est iniquis in eos, qui uel iam tenent iustitiam uel ad eam tenendam peruenire nituntur. ad hoc enim datur, ut probati per patientiam manifesti fiant, uel sibi ad spem uel aliis ad imitationem. scientes, inquit apostolus, quoniam tribulatio patientiam operatur, patientia probationem, probatio spem. ex quo genere certaminis est, cum homo fidelis aduersus principes et potestates praeuaricatorum angelorum et aduersus spiritalia nequitiae conluctatur, cum illi accipiunt temptandi potestatem, ille praecepta tolerandi: ex quo fit, ut in re inferiore superent, in potentiore superentur: superant plerumque corpus infirmius et mente firmiore superantur. contra uim quippe eorum patientia pugnatur, contra insidias prudentia, ut ad perniciosam consensionem nec cogendo nos flectant,

17 cf. I Cor. 11, 19 18 Rom. 5, 3 sq.

1 premiorum *C* adque *C* 2 quiętem *C* hac *C* 3 nus *C* 5 ut] quam (*in mg.* al. ut) *b* noe*ant (c supra) *C* ledat *C* 8 ipse *C* *post* iniqui *add.* in praesenti *b* *Maur.* 9 adque *C* iusticia *C* 10 utequis homines *C* 11 racionale irracionali *C* effectione *b* iustus] uirtuosus *b* *Maur.* 12 imperatur *C* 13 a* *C* omnium moderari *C* 14 cedatur *C* credatur *b* sepe *C* 15 tenenda *C* 18 inquid *C* apostolos *C* tribulacio *C* 21 preuaricatorum *C* 23 precepta *C* ex] de *b* inferiorę *C* inferiori *b* 25 et tenente *Cb* 27 pernitiosam *C* nec non *C*

nec fallendo decipiant. quoniam uero uirtus et sapientia dei est, per quam facta sunt omnia, propterea in his, quae facta sunt, cum superiora ad inferiora declinant, ubi est omne peccatum et omne quod dicitur malum, uis imitatur uirtutem et fallacia sapientiam; cum uero ea, quae declinauerant, recurrunt et redeunt, magnanimitas uirtutem, doctrina sapientiam imitatur. ipsum etiam deum patrem peccantes imitantur inpia superbia, iusti pia liberalitate. spiritum denique sanctum iniquorum cupiditas, rectorum caritas imitatur: utrique tamen ab imitatione dei, a quo et per quem et in quo naturae ipsae factae sunt, recedere, sed illi uitiosa, illi laudabili. nec mirum, si quando proficientes deficientesque confligunt, imitatio deficientium a proficientium imitatione superatur; illi enim elatione praecipitantur, isti humilitate consurgunt.

Si autem mouet, cur mente fortiores infirmiores sint corpore. non est mirum, ut peccatorum remissione liberati mortalitate corporis exerceantur, cuius inmortalitate coronabuntur. non enim facile subplicium deuitatur, nisi ille, qui eo soluitur, meritis uicerit. unde apostolus: si autem Christus in uobis, corpus quidem mortuum est propter peccatum, spiritus autem uita est propter iustitiam. si autem spiritus eius, qui suscitauit Iesum Christum ex mortuis, habitat in uobis, qui suscitauit Iesum Christum ex mortuis, uiuificabit et mortalia corpora uestra per inhabitantem spiritum eius in uobis. animus igitur mortalem propter subplicium peccati carnem gerens, si commutatus in melius, non secundum mortalem carnem uixeris,

19 Rom. 8, 10 sq.

1 falendo (l *m. 1 superscr.*) *C* uere *b Maur.* 2 in his] nihil fiunt *b* que *C* 3 hubi *C* 4 inmitatur *C* 5 fallatia *C* que *C* 7 inmitatur *C* deum] diu *b* iminantur *C* 10 imitationem *C* ipse facte *C* 11 uitiosi *C* 12 deficientes *om. Cb* quę *Cb* defitientium *C* 13 immitatione *C* 14 precipitantur *C* 15 quur *C* 16 mirum] inimicum *C* 18 subpliũ *C* deuitatur] desubdatur *C* desudatur *b* soluit *b* 20 *post* uobis ē *add. b* 22 christum *om. C* 24 uiuificauit *C* 26 subplitium *C* 27 uixerit *b Maur.*

et ipsam in melius commutat et inmortale corpus habere merebitur; sed hoc in fine, quo nouissima inimica destruetur mors, cum corruptibile hoc induerit incorruptionem, non fabuloso illo globo uestro, sed ea mutatione, de qua dicit: omnes resurgemus, sed non omnes inmutabimur. cum enim expressisset dicens: et mortui resurgent incorrupti et nos inmutabimur, tunc contexendo subiunxit ostendens, qualem diceret inmutationem, et ait: oportet enim corruptibile hoc induere incorruptionem et mortale hoc induere inmortalitatem. quaestionem quippe tractabat de corpore resurgentium, quam sic posuerat: sed dicet aliquis: quomodo resurgent mortui? quo autem corpore uenient? lege itaque totum ipsum locum pia cura intentus, non pertinaci contentione turbatus et ingenium tuum deo adiuuante nullo explanatore desiderato nihil aliud quam id, quod dico, reperies: et tunc ad illud, quod tractare institueramus, animum reuoca et uide iam, si potes, non hoc me dicere, quod iusti contra nihil pugnant, sed contra eas substantias, quae defecerunt non stando in ueritate.

11. Deficere autem non iam nihil est, sed ad nihilum tendere. cum ea enim, quae magis sunt, declinant ad ea, quae minus sunt, non illa, in quae declinant, sed illa, quae declinant, deficiunt et minus esse incipiunt quam erant, non quidem, ut ea sint, ad quae declinauerunt, sed pro suo genere minus. non enim cum animus ad corpus declinat, corpus efficitur, sed tamen defectiuo adpetitu quodam modo corporascit; ita et angelica quaedam sublimitas, cum magis delectata est suo dominatu in se ipsa, ad id quod minus est inclinauit adfectum et minus esse coepit quam erat et pro

4 I Cor. 15, 26 sqq.

1 merius (l superscr.) C immortale C 3 cum] cō C 5 enim *om.* C 7 conexendo (t *m. 1 superscr.*) C 8 et *om.* Cb 10 questionem C 14 pertinati C 16 repperies C 19 que C 21 que C 22 qua C que C 23 erat *b* 24 sunt C que C 25 animos C[1] 26 appetito C[1] 27 quedam C dilectata C

suo gradu tetendit ad nihilum. quanto enim quaeque res minus est, tanto uicinior nihilo est. cum autem isti defectus uoluntarie fiunt, recte reprehenduntur et peccata nominantur; cum autem sequuntur istas uoluntarias defectiones incommoda, molestiae, dolores, aduersitates, quae omnia contra uoluntatem patimur, recte utique peccata uel subpliciis puniuntur uel exercitationibus diluuntur. quae si animo sereno intueri uelis, profecto desinas accusare naturas atque ipsas in crimen uocare substantias. si quid autem de hac re copiosius explicatiusque desideras, lege tres libros nostros, qui inscribuntur „de libero arbitrio," quos in Campania Nolae poteris inuenire apud Paulinum nobilem dei famulum.

12. Nunc uero meminisse debeo epistulae me tuae quamuis multo longiore, tamen epistula respondere. ideo quippe in aliis non tacui, ne ubique cogar eadem dicere. sed promiseram ex litteris tuis tibi persuadere, quam falsa credideris et quam uera sit fidei catholicae adsertio. certe enim non omnis inter nos discretio est, quod uos substantiam quandam malum esse dicitis, nos uero non substantiam, sed inclinationem ab eo, quod magis est, ad id, quod minus est, malum esse dicimus. audi igitur et ipsum. ponis enim in epistula et dicis de anima, quod carnis permistione ducatur ad peccatum, non propria uoluntate atque ibi statim, credo, cum uideres, si ita est, subueniendum esse ab omnipotenti deo prorsus omni animae nullamque omnino debere damnari, quoniam non uoluntate peccaret — quo constituto euerteretur sententia, quam Manichaeus de subpliciis animarum etiam de lucis parte uenientium terribiliter personat — uigilantissime subiecisti di-

1 que queres *C* 2 est *om.* *C* uitinior *C* 3 uoluntariæ *C* 4 secuntur *C* 5 molestias *Cb* que *C* 6 itaque *b* subpliciis *C* 7 excitationibus (er *m. 1 superscr.*) *C* 8 uellis *C* desines *b* acusare *C* 11 nole *C* 12 aput *C* 13 non C^1 meæ *Cb* et tuae *C* 16 literis *C* 17 non *om. b Maur.* 18 discrecio *C* 19 substantiã* (e *eras.*) *C* habeo *C* 21 id ipsum *b Maur.* dici*s *C* 25 animae (anim *in ras.*) *C* uoluntate peccaret (tate pecca *in ras.*) *C* 26 ęuerteretur *C* 27 manicheus *C* subpliciis *C*

cens: at si, cum se ipsam cognouerit, consentiat malo et non se armet contra inimicum, uoluntate sua peccauit. bene quidem, quod aliquando confiteris fieri posse, ut sua uoluntate anima peccet; sed cui tandem malo si consentiat, uoluntate sua peccat? ei certe, quod substantiam dicis esse.

13. At ego iam tria quaedam uideo; tu quoque, ut opinor, mecum uides. anima enim consentiens malo et ipsum malum, cui consentitur, duo sunt, tertia est autem ipsa consensio; non enim et hanc esse animam dicis, sed animae. horum igitur trium, ecce, anima substantia est; malum etiam illud, cui anima consentièndo uoluntarie peccat, ex uestra opinatione subtantia est . quaero igitur, quid sit ipsa consensio, utrum ipsam sub tantiam, an in substantia esse dicatis. si enim substantiam esse dixeris, non iam duas substantias, sed tres opinaberis. an propterea duas, quod animae consensio, qua consentit malo, eiusdem substantiae est cuius ipsa anima? iam ergo quaero, mala an bona sit ista consensio. si bona est, non utique peccat anima, cum consentit malo. non solum autem ueritas clamat, sed tu quoque scribis tunc eam uoluntate peccare. mala est igitur ista consensio ac per hoc etiam animae substantia, si et animae substantia est et utrumque una substantia. uidesne, quo coactus es, ut animam et illud malum non iam unam substantiam bonam, alteram malam, sed duas malas esse perhibeas? hic fortasse conaberis consensionem culpabilem non animae tribuere, quae consentit malo, sed ipsi malo, cui consentit, ut hoc modo possint esse duae substantiae, una bona, altera mala, cum anima de parte boni esse dicitur, consensio uero eius qua consensit malo et malum ipsum cui consentit, simul ex alia parte constituitur, et anima malae substantiae utrumque deputatur. quis absur-

1 ipsem *C* malo* (o *in ras.*) *C* 2 cuntra *C* 6 quedam *C* 8 est *om.* *C* 11 uoluntariæ *C* oppinatione *C* 12 quero *C* 13 in substantiā *C* 15 opinaueris *C* anime *C* 16 substantie *C* 17 quero *C* 18 consentiat *b* 19 uoluntatem *C* 21 anima *C* 22 ut *om.* *Cb* 24 conaueris *C* 25 que *C* 26 sentit *C* 29 simul et *C* 30 male C

dius delirauerit? non enim anima consentit, si non est eius consensio; ipsa autem consentit: eius est igitur. porro, si eius est consensio, et mala est ista consensio, eius est hoc malum. nam si et hoc malum illius mali est, cui anima consentit, non habebat necesse hoc malum, priusquam ei consentiret anima. quale igitur bonum est anima, cuius aduentu uel duplicatur illud malum uel, ut mitius dicamus, augetur?

14. Deinde si substantia est ista consensio, quam malam esse constat, inuenimus esse in animae potestate, ut aliqua mala substantia uel sit uel non sit, quandoquidem ista consensio in animae potestate est. nam si non est, non ergo sua uoluntate consentit. tu autem pro hac consensione uoluntate sua peccare dixisti. habet ergo anima, ut dixi, in potestate, ut quaedam mala substantia uel sit uel non sit. quid est autem aliud substantia quam natura? erit ergo aliqua natura, quae nec animae naturalis sit, quoniam, si nolit, non erit, nec illi malo, cui anima uoluntate consentit; non enim potestis dicere naturale malum esse gentis tenebrarum, quod ibi aliena uoluntate instituitur, hoc est animae uoluntate. cui ergo naturae deputabitur ista natura, id est ista consensio, si natura est, quae neque animae neque tenebrarum genti naturalis est, nisi, ut contra Manichaeum disputes, non duas, sed tres esse naturas? quia et si aliquando fuerunt duae, nunc tamen iam, posteaquam exorta est ista consensio, tres utique factae sunt. quam sane tertiam, quae nata est ex anima consentiente et ex malo, cui consentit, quasi utriusque filiam cogeris dicere; sed cum ex duabus naturis nata sit, quarum altera bona est, altera mala, quaero, cur non aliquid neutrum natum sit. sicut enim ex equo et asino quod nascitur, nec equus

1 deliberauerit *C* 7 auge*τur (re *eras.*) *C* 12 tu autem] tuam *C* 14 quedam *C* 15 autem *om.* *C* 16 que *C* nollit *C* 18 gentes *C* 21 que *C* nequę *C* 22 manicheum 23 quia] que *b* nõ fuerunt *b* due *C* *om.* *b* 25 facte *C* sana *C* que *C* et ex *b* 27 qua[r]lum (l *paene eras.* r *m. 1 superscr.*) *C* 28 quero *C* aliquod *b* 29 aequus *C*

nec asinus est, ita, quod de bona et mala natura natum est, si et ipsa natura est, nec bona nec mala esse debebat. tu autem consensionem malam esse confiteris; dicis enim tunc animam uoluntate sua peccare, dum consentit malo. an forte naturam bonam et naturam malam quasi duos sexus masculinum et femininum esse arbitraris, ut, quemadmodum ex masculo et femina non aliquid neutrum, sed aut masculus aut femina gignitur, sic ex bono et malo non aliquid tertium, quod nec bonum esset nec malum, sed alterum malum esse contendas natum? quod si ita est, ubi est illa uictrix animae natura? itane separata est, ut non alterum bonum potius nasceretur? deinde non uides te sexus diuersos iam dicere, non naturas? nam si inter bonum et malum naturarum esset diuersitas, non oreretur ex utroque nisi aliquid tertium, quod nec bonum posset esse nec malum; aut certe sterilis esset ipsa commixtio nec inde tertia substantia pareretur. si enim ex illis animalibus, quae supra commemoraui, cum sibi miscentur, nihil aliud quam mulus uel mula gignitur, quod neque hoc neque illud sit, quanto magis ita fieri oportuit in tam magna et summa diuersitate boni et mali? aut si nulla ex eorum commixtione noua natura existeret, mala non esset, etiamsi bona esse non posset. restat igitur, ut tam incredibilia deliramenta uitare nequeamus, nisi illam consensionem, quam constat malam esse atque culpabilem, fateamur non esse substantiam, sed in aliqua substantia esse dicamus.

15. Deinde in qua substantia sit, diligentissime requiramus. quamquam cui non manifestum sit, ut sicut suasio non fit nisi in suadente, ita consensionem non esse nisi in consentiente natura? anima ergo cum consentit malo, ipsa substantia

5 sexus] senus *C* 8 aliquod *b* 9 esse *b* 12 te *om. Cb* diuersus *C* 14 oriretur *b Maur.* horeretur *C* 15 possit *b* sterelis *C* 16 ipse *C* ter tiasubstantia *C* 17 que *C* commemoraui (com *m. 1 superscr.*) *C* miscerentur *Cb* 18 aut nihil *C* quam *om. C* m$_*$ulus (a *er.*) *C* 19 $\overset{q}{\text{ne}}$ (q *m. 1 superscr.*) *C* 20 magnam et summam *C* si *om. C* 22 possit *b* 24 adque *C* 28 esse (se *in ras.*) *C* nihil nisi *C* 29 cum *om. C* mala *b*

est, censensio uero eius non est substantia. iam cernis, ut arbitror, in qua substantia sit, id est, in anima esse istam consensionem profecto uides, quam consensionem peccatum esse ac per hoc malum esse non dubitas. ex quo iam intellegis fieri posse, ut in bona substantia, sicuti est anima, sit aliquod malum, quod non est substantia, sicuti est ista consensio, ex quo malo appelletur etiam anima mala. peccatrix enim utique mala est; peccat autem, cum consentit malo. una igitur eademque res, id est anima, in quantum substantia est, bona est; in quantum autem habet aliquid mali, quod non est substantia, id est consensionem istam, in tantum mala est. non enim ex profectu, sed ex defectu habet hanc consensionem. deficit quippe, cum consentit malo, minusque iam esse ac propterea minus ualere incipit quam ualebat, dum nulli consentiens in uirtute consisteret; tanto utique deterior, quanto ab eo, quod summe est, ad id, quod minus est, uergit, ut etiam ipsa minus sit; quanto autem minus est, tanto utique fit propinquior nihilo. quod enim minus quoque fit, eo tendit, ut non sit omnino: quo quamuis non perueniat, ut penitus pereundo nihil sit, manifestum est tamen qualemlibet defectum exordium esse pereundi. aperi ergo iam cordis oculos et intuere, si potes, bonum aliquod esse qualemlibet substantiam, et ideo malum esse defectum substantiae, quia bonum est esse substantiam; nec tamen omnem defectum esse culpabilem, sed solum uoluntarium, quo anima rationalis ad ea, quae infra illam sunt condita, conditore suo deserto declinat, adfectum; hoc est enim, quod peccatum uocatur. ceteri autem defectus, qui non sunt uoluntarii, uel poenales sunt, ut peccata puniantur moderatrice summa atque ordinatrice iustitia, uel mensuris rerum infimarum interueniunt, ut

1 eius que *C* 3 per peccatum *b* 5 bonā *C* substantiam *C* 6 substantiam *C* ista *om. b* 7 malum *C* 8 peccata *C* cum *om. C* 10 habet abet *C* 12 enim *(s. l. m. 1) C* |16 habeo *C* quid *C* 21 quemlibet *b Maur.* 22 quamlibet *b Maur.* 26 eaque *C* illo *C* 27 p&τum *C* 29 moratrice *C* adque *C* 30 infirmarum *C*

praecedentia succedentibus cedant, atque ita omnis temporalis pulchritudo uicibus suis atque suo genere peragatur. sicut enim sermo peragitur quasi morientibus atque orientibus syllabis, quae per morarum certa interualla tenduntur et spatiis suis inpletis ordinata consequentium successione decedunt, donec ad suum finem tota perducatur oratio, nec in ipsis decurrentibus sonis, sed in loquentis moderatione positum est, quantum producatur corripiaturue syllaba, uel qua specie litterarum singulae suorum locorum momenta custodiant, cum ars ipsa, quae sermonem facit, nec sonis perstrepat nec peruoluatur uarieturque temporibus: sic ortu et occasu, decessu atque successu rerum temporalium certis ac definitis tractibus, donec recurrat ad terminum praestitutum, temporalis pulchritudo contexitur. quae non ideo mala est, quia in spiritalibus creaturis possumus intellegere mirarique meliora, sed habet proprium in suo genere decus atque insinuat bene uiuentibus summam dei sapientiam in alto secretam supra omnes temporum metas fabricatricem ac moderatricem suam.

16. Age nunc, adtende illud, quod dicebas malum, cui anima consentiendo uoluntarie peccat, utrum substantia sit aliqua, an uero nec ibi possis accusare substantiam. quaero enim, quid adliciat animae consensionem, an inruat illa cassatim et propterea consentire dicatur, quia eius aliqua delectatione mouetur ad fruendum. quod si ita est, non est consequens, ut propterea malum dicatur, quia non recte diligitur. si enim ostendero amari aliquid male, ubi non amati, sed amantis culpa teneatur, profecto fateberis cuiusque rei speciem non esse continuo uitiosam, quia uitiose in eam con-

1 prae^{ce}dentia C^1 caedant *C* at *C* atque ita] addita *b* cor poralis *C* 2 pulcritudo *C* adque *C* in genere *C* 3 adque *C* 4 que *C* 6 totam *C* 8 uę *C* spetiae *C* 9 singuli *C* 10 que *C* 12 corporalium *C* tractatibus *b* 13 prestitutum *C* pulcritudo *C* 14 que *C* spiritibus *C* 15 posumus *C* 20 uoluntarię *C* 21 quero *C* 22 aliquid quod *C* aliquem *b* 23 quia—dicatur *(in inferiore marg. m. C adscr.)* *C* delectacione *C* 26 aliquem *b* amitis *C* 27 querei *C* 28 spetiem *C* uitiosæ *C*

sensio cupientis inlabitur. quod quantum me adiuuet, post adparebit. sed ut ostendam, quod pollicitus sum, quid potius eligam, cum me rerum copia circumfluat? quid, inquam, potius eligam, quam id, quod nos ut creaturam laudamus caelestem, uos autem ut portionem ipsius creatoris adoratis? quid est inter cuncta uisibilia isto sole praeclarius? at si quisquam eius lucem inmoderatius concupiscat, infert suis oculis bella iurgiorum, si aliquam potestatem nactus, qua possit inplere, quod adpetit, domus uicinorum adpositas suis fenestris comminuit, quo sol penetralia eius caelo apertiore perfundat. numquid ergo solis est uitium, quia ille lucem istam sic dilexit, ut eam luci iustitiae praeponere auderet et uolens lumen oculorum carnalium abundantius excipere in habitaculum corporis ianuam cordis et aciem mentis contra lumen claudere aequitatis? uides ergo amari posse rem bonam amore non bono. quapropter, cum tu malum dicas, cui consentiendo anima peccat, ego bonum dico in genere suo, sed tale bonum, cui animam quo est melior consentire non deceat. cum enim sit ipsa corpore superior deumque habeat se superiorem, quamuis in ordine suo natura corporis bona sit, peccat tamen anima et peccando fit mala, si consensionem dilectionis, quam superiori deo debet, inferiori corpori adiungat.

17. Quodsi dicis non eam te uocare consensionem culpabilem, cum res illa diligitur, quae non agit, ut sibi consentiatur, sed tunc consentire animam, cum illum, cui consentit aliquid suadet aut aliquid cogit, et propterea malum esse, quia, ut aliquid mali committatur, suadet aut urguet: secunda quaestio est et ordine suo iam iamque etiam ipsa tractanda.

3 cupia *C* 4 elegam *C* ut *om. b* 5 celeste *C* creature *b* 6 quid est *scripsi:* quidē *C* quid enim *b Maur.* preclarius *C* 7 concupescat *C* 8 nactus (n *m. 1 superscr.*) *C* 9 uicinorum *scripsi:* eorum *C Maur. b* oppositas *Maur.* 10 *post* fenestris *add.* apertis intuetur *b et omn. poster. edit.* comminuit quo *scripsi:* anima quominus *C* quominus *b Maur.* 12 preponere *C* audiret *C* 13 abundantiā *b* 17 bonā *b* 18 quo] que *b* 19 sit *om. C* deumque] denique *b* 20 nature *C* corboris *C* 24 que *C* agit ut] agitur *C* 25 cum *om. C* 28 ordene *C*

sed meminerimus hic primum peccati, de quo satis, ut arbitror, disputatum est claruitque fieri posse, ut res aliqua in suo genere bona male diligatur et dilectore culpato ipsa non reprehendatur. quid? si enim tali iam dilectione peccatrix anima atque uitiosa idem peccatum alteri persuadeat, nonne et illa, quae persuadenti consentit, tali uitio deprauata, quali uitio deprauata illa quam sequitur? primum ergo peccatum est quamuis bonam creaturam creatori in dilectione praeponere, secundum autem alterum quoque, ut id faciat, uel suadendo uel cogendo temptare. nemo enim ad prauitatem uult alium perducere, qui non prior ipse deprauatus est. uolunt autem qui peccant alios ad peccatum perducere uel stulta beneuolentia uel malitiosa inuidentia. quis enim filios suos nisi peruerse amando monet, ut nullum lucrum turpe existiment, sed undecumque adquirant amplam pecuniam? utique non odit eos et tamen perniciose persuadet. talium quippe dilectione iam ipse corruptus est, cum aurum et argentum malum non sit, quemadmodum et ille sol, de quo superius egimus, sed tamen rei bonae dilector inordinatus in culpa sit. inuidentia uero, cum alium uult quisque peccare, honorem diligit inmoderata superbia et in eo cupit excellere atque ceteris anteire; quem quoniam uidet amplius et uerius deferri uirtutibus, ne in eo superetur, cupit alios ad iniquitatis uoraginem ex aequitatis arce deponi. hoc modo diabolus suadere aut cogere ad peccata conatur. sed numquid ipse honor in culpa est, quia eum diabolus peruerse atque inpie diligendo inpius factus est? aut ipsa eiusdem diaboli angelica substantia, quam deus creauit, ideo mala est, quia substantia

1 hoc *Cb* 3 mala *C* dilectione culpata *b* 4 iam *om. b* 6 que *C* quale *C* 7 illa• (m *eras.*) C 8 creatŏram *C*[1] preponere *C* 9 faciant *b* 12 uoluntate *b Maur.* qui *ante* alios *b Maur.* alius *C* 11 perducere cupiunt *b Maur.* 13 beniuolentia *C* 14 peruersæ *C* 16 hodit *C* pernitiosa *C* 19 aegimus *C* bone *C* dilectur *C* 21 atque ceteris anteire *om. b* 22 qm̄ *C* quidem *b Maur.* *quae tamen adnot* forte quia 23 aliquos *b* 24 arche *C* diabulus *C* 26 diabulos *C* 27 diabuli *C*

est? sed cum eius deserens dilectionem et ad suam nimis conuersus ei uideri cupit aequalis, superbiae tumore deiectus est. non ergo in quantum substantia est, sed quoniam substantia facta est, in quantum se ipsum amplius dilexit quam eum, a quo factus est, malus est, et ideo malus, quia minus est quam esset, si id, quod summe est, dilexisset; defectus ergo malus est. omnis ergo defectus ab eo, quod est, tendit, ut non sit, sicut omnis profectus ab eo, quod minus est, tendit, ut magis sit. honor quippe summus, qualem pietas religiosorum exhibet, utique deo debetur. qui ergo amat honorem, deum imitatur. sed humiles animae in illo se honorari uolunt, superbi prae illo. ad deum autem humiles excelsiores fiunt iniustis, contra deum uero excelsi humiliores fiunt iustis, ea scilicet dispensatione praemiorum atque poenarum, quia illi deum amauerunt supra se, illi pro deo amauerunt se.

18. Iam, ut arbitror, facile est tibi intellegere ex ipsius uerbis epistulae tuae, quibus dixisti: animam, cum consentit malo, uoluntate peccare, nullum malum esse naturam malam uel dilectionem naturae malae, sed, cum omnes naturae in suo genere bonae sint, malum esse peccatum, quod fit uoluntate animae, cum diligit pro ipso creatore creaturam, siue suo nutu, cum sit mala, siue alterius persuasu, cum consentit malo. et nihilominus sic quoque fit mala consequentibus subpliciis, ut pro meritis omnia disponantur a creatore summe bono in creatura bona, sed non summe bona, quia non eam genuit de se ipso, sed fecit ex nihilo. tu autem constituisti duas naturas, quarum unam uis bonam esse, alteram malam, uel potius unam boni, alteram mali; nam mala natura ex bona etiam peccando fit. fateris tamen eam naturam, quam bonam esse dicis, malo consentiendo male

1 sua *C* 2 ei uideri] eidem esse *b* 3 quantum** *C* 5 a] ex *C* 6 it *C* 7 habeo *C* 8 ut—tendit *(in inferiore marg. m. 1 adscr.)* *C* 10 relegiosorum *C* 11 anime *C* 12 prae] pro C 13 iniusti si *C* 14 premiorum *C* 15 ille *(bis)* *C* dm̄ *C* 17 ępistulę *C* 18 malum *C* 19 com *C* 20 bone *C* sunt *Cb* 22 siue *om.* *C* notu *C* 25 boneo *C*[1] summe bonam *C*

facere, hoc est uoluntate peccare. at ego ambas bonas esse adsero, sed unam earum male facere suadendo, aliam male facere consentiendo. sicut autem alterius consensio non est natura, sic nec huius suasio; et sicut ista si non consentiat, bona permanebit, integritatem naturae suae custodiens, sic illa, si non suadeat, emendatior erit, si uero etiam peccatum, quod non suadet, nec ipsa committat, pariter erunt integrae atque in suo genere laudabiles. etsi enim bis illa peccat, quae et committit et suadet, illa autem semel, si tantummodo ad male faciendum consentiat, tamen peccatis fiunt malae, non natura sunt malae. aut si propter suasionem natura ista mala est, sic et illa propter consensionem. sed si peius tibi uidetur esse suadere quam consentire, sit ista mala, ista peior; non tamen tanta sit acceptio personarum et tam iniqua in iudicando gratificatio, ut cum ambae peccent, quamuis una grauius, altera leuius, una dicatur natura mali, altera boni, ac non potius aut ambae bonae, sed illa melior, quae peccat minus, aut ambae malae, sed illa peior, quae peccat amplius.

19. At enim unde est malum factum, quod peccatum uocatur, si nulla est mali natura? dic mihi, unde sit illa consensio mala in ea natura, quam bonam esse concedis et praedicas. quicquid enim patitur, ut consentiat malo, non utique pateretur, nisi pati posset. quaero ergo, unde habeat ipsum pati posse; melior enim esset, si non haberet. non ergo natura summi boni, qua posset esse aliquid melius. deinde si habet in potestate uel consentire uel non consentire, non ergo uicta consentit. quaero itaque, unde habeat istam consensionem malam nulla contraria cogente natura. si autem cogitur consentire, ita ut aut non sit in eius potestate aliter facere, non ergo, ut dicebas, uoluntate peccat, quando non uoluntate con-

2 malæ *(alter.)* *C* 4 sinec *C* uius *C* 7 inτgegre *C*[1] 8 gere (ne *m. 1 superscr.*) *C* bis] uis Cb 9 cummittit *C* 10 fatiendum *C* male *C* 14 et non *Maur.* 17 ambe bone *C* que *C* 21 predicas *C* 22 mala *C* 23 quero *C* ergo] itaque *Maur.* 27 itaque] igitur *Maur.*

sentit. sed ego adhuc quaero, unde in illa sit posse decipi. si decipitur. antequam enim deciperetur, nisi esset in ea, ut hoc pati posset, numquam utique pateretur. quamquam nullo modo nisi uoluntate consentit; si autem cogitur, cedere potius quam consentire dicenda est. sed quolibet nomine istud appelles, quaero abs te acuto et sollerti uiro et tuo Romano, ut gloriaris, ingenio, unde habeat ista boni natura pati posse, quod patitur, ut consentiat malo. sicut enim in ligno, antequam frangatur, inest fragilitas, quae nisi inesset, frangi omnino non posset, nec ideo non est fragile lignum, si nullus fractor accedat: sic quaero, in ista natura unde sit quaedam uel fragilitas uel flexibilitas, antequam ad malam consensionem uel ui frangatur uel suasione flectatur. aut si mali uicinitate iam fragilitas erat, sicut solent corpora uicinae paludis exhalatione corrumpi, iam ergo corruptibilis erat, si potuit eam uicinitatis illius contagio pestilentiosa corrumpere. quaero igitur unde illa corruptibilitas.

Quaeso, adtende, quid loquar, et cede perspicuae ueritati non enim quaero, unde corruptio — respondebis enim „a corruptore“ eundemque corruptorem nescio quem principem gentis tenebrarum esse contendes, ut etiam fabulosis tegminibus inuolutum euoluere ac tenere uix possit — sed quaero, unde corruptibilitas, etiam antequam corruptor accederet: quae nisi esset, aut nullus existeret aut nihil noceret cuiuslibet corruptoris accessio. cum ergo tu inueneris, unde in bona natura ista corruptibilitas, antequam natura contraria corrumpatur; aut si non uis eam dicere corrumpi, unde certe ista mutabilitas, antequam ea hostili aduersitate mutaretur — non enim

1 quero *C* decepi (i *superscr. m. 1*) *C* 6 quero *C* a tuo *b* 8 malạo *C* 9 que *C* 11 fractur *C* quero *C* unde sit] ut desit *C* quedam *C* 13 uitinitate *C* 14 uicine *C* paludis morbi exh. *C* 15 corruppi *C* 16 uitinitatis *C* contagione *C* quaero] que *C* 18 queso *C* quid (i *ex* o *corr. m. 1*) *C* loquor *Cb* perspiguę *C* 19 quero *C* 20 eundem que *C* 21 contendæs *C* 22 ęuoluere *C* teneri *Cb* quero *C* 23 que *C* 26 a natura *Maur.* naturam *C* 28 ea] ex *Maur. om. b* ostili *C*

non mutatur natura in deterius, quae fit ex sapiente stulta et quae obliuiscitur sui; tu enim ista uerba adposuisti dicens: si cum se ipsam cognouerit, consentiat malo; mutatur ergo in deterius, cum obliuiscitur sui, ut se ipsam rursus commemoratam cognoscat; nullo autem pacto mutari potuisset, nisi, antequam mutaretur, esset mutabilis — cum ergo tu inueneris, unde ista mutabilitas in substantia summi boni, antequam esset ulla boni et mali facta commixtio, profecto desines a me quaerere, unde sit malum. quamquam in natura summi boni, si eam recte cogites, nullam prorsus mutabilitatem temporis inueniri nec a se ipsa nec alterius cuiuslibet accessu possit, sicut in ea natura, quam Manichaeus fingit et summe bonam esse arbitratur uel etiam sibi credentibus persuadet. quaere atque responde, si potes, unde ista mutabilitas, quae non inuenta, sed prodita est, cum mora accederet? mutari enim nec ab hoste posset, si mutari omnino non posset; cum autem potuit, non se fecisse incommutabilem demonstrauit. haec ergo mutabilitas cum esse in substantia summi boni, hoc est in substantia dei creditur, si contentiosus non es, uides, quanta insipientia blasphematur. cum uero de creatura tale aliquid dicitur, quam deus nec genuit nec protulit de substantia sua, sed fecit ex nihilo, non de summo bono agitur, sed tamen de tali bono, quod nisi a summo, qui deus est, non posset institui. deus quippe summe bonus atque incommutabiliter bonus omnia non summe nec incommutabiliter bona, sed tamen bona fecit, ab angelis caelorum usque ad extremas bestias herbasque terrarum pro sua cuiusque dignitate naturae omnia locis congruis ordinata. uerum in his rationalis creatura, cum creatori, hoc est factori et institutori suo deo dilectionis oboe-

1 que *C* 2 que *C* 4 sui *scripsi:* si *C b Maur.* 5 cummemoratam *C* 8 commixtione *C* 9 querere *C* 10 cogitas *C* 11 inuenire *C* ipsā *C* alterios *C* possit sicut] sed tu *C* possit si tu *b* 12 manicheus *C* summę *C* 13 pers[a]udet (a *m. 1 superscr.*) *C* quere *C* 14 que *C* iuuita *C* 15 moras *C* 16 oste *C* 17 fuisse *Maur.* 18 esset *Cb* 19 uide *C* 24 summe bonū *b* bonus] horum *b* 25 sed tamen bona *om. b* 26 celorum *C*

dientia cohaeret, naturam suam in illius aeternitate, ueritate, caritate custodit; cum uero eum contumaci inoboedientia deserit, per suum liberum arbitrium peccatis se inuoluit, per illius autem iustum iudicium subplicio misera efficitur; et hoc est totum malum, partim quod iniuste facit, partim quod iuste patitur. hoc tu a me non quaeras, unde sit, cum tibi iam ipse responderis, qui dixisti, quod „cum se ipsam cognouerit anima, si malo consenserit, uoluntate sua peccat.“ ecce unde est malum, a propria scilicet uoluntate. non autem ista natura, sed culpa est, ac per hoc etiam contraria naturae, cui utique nocet priuando eam bono, quo beata esse posset, si peccare noluisset. hanc tu peccati uoluntatem moueri non putas in anima nisi ex alio malo, quod credis esse naturam, quam non fecerit deus, eamque animam naturam dei esse contendis; ac per hoc ista mali nescio qua natura, si hanc in anima peccati suadendo facit, in peccatum uictus deicitur deus.

20. Ecce quanta inpietate, quam nefariis horrendisque blasphemiis te non uis exuere ponendo in natura, quam non fecit deus, uitam, sensum, sermonem, modum, speciem, ordinem et alia innumerabilia bona, et ponendo in ipsa dei natura ante ullam commixtionem mali ipsam mutabilitatem, qua capi poterat et cui timere cogebatur „uidens magnam labem ac uastitatem aduersus sua sancta inpendere saecula, nisi aliquod eximium ac praeclarum et uirtute potens numen obponeret.“ et ut quid hoc totum, nisi ut illa dei natura atque substantia sic inplicatum teneat hostem subiectum, ut peccans perferat et ligatum nec totum euadat

23 ex Manich. epist. fund.

1 quo e* re||r& *C* 2 caritatem *C* cummaci (τu *m. 1 superscr.*) *C* 3 et per *b* peccatur eam *C* 4 autem *om. b* iuditium *C* afficitur *Maur.* 6 queras *C* 7 ipsam *om. C* 9 peccat* *C* obppria *C* 10 hac *C* 11 que *C* 14 non *om. C* 15 quae *Maur. b* 16 peccatō *C* 20 spetiem *C* 24 secula *C* 25 aliquid *b* eximium ac praeclarum et *om. C* 26 nomen *C* 28 totam *C* ęuadat *C*

purgata iam uictum et ut damnata seruet inclusum? praeclaram uero excusationem bellicae necessitatis in deo uestro inuenistis contra illud, quod uobis proponitur, ut respondeatis: quid factura erat deo gens tenebrarum, si cum ea pugnare noluisset? quam si dixeritis aliquid fuisse nocituram, fatebimini corruptibilem et uiolabilem deum; si autem dixeritis, quod ei nocere non possit, quaeretur a uobis: cur ergo pugnauit? cur substantiam suam corrumpendam atque uiolandam et ad peccata omnia cogendam hostibus tradidit? contra istam ergo conplexionem numquam exire potuistis.

Magnum aliquid uobis et tutum inuenisse uidemini, ut respondeatis dicentes: magna est iniquitas adpetere aliena, cui deus iniquitati praebuisset adsensum, si eam gentem, quae hoc ausa fuerat, expugnare noluisset. haberet ista responsio qualemcumque iustitiae colorem, si saltem in ipso bello natura dei uestri se integram inpollutamque seruasset et permixta hostilibus membris nihil iniquitatis uel coacta uel seducta fecisset; cum uero tantis facinoribus et flagitiis eam captiuam consentire dicatis, cum denique ab illa inpietate tam inmani, qua etiam lumini sancto, cuius portio est, extitit inimica, nec totam perhibeatis posse purgari, unde illi merito retribuere creditis horrendi illius globi aeterna subplicia: quanto satius erat inimicum hostem in sua iniquitate relinquere inania molientem quam tradere ei partem dei, cuius uires hauriret, cuius decorem corruptum suae iniquitati sociaret, quis non uideat? quis non tanta obstinatione caecetur, ut non sentiat, non adtendat, quanto minore iniquitate gens tenebrarum frustra naturam inuadere conaretur alienam, quam deus inuadendam

1 preclaram *C* 2 exclusionem *b* bellica (*utrum* a *an* æ *dinosci non potest*) *C* uero *C* 3 illuτ *C* 5 quam] quia *C* qua *b* notitura *C* 7 posset *Maur.* quereretur *C* 8 adque *C* 9 ista *C* 11 totum *Maur.* 13 prebuisset *C* que *C* 14 causa *C* 15 qua*lem cumque *C* iusticiae *C* saltim *C* 16 uestri] uiuis *C* queser uasset *C* 17 ostilibus *C* menbris *C* 20 qua etiam] quam *C* 22 globia *C* 24 ei *om. b* auriret *C* 25 suae] siue *C* sotiaret *C* 26 non *post* quis *om. b Maur.* cęcętur *C* 28 natura *C*

et ad iniquitatem cogendam et ad poenam ex aliqua etiam parte damnandam traderet suam? hoccine tandem est iniquitati consentire noluisse et tam ingentem iniquitatem sine ulla necessitate fecisse? an erat necessitas, quod ipsum Manichaeum dicere non puduit et uos pudet? ille quippe ait: uidisse deum magnam labem ac uastitatem aduersus sua sancta inpendere saecula, nisi aliquod eximium et uirtute potens numen obponeret; uos autem acutius uidelicet ratiocinamini. quam si deum dixeritis ea necessitate pugnasse, ne noceret ei gens tenebrarum, uiolabilem et corruptibilem dicentes deum, cui nocere aliquid posset, si pugnare noluisset. abigite ergo et expellite a cordibus uestris et a fide uestra etiam ipsam pugnam totamque illam fabulam inpiarum et inmundissimarum blasphemiarum horrore contextam tandem aliquando anathemate atque damnate. nam quale est, obsecro te, quod, ut ante dictum est, uiolabilem illam naturam et corruptibilem deum dicere non timetis, ut natura dei uestri, si fortitudinem, qua non caperetur, non potuit exercere, non potuerit saltem iustitiam captiua seruare, quod Daniel potuit, cuius leones ausus es inridere. qui eorum, a quibus captiuus ductus fuerat, iniquitati etiam pietate sua nullo conpulsus terrore consensit nec in condicione corporalis seruitutis aequitatem ac libertatem animi patientis et sapientis amisit; natura uero dei captiua ducta est, iniqua facta est, non potest tota purgari, cogitur in fine damnari. quod malum sibi futurum si sciebat ex aeternitate, illi nulla diuinitas de se debebatur.

20 cf. Dan. 6. 14

2 hocineandæm *C* 3 uoluisse *Cb* iniquitate *C* 4 manicheum *C* 5 poduit *C* uidis sem *C* 6 uastationem *C* 7 secula *C* et] ex *C* 8 nomen *C* inponeret *C* 9 quasi *C* 11 diceritis *C* noceri *Cb* 14 contexta *C* 15 aliquanto *C* anathematizate *b* 16 ut *om. C* dictum est *om. C* naturam *om. C* 17 corruptibiliam (um?) *C* 19 saltim *C* iustitia *C* saluare *C* 20 cuius] qui *b Maur.* leones] leone *C* leges omnes *b* es] est *b Maur.* qui *om. b* captiuus *om. b* 21 pietati *C* sua *om. C* 23 naturam *C* 24 captiue *C* 26 siciebat (s *m. 1 superscr.*) *C* se debebatur] sedibus *C*

si autem uel terris uel regionibus sibimet uicinitate contiguis regni lucis et gentis tenebrarum — quae ab hominibus prudenter intellegentibus ridenda Manichaeus narrat — inenarrabilia esse dixisti et haec a Christo appellari dextram et sinistram , nouimus sic appellare Christum dextram et sinistram, ut non corporalia loca, sed beatitudinem miseriamque sui cuiusque meriti uelit intellegi. sed carnalis uestra cogitatio usque adeo a locis corporalibus non recedit, ut solem istum uisibilem ac per hoc corporeum, qui contineri nisi corporali loco non potest, et deum et partem dei esse dicatis. uerum de his uobiscum agere stultum est . quid enim incorporeum intellegere poteritis, qui deum incorruptibilem nondum creditis?

21. Sed uidelicet bonus amicus benigne me obiurgas, quod Manichaeos reliquerim et me ad Iudaeorum libros contulerim. ipsi sunt, qui uestrum errorem fallaciamque suffocant; in eis quippe prophetatus est Christus, qualem dei ueritas reddidit, non qualem Manichaei uanitas finxit. sed homo urbanissimus exagitas antiquam scripturam, quod scriptum sit in propheta: *et fac filios de fornicatione, quoniam fornicabitur terra a domino*, cum audias in euangelio: *meretrices et publicani praecedent uos in regnum caelorum*. noui, unde ueniat indignatio tua; non enim tibi tam fornicaria displicet in fornicatione, quam quod in matrimonium commutata est et conuersa ad pudicitiam coniugalem, ubi deum creditis uestrum in procreando filios artioribus carnis uinculis conligari: cui putatis parcere meretrices, quia dant operam,

18 Osee 1, 2 20 Matth. 21, 31

1 in ciuitate *b* 2 locis *Cb* qui *C* ominibus *C* 3 ridendam *C* 7 contagio *Cb* usque *om. Maur.* 9 continere *C* 13 uidelicet] uelut *b* 14 macheos (ni *m. 1 superscr.*) *C* me *om. C* iudeorum *C* 15 fallatiam qui *C* 17 manichei *C* fixit *C* 18 antequam *C* scribturam *C* eo quod *b Maur.* scribtum *C* 20 audias (as *in ras.*) *C* ęuangelio *C* 21 precedent *C* celorum *C* 22 tam *om. Cb* 23 matrimonio *C* cũmutata *C* 24 ad] a *C* pudititiam *C* 25 sicut creditis *Cb* procreandos *C* artioris *Cb*

ne concipiant, ut ab officio pariendi liberae libidini seruiant. feminae quippe conceptus apud uos carcer est et uinculum dei. hinc tibi etiam illud displicet: erunt duo in carne una, cum hoc in Christo atque ecclesia sancta magnum mysterium commendet apostolus. hinc displicet: crescite et multiplicamini, ne dei uestri multiplicentur ergastula. me autem fateor in ecclesia catholica didicisse sicut animam, ita et corpus, quorum alterum praeditum, alterum subditum est, ita bonum animae ac bona corporis non esse nisi a summo bono, a quo sunt omnia bona, siue magna seu parua, siue caelestia siue terrestria, siue spiritalia siue corporalia, siue temporalia siue sempiterna, nec ideo ista reprehendenda, quia illa praeferenda.

22. Illud uero, quod inter culpanda ponis ,macta et manduca, etiam in actibus apostolorum spiritaliter positum est. uerumtamen et corporaliter non est cibus in uituperatione, sed luxus, praecipue uobis etiam carnaliter a carnibus abstinere haec accepta sententia placere debuit, ut mactaretis carnes ac sic carceribus fractis de misera custodia deus uester aufugeret, et si quae ibi eius reliquiae remansissent, manducando eas in officina aqualiculi purgaretis. insultas, quod mihi doluerit sterilitas Sarae. non plane hoc ego dolui, quia et ipsa prophetica fuit. uestris autem sacrilegiis fabulosis congruit non sterilitatem Sarae, sed fecunditatem dolere, quia omnis feminae fecunditas dura est dei calamitas: unde non mirum est, quia in uobis maxime inpletur, quod de talibus praedictum est: prohibentes nuptias. neque enim tam

3 cf. Gen. 2, 24; Ephes. 5, 31 sq. 5 Gen. 1, 28 14 Act. 10, 13 27 I Tim. 4, 3

1 capiant *b* o*fficio (*corr. ex* ulfficio) *C* libere *Cb* 2 femine *C* 4 adque *C* ecclesiæ *C* sacramentum *C* 5 misterium *C* 7 anima *Cb* 8 preditum *C* 9 bona *C* animae—bono *om. C* 10 siue par. *b Maur.* 11 cęlęstia *C* 13 preferenda *C* 16 cybus *C* uituperationē *C* 17 precipue *C* a carnibus abstinere *om. Maur.* 18 haec] nec *b* 19 si *C* 20 que *C* 22 sterelitas *C* sarrę *C* planę *C* 23 sacrilegis *C* 24 sterelitatem *C* sarrę *C* dolore *C* 25 feconditas *C*[1] 27 predictum *C*

concubitum quam nuptias detestamini, quoniam in eis concubitus causa propagandi non uitium, sed officium est: a quo inmunis est continentia uirorum feminarumque sanctarum, non quia sicut malum illud deuitarunt, sed quia melius elegerunt. quamquam patrum et matrum, quales Abraham et Sara extiterunt, ipsum officium coniugale non ex humana societate, sed ex diuina dispensatione pensandum est. nam quia Christum in carne uenire oportebat, ei carni propagandae famulatum est coniugium Sarae, cui uirginitas Mariae.

23. Unde et illud, quod inperitia laudabili deridendo commemorasti: pone manum sub femore meo, Abraham seruo suo dixit, postulans iurisiurandi fidem ,pone, inquit, manum sub femore meo et iura per deum caeli. seruus quidem ille oboediendo iurabat, sed Abraham iubendo prophetabat deum scilicet caeli in eam carnem esse uenturum, quae fuisset ex illo femore propagata. uos hoc aspernamini, detestamini, abominamini, casti et mundi homines, qui filio dei, quem nullus contactus carnis mutare potuisset, unum uterum uirginis formidatis; et dei uestri naturam mutatam atque pollutam omnium feminarum, non hominum tantum, sed bestiarum quoque uteris inplicatis . ac per hoc qui unum patriarchae femur horretis, quae tandem femora, non dico prophetarum, sed quarumlibet prostitutarum inuenitis, ubi non per deum uestrum illic tam turpiter conpeditum iurare debeatis? nisi forte non quidem caste tangere humani corporis membrum, sed pudet iurare per deum tam turpiter uinctum. tanta illic deformitate captiuo nomine pancarpi, qui in ludicris muneribus edi solet,

12 Gen. 24, 2 sq.

2 non] nun *C* offitium *C* 4 eligerunt *C* 5 quam *b* qualis *C* 6 sarra *C* offitium *C* 7 dispensatione pensatione pens. *C* 8 propagande *C* 9 cumuiuium *C* sarre *S* marię pręfertur *b* 10 illũ *C* inpericia *C* deridenda *C* 12 inquid *C* 13 celi *C* quidam *C* 15 celi *C* que *C* 17 abomina*mini *C* que *C* 18 nullus (*alt.* l *ex* n *mut. m. 1*) *C* contractus *C* 19 uestri *scripsi*: uiui *lib.* natura *C* 20 omnium *C* 21 uteros implicatos *b* patriarche *C* femor *C* 22 que *C* 24 iurare] uitare *b* 26 uictum *C* tan *C* 27 captiuũ *C*

propter omnium generum, quae inerant, bestias exagitas arcam Noe, quae per omne genus animalium futuram ex omnibus gentibus figurabat ecclesiam. ubi te uel non aduertentem uel ignorantem gratulor congruum posuisse uocabulum; πάγκαρπος enim omnis est fructus, quod in ecclesia spiritaliter uerum est . et non adtendis, Noe cum suis inter illas feras, quo inlaesus ingressus est, unde inlaesus egressus est, quam felicior fuerit deo uestro, qui ferina rabie gentis tenebrarum dilaniatus et deuoratus est. itaque ille non pancarpus, sed plane camparcus factus est, qui omni feritate discerptus est. luctam Iacob cum angelo inrides, ubi futura cum carne Christi lucta populi Israhel prophetice figurata est. sed quomodolibet intellegas, quanto melius deus uester cum homine luctaretur, quam uictus atque captiuus a daemonum gente diriperetur. falso Abraham, quod pudicitiam coniugis uendiderit criminaris: ubi non est mentitus sororem, sed cautela humana tacuit uxorem, deo suo committens eius pudicitiam conseruandam: qui nisi faceret, quod facere posset, non in deum fidere, sed deum temptare iudicaretur. nec tamen respicis deum uestrum, qui non uxorem, sed membra sua hostibus polluenda, corrumpenda, turpanda non uendidit, sed gratis dedit. ad quem, si posset, certe optaretis, ut tam inlibata rediret ab inimicis suis dei uestri praeclara natura, quam inlibata uiro reddita est Sara.

24. Laudas mores et studia quondam mea et quaeris, quis me repente mutauerit. deinde circumloquendo commemoras

2 cf. Gen. 7 11 cf. Gen. 32, 24 sq. 17 cf. Gen. 12, 20

1 generum *om. Cb* que *C* exagitatis *b Maur.* 2 archam *C* noę *C* que *C* futurum *C* 5 pancarpos C est] ex *C* 6 noę *C* 7 inlesus *C* egr.] ingressus *C* 8 rabię *C* 9 pancarpos *C* 10 compartus (*in mg.* al. campertus) *b Maur.* omniū *C* deserptus *Cb* 12 propheticę *C* 13 homini (i *fin.* e *fuit*) *C* 14 ademonum *C* 15 congiugis *C* uindiderit *C* 16 umana *C* 17 cummittens *C* 18 qui *om. Cb* nisi non *Cb* quo *C* 20 menbra *C* 21 turpenda *C* uindidit *C* quam *C* 22 possetis *C* aptaretis *C* ut tam] uitam *b* inlibatam *Cb* 23 preclara *C* 24 sarra *C* 25 queris *C* 26 cummemoras *C*

antiquum hostem omnium fidelium atque sanctorum et ipsius domini Iesu Christi, quem uis utique diabolum intellegi. quid ego tibi de mea mutatione respondeam, quam nisi eo modo in melius fieri crederem, non utique me uestro errore detestato atque damnato ad catholicam ecclesiam fidemque conferrem? quod utrum recte fecerim, id est, a malo in bonum mutatus sim, tu mihi ipse soluis quaestionem in eodem uerbo, quod posuisti mutationis meae. anima enim mea, si — quemadmodum dicitis — dei natura esset, siue in melius, sicut confido, siue in deterius, sicut arguis, mutari omnino non posset nec a se ipsa nec a cuiusquam uel alterius inpulsu. unde cum errorem istum reliqui et elegi eam fidem, ubi dei natura prorsus incommutabilis pie creditur, ut sapienter intellegatur, non displicet mutatio mea, nisi quibus displicet incommutabilis deus. est autem diabolus sanctorum aduersarius, non quod aduersus eos ex alterius naturae contrario principio consurgit inimicus, sed quod eis inuidet honorem caelestem, unde est ipse deiectus. mutatus enim ipse alios mutare molitur. nam sicut a uobis Persicae illius fabulae prolixitate describitur, si non mutatus alios mutat, profecto maior et uictor est; si autem, sicut adfirmatis, sanctae lucis, non inimicus dei est, sed amicus, et illis melior, quos decipit, qui eos lumini sancto inimicos, cui est ipse amicus, efficit? ideo quippe dicit Manichaeus aeterno subplicio animas in illo horribili globo damnandas, quod errare se a priore lucida sua natura passae sunt et inimicae luminis tunc extiterunt, cum ipsam mentem gentis tenebrarum tenendae apud se lucis amore flagrantem animalium corpora creare con-

1 anticum *C* 4 errorem *C* detesto *C* 5 adque *C* ęcclesiam *C* čferrem *C* 6 amalo *C* 7 ipse *(s. l. m. 1) C* questionem *C* 8 quem ammodum *C* 11 cuius quam *C* 13 naturam *C* pię *C* 17 consurgat *b Maur.* inimicos *C* quia *b Maur.* 18 celestem *C* 19 auobis *C* fabule *C* 20 alius *C* 24 manicheus *C* subplitio *C* 25 damnandas damnandas *C* erra (a *ex* e *corr. m. 1) C* 26 passe *C* tunc] cum *C* 28 aput *C*

tendat. ab his ergo uanissimis sacrilegisque figmentis te cura ut eripias, mutandus in melius illius adiutorio, qui nec in melius nec in deterius commutatur.

25. Euasimus, inquit, quia spiritalem secuti sumus saluatorem. nam illius tantum erupit audacia, ut si noster dominus carnalis foret, omnis nostra fuisset spes amputata. si hoc propterea dicis, quia Christum carnem habuisse non creditis, in Manichaeo spem ponere non debetis, quem de masculo et femina procreatum sicut ceteros homines in carnem fuisse conceditis. cur ergo in illo tantam spem ponitis? nam in hac ipsa epistula tua, cum me terreres, ipse dixisti: quis igitur tibi patronus erit ante iustum tribunal iudicis, cum et de sermone et de opere coeperis te teste conuinci? Persa, quem incusasti, non aderit. hoc excepto quis te flentem consolabitur? quis Punicum saluabit? consolatorem igitur et saluatorem Manichaeo excepto nullum esse posse dixisti. quomodo ergo, cum de Christi passionibus ageres, euasisse uos dixisti, quod spiritalem secuti estis saluatorem, ne scilicet eum posset in carne constitutum inimicus occidere? ergo Manichaeum uestrum si occidit inimicus, in quo carnem inuenit, ut iam uester saluator esse posset, quomodo dicis „hoc excepto, quis te flentem consolabitur? quis Punicum saluabit?“ uides quid sit in haeresi et doctrinis daemoniorum in hypocrisi mendaciloquorum. ueracem Manichaeum de Christo uis esse fallaci, ut, si Christus in ostendenda carne, morte, resurrectione, locis denique uulnerum atque clauorum, quae dubitantibus

25 cf. I Tim. 4, 1 sq. 27 cf. Ioh. 20, 20

1 cura^{t} aut *C* 4 ęuasimus *C* inquis *Maur.* 5 audatia *C* 8 manicheo *C* 9 cęterus *C* 10 carnem habuisse *Maur.* quur *C* illam *C* 11 terreris *C* 12 ergo *b* 13 operis^{e} C^1 ceperis *C* 14 adherit *C* 15 ponitum *C* 16 manicheo *C* 17 posse (*s. l. m. 2*) *C* 18 christo *C* agerese uas. *C* 20 ini^{micus} (*m. 2 superscr.*) *C* 21 inimicos *C* 22 et quomodo *C Maur. b* te *om. C* 23 punitum *C* 24 haeresi] herede *C* et] de *b, om. C* ypocris inmendacilocorum *C* 25 manicheum *C* 26 resurrectionem *C* 27 adque *C* que *C*

discipulis demonstrauit, totum fallaciter ac mendaciter gessit, tunc Manichaeus de Christo uerum dixerit, si autem Christus ueram carnem et ideo ueram mortem, ueram resurrectionem, ueras cicatrices ostendit, tunc Manichaeus de Christo mentitus sit. ac per hoc id interest in hac causa inter me atque te, quod tu elegisti ueracem credere Manichaeum Christum credendo fallacem, ego autem Manichaeum potius sicut de aliis rebus, ita de Christo quam Christum de aliqua re — quanto magis de illa, ubi spem credentium maxime posuit, hoc est de sua passione et resurrectione! — mentitum. nam qui dicit: quando Christus post illam, quae mors eius putata est, adparuit discipulis haesitantibus et spiritum se uidere putantibus, quando dixit: tangite manus meas et pedes et uidete, quia spiritus carnem et ossa non habet, sicut me uidetis habere, quando uni eorum minime credenti, mitte, inquit, digitos in latus meum et noli esse incredulus, sed fidelis, totum hoc non ueraciter ostendebat, sed mendaciter: qui hoc, inquam, dicit, non praedicator, sed accusator est Christi. sed, inquis, Christum praedicat Manichaeus eiusque se dicit apostolum. hinc potius detestandus atque fugiendus est. nam haec accusando diceret, se saltem iactaret amatorem ueritatis arguendo alterius falsitatem; nunc uero nesciens incautusque se prodit satisque demonstrat diligenter intuentibus, quid agat ipse, quid diligat, laudando ac praedicando mentientem. fuge itaque, amice, tantam pestem, ne te, quod fieri non potest, fallendo uelit fidelem facere Manichaeus, qualem uult uideri a Christo esse factum illum discipulum cui dixit: mitte digitos in latus meum et noli

13 Luc. 24, 39 16 Ioh. 20, 27

1 discipolis *C* 2 (et 4) manicheus *C* ęlegisti *C* credendum *C* 10 resurrectionē *C* 11 que *C* 12 discipolis esitantibus *C* spiritum] xp̄m *C* 16 inquid *C* 18 hęc *C* predicatur *C* 19 accusatur *C* predicat *C* 21 adque *C* cū *ante* haec *add. b* saltim 23 incautus que *C* 24 quidiligat *C* predicando *C* 26 manicheus *C* 27 uult *om. C*

esse incredulus, sed fidelis. sicut enim sapit dulcissima ueritas, quid aliud discipulo Christus dixit nisi: tange, quod gesto, tange, quod gessi, tange ueram carnem, tange uerorum uestigia uulnerum, tange uera loca clauorum et credendo ueris noli esse incredulus, sed fidelis? sicut autem desipit Manichaei sacrilega uanitas, quid aliud dixit discipulo Christus nisi: tange quod simulo, tange quod fallo, nisi: tange falsam carnem, tange falsorum fallacia uulnerum loca et noli esse incredulus meis mendacibus membris, ut credendo falsis possis esse fidelis. tales fideles habet Manichaeus omnis doctrinae daemoniorum mendaciloquorum.

26. Fuge ista, obsecro, non te decipiat species paucitatis, quoniam ipse dominus dixit angustam uiam esse paucorum. inter paucos uis esse, sed pessimos. nam uerum est, quod pauci sunt omni modo innocentes, sed in ipsis nocentibus pauciores sunt homicidae quam fures, pauciores sunt incestatores quam adulteri; denique etiam ipsae antiquorum uel fabulae uel historiae pauciores habent Medeas et Phaedras quam facinorum aliorum flagitiorumque mulieres, pauciores Ochos et Busirides quam inpietatum aliarum et scelerum uiros. uide ergo, ne forte apud uos nimius horror inpietatis faciat meritum paucitatis. talia quippe ibi leguntur, dicuntur, creduntur, ut in illum errorem magis aliquos quam paucos inruere uel illic remanere mirandum sit. sanctorum autem paucitas, quorum angusta uia est, in conparatione ponitur multitudinis peccatorum: quae quidem paucitas in multo maiore numero palearum latet; sed in ipsa area catholicae ecclesiae

13 cf. Matth. 7, 14

5 ueris] noueris *Cb* 6 manichei *C* sacrilege *C* discipolo *C* 7 tangem *C* falsem *C* 8 fallatia *C* 9 mendatibus *C* menbris *C* possit *b* 10 manicheus *C* omnes *C* doctrine *C* 11 demoniorum *C* mendacilocorum *C* 12 te *om. b* speties *C* 14 pessimus *C* 15 sint *Cb* omnino *b* in *om. Cb* 16 homicide incestores *C* 17 ipse *C* anticorum *C* 18 fabule *C* phe*ras (d *m. 1 superscr.*) *C* 20 ochos] estas *C* 21 aput *C* nimius (*in mg.* al. minimus) *b* 24 illic] hic *C* 26 que *C* 27 in *om. Cb* catolicae *C*

est nunc congreganda et trituranda, in fine autem uentilanda atque purganda. ad quam te oportet conferas, si fideliter fidelis esse desideras, ne fidendo falsis, sicut scriptum est, uentos pascas, id est, inmundis spiritibus esca fias. si enim Paulus apostolus, quem commemoras, non sicut sapientes ueteris testamenti scripturas totamque illam propheticam dispensationem dictorum atque factorum, sed carnalem Iudaicae propaginis excellentiam et pro synagogis paternae gentis errantibus et Christum non agnoscentibus zelum persequendi christianos, quo tamquam laudabili accendebatur, et iustitiam, quae ex lege est, qua Iudaei non ibi intellecta dei gratia superbe gloriantur, damna et stercora deputauit, ut Christum lucrifaceret: quanto magis tu scripturas illas nefandarum blasphemiarum plenissimas, ubi natura ueritatis, natura summi boni, natura dei totiens mutabilis, totiens uicta, totiens corrupta et ex parte inexplicabiliter inquinata atque ab ipsa ueritate in fine damnanda describitur, non sicut stercora, sed sicut uenena debes abicere et ad ecclesiam catholicam fidemque, quae sicut tanto ante prophetata, ita suo tempore reuelata est, finita contentione transire!

Quod ideo tibi loquor, quia mens tua nec natura mali est, quae omnino nulla est, nec natura dei, alioquin incommutabili frustra loquerer; sed quoniam mutata est deserendo deum, et ipsa mutatio eius est malum, mutetur conuersa ad incommutabile bonum in adiutorio ipsius incommutabilis boni, et talis eius mutatio erit a malo liberatio. hanc admonitionem si spernis duas adhuc credens esse naturas, unam mutabilem boni, quae malo permixta potuit iniustitiae consentire, alteram incommu-

2 cf. Matth. 3, 12 4 cf. Osee 12, 1 12 cf. Phil. 3, 8 sq.

3 uentus *C* 4 parcas *C* 5 commemorȩs *C* sapientum *Maur.* sicut sapientẽ *b* 6 scribturas *C* 7 adque *C* iudaice *C* 8 excelentia *C* sinagogis *C* paterne *C* 9 zelo *b* 10 tamquam] quam *b* que *C* 11 iudei *C* 13 scribturas *C* nefandorum blasphemiorum *C* 16 explicabititer *C* 18 habicere *C* fidemque quae *scripsi:* fidemque *Cb* fidemque *om. Maur.* 19 reuellata *C* 22 que *C* 24 mutacio *C* malū ē *b* 25 adiutorium *C* 27 que *C* 28 permixtam *C* iniustię *C*

tabilem mali, quae nec bono mixta potuit consentire iustitiae, proximam illam pudendam fabulam garris execrabiles turpesque blasphemias in fornicatione prurientium aurium seminantem ut sis in eorum grege, de quibus praedictum est, quod „erit tempus, quando sanam doctrinam non sustinebunt, sed ad sua desideria coaceruabunt sibi magistros prurientes auribus, et a ueritate quidem auditum suum auertentes, ad fabulas autem conuertentur." si autem hanc admonitionem prudenter accipis conuersus ad incommutabilem deum, mutatione laudabili fies in eis, de quibus dicit apostolus: fuistis aliquando tenebrae, nunc autem lux in domino. quod nec dei naturae dici posset, quia numquam fuit mala et digna isto nomine tenebrarum, nec naturae mali, quae si esset, numquam posset mutari nec lux fieri; sed recte ac ueraciter hoc dictum est ei naturae, quae incommutabilis non est, sed deserto incommutabili lumine, a quo facta est, obtenebratur in se; ad illud autem conuersa fit lux non in se, sed in domino. non enim a se ipsa, quoniam non est lumen uerum, sed inluminata lucet ab illo, de quo dictum est: erat lumen uerum, quod inluminat omnem hominem uenientem in hunc mundum. hoc crede, hoc intellege, hoc tene, si uis esse bonus participatione incommutabilis boni, quod non potes esse per te: quod nec amittere, si incommutabiliter hoc esses, nec recipere posses, si incommutabiliter hoc non esses.

4 II Tim. 4, 3 sq. 11 Ephes. 5, 8 20 Ioh. 1, 9

1 que *C* 2 carris *C* 3 infornicatione *C* 4 predictum *C* 6 coacerbabunt *C* 8 flabulas *C* 9 admonicionem *C* accipis (i *ante* s *in ras.*) *C* 10 de *om. C* 11 tenebre *C* 13 mal& *C* nomina *C* 14 natura *b* que *C* possit *C* 15 natura *C* 16 que *C* sed] & *Cb* 17 factus *b* tenebrabatur *C* tenebratus *b* 21 ominem *C* 22 tene] te *Cb* 25 ExpLiB sci aū contra epł secdni manich. incip aduersus mendatium (*litteris uncialibus*) fol. 50b *C*

I.

Euodii Uzalensis episcopi

de fide contra Manichaeos.

F = codex monasterii s. Floriani 76 saec. XI.
V = codex s. Vedasti nunc Parisinus 14301 saec. XI.
P = codex Parisinus 2077 saeculi XI.
M = codex Mazarineus 635 (287) saec. XIII.
Maur = editio Maurina a. 1680.

I.

EUODII DE FIDE CONTRA MANICHAEOS.

1. Unus deus pater et filius et spiritus sanctus, inuisibilis, inconprehensibilis, inenarrabilis, inuiolabilis, incoinquinabilis, qui solus habet inmortalitatem et lucem habitat inaccessibilem. ipse lumen uerum, uita et ueritas, bonus, summus et quaecumque de illo humanus sermo poterit enuntiare: quae tamen ab eo dantur, ut aliquo modo dici possint. ex quo omnia, per quem omnia, siue sedes siue dominationes siue principatus siue potestates; et omnia per ipsum et in ipso creata sunt, sicut in utroque testamento humilibus et pie quaerentibus manifestatur. ipsi gloria in saecula saeculorum amen.

2. Huic Manichaeus aduersarium esse dicit nescio quem gentis principem tenebrarum, quem etiam adserit ingenitum nec habere auctorem, a quo creatus sit. et utique si ingenitus et non creatus est, per se ipsum est inmortalis. et si per se inmortalis est, non erit deus, qui habeat solus inmortalitatem, et erit iam mendax apostolus, qui dicit de deo, quod solus habeat inmortalitatem. sed quia apostolus mendax non est, deus solus habet inmortalitatem. et ideo solus potest et animis et quibus uult corporibus praestare inmortalitatem.

3. Falsum est ergo, quod Manichaeus adserit nescio quam mali naturam cum principe suo non habere auctorem, sed esse ingenitam. deinde si ingenitus deus, ingenita etiam nunc gens tenebrarum, non erit contrarium ingenitum et ingenitum, uidens et uidens, regnans et regnans, uiuens et uiuens, aeternum et aeternum. et si contrarium est bono malum, ex aliqua ergo parte discordabit bonum a malo; ex multa uero coniunctum et concordans erit et non iam

3 cf. I Tim. 6, 16 5 cf. Col. 1, 16 18 cf. I Tim. 6, 16

1 EXPLICIT IN DNO XPO FILIO DI TRACTATVS AVRELI AVGVSTINI DE FIDE CATOLICA. INCIPIT ADVERSVS MANICHEOS. VTRV EIVSDEM. VTRV SCI EVVODII IGNORATVR *fol.* 126[b] *V fol.* 38[a] *P* Incipit tractatus. Contra Manicheos *fol.* 25 *M inscr. om. F* 3 et incomprehensibilis et inenarrabilis *P* 4 inquoinquinabilis *V* et quoinquinabilis *P* qui] quia *P* 5 inhaccessibilem *P* 6 sumus *V* 7 potherit *P* 10 hutroque *P* 13 aduersarium (sar *s. l. a m. 2*) *V* ientis *P* 14 abere *P* 15 hauctorem *P* utique] utque *P* 18 quod] qui *V* 21 quam] quod *VP* 22 haberet (t *in ras.*) *V* aberet *P* sed] s& (& *in ras.*) *VP* 26 bonum *PM* m. lo *VMP* malo (vm *s. l.*) *F* discordauit *F* 27 iam non *M*

erit merum malum habendo tanta communia bona cum deo. si uero dicunt: ingenitum est in suo, nihil dicunt. nam ingenitum et ingenitum, aeternum et aeternum, in quantum ingenita et aeterna sunt, numquam erunt contraria. num enim quia imperator in sua potestate magnus est et mediastinus in operatione sua contemptibilis est, ideo mediastinus non erit homo, quia homo est imperator?

4. Sed si quisquam quaerit, quid sit malum, audiat apostolum dicentem: radix omnium malorum est cupiditas; quam quidam adpetentes a fide aberrauerunt et inseruerunt se doloribus multis.

5. Cupiditas autem in unoquoque homine est non naturalis, sed uoluntaria ideoque dixit „quam quidam adpetentes". quod enim adpetendo habetur, si non adpeteretur, non haberetur. nam et dominus ostendens, quod in hominis potestate sit, ait: aut facite arborem bonam et fructum eius bonum; aut facite arborem malam et fructum eius malum. in actibus etiam conscriptis a Leucio, quos ipsi accipiunt, sic scriptum est: etenim speciosa figmenta et ostentatio simulata et coactio uisibilium ne quidem ex propria natura procedit, sed ex eo homine, qui per se ipsum deterior effectus est per seductionem. ipse etiam Manichaeus non potuit nisi fateri animas, etiam quas dicit ad dei substantiam pertinere, propria uoluntate peccare. nam sic in secundo Thesauri libro dicit: hi uero, qui neglegentia sua a labe praedictorum spirituum purgari se minime permiserint mandatisque diuinis ex integro parum obtemperauerint legemque sibi a suo liberatore datam seruare plenius noluerint neque, ut decebat, sese gubernauerint et cetera. item in epistula Fundamenti sic dicit de illis animabus: quae mundi amore errare se a priore lucida sua natura passae sunt atque inimicae lumini sancto extiterunt aperteque in perniciem sanctorum ele-

8 I Tim. 6, 10 14 Matth. 12, 33

1 habendo] cauendo *F* 2 et ingenitum] et ienitum *P* 4 contrariũ *P* num] non *FVP* 5 mediastrinus *VP* mediasti*nus (r *in* i *corr. et* i *er.*) *F* contemptibilis est] contẽplacionesua contẽplabilis sit *P* 6 mediastrinus *VP* est imperator] et imperator est *P* 8 quẽ *V* 9 pererrauerunt *VPMF* 11 hunoquoque *P* 12 uoluntarię *V* uoluntaria (a *ex* e *m. 2 corr.*) *F* 15 fructus *V* 16 Leutio *V* 17 haccipiunt *P* 18 coactio] quohactio *P* ne] nec *P* 21 animis (abus *corr. m. 2*) *F* substantia *V* 22 peccare *om. VF* tesauri *PF* 23 hi (c *er.*) *F* negligentie (g *alt. corr. m. 2 ex* i) *P* negentia *V* sua a labe] sue allabore *P* 24 spirituum] spũ *VP* purgari (a *s. l.*) *F* purgare *P* mimine (m *s. l.*) *F* permiserit *P* 25 legemquę *V* 26 liberato *F* 29 sue nature *P* lumine *V* lumine (i *ex* e *corr.*) *F*[2] luminis *P* 30 pernicię *V*

mentorum se armarunt et igneo spiritui obsecutae sunt. infesta etiam sua persecutione sanctam ecclesiam atque electos in eadem constitutos caelestium praeceptorum obseruatores adflixerunt, a beatitudine et gloria terrae sanctae arcentur. et quia a malo se superari passae sunt, in eadem mali stirpe perseuerabunt pacifica illa terra et regionibus inmortalibus sibimet interdictis. quod ideo illis eueniet, quia ita iniquis operibus se obstrinxerunt, ut a uita et libertate sanctae lucis alienarentur. non igitur poterunt recipi in regna illa pacifica, sed configentur in praedicto horribili globo, cui etiam necesse est custodiam adhiberi. unde adhaerebunt his rebus animae eaedem, quas dilexerunt, relictae in eodem tenebrarum globo suis meritis id sibi conquirentes. neque enim futura haec cognoscere stuauerunt atque ab isdem, cum tempus dabatur, se segregarunt.

6. Rogo uos, ubi audiuntur haec uerba, dubitatis adhuc Manichaeum adactum esse confiteri esse peccatum propriae uoluntatis? non enim unum uerbum inde dixit, sed tam multa, ut quamuis graui somno mersum excitaret. dixit: neglegentia sua; dixit: minime permiserint; dixit: parum obtemperauerint; dixit: seruare noluerint; item dixit: obsecutae sunt; dixit: se superari passae sunt; dixit: se obstrinxerunt; dixit: suis meritis id sibi conquirentes; dixit: neque enim futura haec cognoscere studuerunt atque ab isdem, cum tempus dabatur, se segregauerunt. et uos dubitatis dicere propria uoluntate peccari?

7. Iterum ipse dicit in eadem epistula: lucis autem succisiuam partem, hoc est animas peccatrices, et uos non dicitis peccare nisi gentem tenebrarum? sed quid de isto loquar, qui quamuis erraret, tamen euidentissima ueritate hoc conatus est dicere? cum psum dominum nostrum Iesum Christum nolitis intellegere dicentem

2 etiam] enim *P* 3 electus *VF*[1] eandem *V* constitutus *F*[1]*V* 5 et quia] quia *V* malo se] malos *VP* ex superare *V* 6 male *P* 8 obstrixerunt *P* 10 configentur] confringentur *PM* 13 eadem *V* e*idē (*in marg. a m 2* eędē) *F* relictae] relicto *V* relicta (luce) *F*[2] 14 conquirentes] n̄ querentes *P* 15 hisdem *FVP* 16 se *s. l. V* segregauerunt *VM* 18 adactum] edactum *VF* (*in marg. m. 2* audactū siue sedatū *F*) & actum *P* 19 ut] in *V* quē|uisomno uersum *P* 20 excitare *P* 21 permiseř *V* permiserit *P* 23 supera *V* suis] se suis *P* 24 enim neque *P* 25 hisdem *FV* 26 et—peccari] *om. FV* 28 eandem *F* eandem *VP* epistolā *P* succisiuam] subsitiuā *P* succiuā *M* subsiciuam *V* subsiciuā (*in marg.* ł succidiuā) *F* 31 uaritate *P* 32 dicentes *P*

ignem praeparatum esse peccatoribus et diabolo et angelis eius, quos omnes uoluit intellegi peccatores; non enim iniustitia est apud deum, ut damnet eos, qui nihil peccauerunt.

8. Peccare enim quid aliud est nisi in ueritatis praeceptis uel in ipsa non stare ueritate? quod si non uoluntate faciunt peccatores, iniuste iudicantur. pertinere autem et angelos ad iudicium, apostolus ostendit dicens: n e s c i t i s, q u o n i a m a n g e l o s i u d i c a b i m u s? non autem pertinerent ad iudicium, quo iudicantur, si non pertinerent ad peccatum, quo rei fiunt, nec possint merito iudicari. non enim homines iusti de iustis angelis iudicaturi sunt, quibus similes erunt, sed utique de peccatoribus. malefacti sui ergo per cupiditatem quisque auctor est.

9. Est ergo in potestate ut sit cupiditas; et ideo etiam malum in potestate est. in potestate ergo est, quod in uoluntate esse non debet; malum enim non potest esse natura nec substantia nec uita, quia haec bona sunt, in quantum sunt. sed et si aliquos naturaliter dicimus malos, propter originem ueteris peccati dicimus, in quo iam nostra mortalitas nascitur. totum itaque quod uocatur malum in hominibus, peccatum est et poena. peccatum fit ab anima rationali, cui liberum uoluntatis arbitrium est; et poena infligitur iustitia dei, quae nihil facit iniuste. aduersus haec solita caecitate Manichaei latrant; et cum conuincuntur naturam non esse malum, sed in potestate esse hominis facere bene aut male, dicunt non esse animae liberam uoluntatem et non uident caecitatem suam.

10. Quis enim non clamet stultum esse praecepta dare ei, cui liberum non est, quod praecipitur facere, et iniquum esse eum damnare, cui non fuit potestas iussa conplere? et has iniustitias et iniquitates miseri non intellegunt deo se ascribere. sed quid uerum est nisi et dominum dare praecepta et animas liberae esse uoluntatis et malum naturam non esse, sed esse auersionem a dei praeceptis et esse iustum iudicium dei, quo damnet peccantes?

11. Interea cum dicat idem Manichaeus d e u m o m n i b u s b o n i s a b u n d a n t e m, n u l l o i n r e g n i s e i u s i n s i g n i b u s i n d i g e n t e

1 cf. Matth. 25, 41 7 I Cor. 6, 3

1 et *ante* diabolo *om.* *V* 2 iniustia *V* 3 nihil] omnino nihil *M* 7 iudicauimus (ca *s. l.*) *F* 8 quod indicarent *P* 9 quo rei] quod rei *P* possent *M* 11 de] *om.* *VPM* 13 potestate] cupiditate *P* 15 malum esse enim n. p. n. t. *P* uita] uicia *P* 16 qui hec uicia *P* 17 diximus aliquos *P* 20 uoluntati *P* 21 solita] sola *P* 22 conuincantur *VP* 25 clamat *P* 26 est] esse *V* inicū eum esse *P* est *V* 27 cui non] cuidā *P* 28 deo] dm̄ *FV* asscribere *F* ascripere *V* 29 et dominum] ad dom. *P* 32 intereat *V* 33 nullum *VM* indigentē *VFP*

aut infimo constituto, ita etiam fundata eiusdem splendidissima saecula, ut a nullo umquam concuti uel moueri possint, in alio loco paulo post subiungit et dicit: lucis uero beatissimae pater sciens labem magnam ac uastitatem, quae ex tenebris surgeret, aduersus sua sancta inpendere saecula, nisi aliquod eximium ac praeclarum et uirtute potens numen obponat, quo superet simul ac destruat stirpem tenebrarum, qua extincta quies lucis incolis pararetur.

12. Certe ergo a nullo umquam concuti uel moueri potuerunt regna dei Manichaei. si enim potuerunt, mentitus est dicendo non posse regna illa ab aliquo concuti. et si concussa sunt necessitate aut timore, non erit deus, qui sic concuti potuit. nam uidemus deum Manichaei secundum eundem Manichaeum malo necessitatis pressum, cum labes ac uastitas aduersus saecula eius inpenderet aliudque quod faceret non haberet, partem suam ad pugnam dedisse, ut uel hoc modo quietem lucis incolis conpararet. ipsa uero pars eius, hoc est de lumine lumen, de bono bonum, de sancto sanctum, de aeterno aeternum, de deo deus, de omnipotente omnipotens, corrupta sit, mortificata sit, conmixta sit per omnia mundi corpora a summo usque ad imum, a caelo usque ad stercora, ut et meretrices in theatris et in locis turpioribus turpiores habeant in se obpressum deum, qui liberari forte non possit. dicit enim in fine ipsius epistulae, unde unum capitulum iam posuimus, ipsam dei partem, quae conmixta est, non totam posse reuocari ad pristinam libertatem.

13. Ecce uictoria, ecce triumphus, qualem fecit Manichaei deus. nam post amissam partem suam in luctu est, sicut Manichaeus idem dicit, uelum contra se habet, quod dolorem eius temporet, ne corruptionem partis suae uideat. hodie enim diuina quam commemorat substantia subiacet genti tenebrarum ut lutum figulo. hoc in eorum primo libro Thesauri scriptum est.

1 infirmo *V* constitutū *P* 3 paulo] *om.* *P* uera *V*, (a *corr. ex* e *m. 2*) *F* 4 magnahacuastitate *P* hae uastate (e *corr. ex* ae) *V* 5 surgeret] surgeret se (se *s. l. add. m. 2*) *F* 7 numen *om* *VPM* ac] hac *P* 8 quae *FV* quiē *P* 11 dei] *om.* *P* 12 aliqua *P* 13 sic] si *V* uero *F*[1] 14 deum] *om.* *V* mala *P* 15 eius] huius *P* inpenderet *F*[1] 16 aliudque] aliud *FV* quod *om.* *M* 17 inquolis *P* compar*r& (a *s. l.*) *F* 19 deus] deum *V* omnipotens] omnipotente *P* 21 assūmo *P* sumo *V* himum *V* ad celum *V* stercora] terra *V* 22 teatris *PV* 23 qui] *om.* *P* 24 finē *FV* iam] quē *P* partē ipsā dī por τā *P* 25 parte *V* 28 ammissam *F* admissam *P* luctus *P* luctū *M* 29 quod] qui *FP* dolore *P* 30 nec *V* patris sui *P* 31 lutum] nutum *P* 32 eorum (*post* thesauri) *VPM* thensauri (h *s. l.*) *F*

14. Qualis interea turpitudo, quam in eodem Thesauro suo inter cetera turpia in septimo libro scripsit sic dicens: tunc beatus ille pater, qui lucidas naues habet diuersoria et habitacula secundum magnitudines, pro insita sibi clementia fert opem, qua exuitur et liberatur ab inpiis retinaculis et angustiis atque angoribus suae uitalis substantiae. itaque inuisibili suo nutu illas suas uirtutes, quae in clarissima hac naui habentur, transfigurat easque parere facit aduersis potestatibus, quae in singulis caelorum tractibus ordinatae sunt. quae quoniam ex utroque sexu masculorum ac feminarum consistunt, ideo praedictas uirtutes partim specie puerorum inuestium parere iubet generi aduerso feminarum, partim uirginum lucidarum forma generi contrario masculorum, sciens eas omnes hostiles potestates propter ingenitam sibi letalem et spurcissimam concupiscentiam facillime capi atque isdem speciebus pulcherrimis, quae parent et mancipari hocque modo dissolui. sciatis autem hunc eundem nostrum beatum patrem hoc idem esse, quod etiam suae uirtutes, quas ob necessariam causam transformat in puerorum et uirginum intemeratam similitudinem. utitur autem his tamquam propriis armis atque per eas suam conplet uoluntatem.

15. Harum uero uirtutum diuinarum, quae ad instar coniugii contra inferna genera statuuntur quaeque alacritate ac facilitate id quod cogitauerint momento eodem efficiunt, plenae sunt lucidae naues. itaque cum ratio poposcerit, ut masculis adpareant eaedem sanctae uirtutes, illico etiam suam effigiem uirginum pulcherrimarum habitu demonstrant. rursum cum ad feminas uentum fuerit, postponentes speciem uirginum puerorum inuestium speciem ostendunt. hoc autem uisu decoro illarum ardor et concupiscentia crescit atque hoc modo uinculum pessimarum cogitationum earum soluitur ui-

1 turpitudo sit (sit *m. 2 add.*) *F* suo] *om. VM* 4 secū magnitudinis *FV* clementi affert F^1 clemti* affert *V* 5 qua] quę *FVP* et] uel *P* 6 e angoribus *V* 8 hac] ac *V* 10 ordinati *P* 11 ac] aut *P* et ideo] *FP* 12 speciē *VP* inuestiū F^1 14 ienere contraria *P* eos *P* 17 quae] q. *V* apparent *P* 18 dissoluit *P* hunc] tunc *P* 20 necessaria causa *P* 21 intemerat *P* 22 atque] *om. P* 24 uirtutē *V* 25 coniungii *P* 26 ac] hac *P* memento *VP* 27 aficiunt *P* 28 eadem *VP* 29 il*ico (l *ras.*) *F* effigiam *V* efficiem *P* 30 abitū *P* 32 inuestiū F^1 dechoro *V*

uaque anima, quae eorundem membris tenebatur, hac occasione laxata euadit et suo purissimo aeri miscetur: ubi penitus ablutae animae ascendunt ad lucidas naues, quae sibi ad euectionem atque ad suae patriae transfretationem sunt praeparatae.

16. Id uero, quod adhuc aduersi generis maculas portat, per aestus atque calores particulatim descendit atque arboribus ceterisque plantationibus ac satis omnibus miscetur et coloribus diuersis inficitur. et quo pacto ex ista magna et clarissima naui figurae puerorum et uirginum parent contrariis potestatibus, quae in caelis degunt quaeque igneam habent naturam atque ex isto aspectu decoro uitae pars, quae in earundem membris habetur, laxata deducitur per calores in terram: eodem modo etiam altissima illa uirtus, quae in naui uitalium aquarum habitat, in similitudine puerorum ac uirginum sanctarum per suos angelos adparet his potestatibus, quarum natura frigida est atque humida quaeque in caelis ordinatae sunt. et quidem his, quae feminae sunt, in ipsis forma puerorum adparet, masculis uero uirginum. hac uero mutatione et diuersitate personarum diuinarum ac pulcherrimarum humidae frigidaeque stirpis principes masculi seu feminae soluuntur atque id, quod in ipsis est uitale, fugit: quod uero resederit, laxatum deducitur in terram per frigora et cunctis terrae generibus admiscetur.

17. Quis non rideat uel potius doleat et detestetur istum hominem tam horrenda et execrabilia de diuina substantia dicentem? ergo substantiae lucis aeternae, parti dei in captiuitate, in calamitatibus, in aerumnis, in pressuris, in sordibus atque inmunditia secundum uestrum errorem, uestram constitutionem non poterat aliter cotidie subueniri, nisi beatus pater, qui naues lucidas habet

1 tenebratur *F* teneb*ratur *V* tenebantur *P* ac occasionē *V* 2 euadet *P* aere *V* miscitur *VF*[1] 4 eleccionem *P* sua patria *VP* transfretatione *V* et transfretatione *P* 7 estum *V* ꝑstum *P* colores *P* 8 ac] hac *P* 10 pacto] facto *FPM* existā *V* exista *P* et clarissima] ꝑclarissima *P* naue *P* 11 contrariis] contra aliis *P* 12 quequem *V* ignem *VP* habeant *FVP* 15 illa altissima *PM* 16 in similitudine] similitudine *M* similitudinem *VP* 19 ordinata *VP* femini *P* 20 inipsa *P* masculi *P* 21 hac uero] ac *FVM* hac *P* mutationē *P* diuersitatē *P* 22 ac] hanc *V* 23 princeps *PF*[1] siue *P* 24 quot uero *P* 25 reducitur *V* 27 detæstatur *FV* 28 horrendo *P* de] *om.* *V* 29 captiuitatē *P* 30 erumnis *F* 32 subuenire *V*

diuersoria, quem tertium legatum appellatis, et uirtus altissima uirtutes suas in diuersi sexus naturam conmutet; quas quidem intemeratas dicitis, sed tamen ut meretricum more pulchritudine sua principum tenebrarum letalem et spurcissimam concupiscentiam confusae inuicem accendant. non enim inuenistis uerum, quo tantam turpitudinem aliquando honestius diceretis. et qua causa hoc faciunt? ut eis in libidinem concitatis occasionem liberationis reperiat substantia diuina. quid aliud sonat, nisi ut etiam per genitalia daemonum uias euadendi inueniat diuina maiestas? deus magne, subueni animis ista turpia credentibus, ista nefanda sectantibus! quis haec non exhorreat? rogo uos. quis tam caecus est, ut ista credat? rogo uos.

18. Sed certe respondeatur mihi ab iis, qui ipsum Manichaeum sequuntur: si deus incorruptibilis est uel omnis natura summi boni inuiolabilis, inmaculabilis, inadibilis, incoinquinabilis, inconprehensibilis: quid poterat facere mali natura huic tantae naturae, si nollet cum illa pugnare, ne ad tantum dedecus deduceretur? hoc dixi: quid factura erat deo gens tenebrarum, si nollet cum illa pugnare? si mihi dicitur „nihil,“ quaero, cur hodie eius pars, hoc est dei deus in calamitatibus, in pressuris, in captiuitate, in subiectione sit constituta, ut tam turpiter etiam liberetur et nec sic liberari tota possit uel ipse pater, ut luctum habeat memoratae partis suae causa, quem luctum Manichaeus in suis libris apertissime praedicat.

19. Ait quidam: nihil ei fieri poterat, sed ut ostenderet praescientiam se habere cogitationum principum tenebrarum, et ut monstraret nihil se timere, propterea pugnauit. cui ego dixi: qui potuit cogitationes principum tenebrarum uidere ac neminem timere, quare non uidit luctum sibi inminentem de partis suae infelicitate, quam hodie patitur? quam partem suam numquam recipiet integram, quia remanet inde aliquid, sicut ipse dicit, quod purgari non poterit, et in globo tenebrarum in aeternum damnabitur. magna praescientia uel potius inscientia et misera

1 deuersorias *F*[1] diuersorias *VP* 2 diuersis *P* quas] post *P* 4 principiū *P* 5 confudit inuice *FVP* 6 turpitudinem] pulchritudinem *M* 7 occasione *F* repperi adsubstantiā *P* 9 magne] manet *P* 10 turpia] tur. quia *P*[1] 11 istā *P* 14 secuntur *FVP* 15 insuadibilis *P* inquoinquinabilis *VP* 17 si nollet c. i. p.] est si nollet natura *P* decus *P* 18 si nollet pugnare *sqq.* *P* 20 deus] *om.* *M* 21 sit] sic *P* 22 sic] sit *V* sideberetur *P* uel] ut *F* memoratis *M* 23 partis] patris *P* *om.* *M* quem] con *P* 26 principiū *P* 27 nihil] *om.* *P* pugnaui *P* 28 potui *P* 29 temere *P* 30 infelicitatē *P* 31 numquam] quam *P*

infirmitas, hoc est totum, quod neminem timebat. certe si se tueri aliquo modo non poterat, rogaret, ut sibi parceretur, ne ad tantum dedecus integritas illa et decus omnium ornamentorum perduceretur.

20. Item dictum est a quodam: nihil ei poterat facere gens tenebrarum, sed ipse noluit pati rem malam circa fines suos et misit, qui eam debellaret. cui ego dixi: si ita est, ut dicis, ipse potius inuenitur malus, qui rem uicinam nihil ei nocentem delere uoluit. et sicut malus in illam, sic crudelis in suam aut ignarus futurae calamitatis eius. cum enim putat rem bonam se posse perficere, ut in regno mali, quod ei non nocebat, regionem suam extenderet, prius non praeuidit infelicitatem, quae memoratam partem eius cotidie premit; deinde quod eam totam numquam in pristinam libertatem recipere poterit.

21. Sed cum huic obiectioni responderi minime possit, solitam inperitiam obponunt: quid facturi erant Iudaei Christo, si nollet ab eis pati? o utinam uidere possint, quod facile uiderent, nisi per nebulas contentionis excaecarentur, quid sit inminentis mali premi necessitate, quam deum suum passum adseuerant; et quid sit misericordiae benignissimum officium, quod sapientia et uirtus dei dominus Iesus Christus uoluntate et ineffabili potestate per hominem, quem suscepit ex uirgine, generi humano exhibere dignatus est, ut hominibus per hominem patientiae demonstraret exemplum. oportebat enim, et hoc iustum erat, ut homines per patientiam humilitatis uincerent difficultatem infirmitatis carnis suae, quia in eam per elationem superbiae ceciderant, sicut in Adam primo homine nostra scriptura indicat. numquid et uos potestis dicere: quia erant aliqui homines, quos deus uolebat docere patientiam, propterea uoluit a gente tenebrarum tanta mala pati, quemadmodum dominus a Iudaeis? aut numquid potestis dicere, quia suscepit aliquam naturam passibilem deus, in qua pateretur a gente tenebrarum quicquid ei facere potuit, ut tamen ipse in sua substantia nulla ex parte mutaretur, sicut uerbum dei, qui est filius dei, etiam

1 tuerę *V* 3 et] ut *P* 6 nolui *P* 7 debellarent *P* ipsa *P* 8 malus] manus *P* 9 uolui *P* 10 futurae] in sua futura *P* 11 regnũ *P* 12 extenderet] hostenderet *P* infelititatem *V* quae] quā *P* 13 premat *PM* eam] et *V* ea *P* totũ *P* 14 pristinũ *P* 15 respondere *V* minime] in me *P* possim *P* 16 quid—pati (*m. 2 suprascr.*) *F* 17 possent F^2M quod] quid *FV* 19 adseuerat F^1 20 benignissimus *V* quod] quam *M* 22 suscepi *P* generis humani *P* 23 homini *P* patientiā *P* 24 exemplo *P* 25 in difficultatem *P* infirmitatem *PFV* 26 qui *P* elationis *V* heleccionē *P* ceciderunt F^1 27 homini *P* nostrae *P* 28 quia] qui *P* pacientia *V* 30 a] ad *P* 31 suscepi *P* deus *om.* *P* ad iente *P* 32 poterit *P* 33 est *om.* *F*

ipse sicut pater incommutabilis suscepit hominem mortalem, ut integra et inuiolata deitate in carne mortali doceret mortales per patientiam mortem uincere et ipsius infirmae carnis futuram in melius conmutationem resurrectione monstraret?

22. Cum ergo esset per se ipsum inuisibilis, uisibilis in homine adparuit, quem de femina suscipere dignatus est, ut in euangelio legimus. dicit et apostolus: f a c t u m d e m u l i e r e. et isti dicunt: quare non ait ex uirgine? non intellegentes, quod consuete dictum sit secundum proprietalem linguae usum scripturarum, sicut de Eua dictum est: f o r m a u i t e a m i n m u l i e r e m, antequam uel ostenderetur uiro. quamuis Maria non incongrue propter partum dicitur mulier, uirgo uero, quod uirilem nescierit conuentionem neque pariendo uirginitas eius corrupta sit. quod autem angelus et Elisabeth dixerunt Mariae: b e n e d i c t a t u i n t e r m u l i e r e s, nulla quaestio est, quia reuera benedicta est uirgo inter mulieres. sed ne dicatis „sicut angeli adparuerunt sic habet corpus, ne de femina nasceretur.“ quid? si uobis dicatur: ubi legistis Christum in carne uenisse? nonne dicturi estis: in euangelio? respondetur ergo uobis ibi esse scriptum Christum natum de uirgine. sed solita foeditate dicetis scripturam ipsam falsam esse. nec uidetis aliquem similem uobis caecum hoc posse facere, ut ea, quae uos dixeritis uera, ille falsa esse dicat, et quae dicitis falsa, ille uera esse dicat ac sic aperiatis ianuas omni hominum errori uel sceleri, ut unusquisque, prout uoluerit uel delectatus fuerit, ipsas diuinas scripturas accipiat, respuat uero, quae non intellegens et offensus putauerit mala et non inueniatur haec regula, errores uestri unde tales corrigantur.

23. Accipite integre canonicas scripturas, si integri esse desideratis. si enim intellegeretis uel crederetis certe, quod apostolus dixit, per feminam nostrum genus fuisse deceptum — ait enim: t i m e o, n e s i c u t s e r p e n s E u a m s e d u x i t a s t u t i a s u a, s i c e t u e s t r a e m e n t e s c o r r u m p a n t u r — possitis intellegere per

6 cf. Luc. 2 7 Galat. 4, 4 10 Gen. 2, 22 14 Luc. 1, 42 30 II Cor. 11, 3

2 integra] integra ipsae *P* 3 uinceret *V* futura *P* 4 resurrectionēqųę V^2 9 proprietatem linguae *omissa uoce* usum *VPM* 11 incongruoe *P* 13 helisabeth *(pr.* h *s. l.) F* 14 in mulieribus *P* 15 benedicta es *P* 16 habet] abere *P* 17 quid *om. P* in carne *om. FVP* 19 ibi] ubi *FV* foeritate *P* 20 dicente scriptura *P* aliquā *V* 21 caecum] cetum *V* ad caecū aut posse *P* illae *(post* uera) *P* 22 ille *(ante* uera)] illa F^1MPV esse *s. l. V* 23 omni] homni *P* omīū *FV* erroris *P* 24 uel delectatus] et del. *P* 25 intelligerens *P* 26 non] non iam *VPM* hac regula *M* mala ex regula *P* erroris *PM* 29 dicit *P* 30 ęuam *F* 31 possetis F^2M

feminam nostrum genus oportuisse liberari, ut quoniam per feminam mors facta est, per feminam uita recuperaretur, atque ita demonstraretur non ipsam creaturam femineam esse culpandam, cuius est deus conditor, sed uoluntatem, qua Eua peccauit. sed timent maiestatis illam incoinquinabilem et ineffabilem-potentiam in uirgineo utero credere fuisse, ne sanguine eius pollueretur, cum et in apostolis et in multis dignis feminis et habitauerit et nunc habitet, qui utique corpora habent et sanguinem habent. si enim in Maria coinquinari potuit, et in omnibus potuit; si autem non potuit in illis, utique nec in Maria potuit, in cuius uisceribus susceptionem corporis operata est dei sapientia.

24. Certe ipsum Manichaeum de patre atque de matre natum fuisse non negabunt, cuius animam secundum suum errorem deum esse omnipotentem similiter non negabunt. qui se mira superbia adsumptum a gemino suo, hoc est spiritu sancto, esse gloriatur. et utique si geminus est spiritus sancti, et ipse spiritus sanctus est et ipse deus omnipotens ut spiritus sanctus. qui tamen Manichaeus carnem habuit, in qua si coinquinatus est spiritus sanctus aut eius anima gemina spiritus sancti, coinquinabilem deum colunt. si uero nusquam deus coinquinatur, cum etiam lux corporum caelestium usque ad terras perueniat et non coinquinetur, cum manifestum sit solem istum, cui genu flectunt, in omnibus stercoribus et putoribus radios suos expandere et eos nusquam coinquinari: desinant blasphemare et rogent deum, ut ab errore liberentur. incoinquinabilis enim substantia non ideo non coinquinatur, quia nihil adtingit, sed quia permanet in sua munditia, qualecumque sit quicquid adtigerit. sicut corpus inuulnerabile aut inpenetrabile numquid illud dicimus, quod non percutitur ferro, sed potius, quod etiam cum percutitur non penetratur? et ideo magis probatur filius dei non posse de sanguine feminae coinquinari, quia per feminam natus est. quamquam si non per feminam nasceretur et membra illa deuitasset, uideretur indicasse posse se inde pollui et minus a nobis fidenter incoinquinabilis diceretur. consecrauit autem uirginitatem, quia de uirgine nasci uoluit et sola illi mater in terris

1 liberare *P* 3 femineam] feminae amen se *P* fei'e *M* 4 qua] quā *V* 5 inquoinquinabilem *VP* in uirgineo] uirgineo *F* in uirginis *MP* 6 de sanguine *P* polluetur *P* 7 in multis] multis *M* inhabitauerit *P* 8 et *om.* *FV* et—habent *om.* *P* sanguine *V* 9 omni *V* 12 de matre] matre *PM* 13 anima *FVP* 14 mire *V* 15 assumptum] assūto *P* spiritu] ab sp. *V* abs sp. *P* 16 geminis *F*[1] sanctus sp. *VPM* 23 eos] eis *M* 25 incoinquinatur *V* 27 quicquit *V* 28 non percutitur] percutimur *P* 29 filius *F*[1] 30 n̄ coinquinari *P* 31 quamquam] quam *M* 32 deuitasse *P* 34 illi] illa *VP*

eligenda erat ad suscipiendum hominem, qui iam patrem habebat in caelis.

25. Sed dicunt: quare ergo negauit matrem suam, quando ei dixit: quid mihi et tibi, mulier? et quando, cum ei nuntiatum esset, quod eum uellet uidere, respondit: quae est mater mea aut qui sunt fratres mei? ac eos potius in hunc adfectum conputauit, qui facerent uoluntatem patris eius, quia exemplo suo iam docebat negandos esse terrenos parentes propter deum. opera enim diuina facienti terrenus adfectus obstrepere non debebat. nam si propterea non habebat matrem, quia negauit matrem, nec Petrus et ceteri apostoli habebant patres, quia monuit eos dicens: et patrem ne uocaueritis uobis super terram; unus enim est pater uester, qui in caelis est. quod ergo eos monuit de patre terreno, hoc de matre prior fecit. hoc ergo dicimus sapientiam dei suscipiendo hominem non esse coinquinatam; sed misericorditer ad hominum salutem hominem suscepisse, ut fieret, sicut apostolus dicit, mediator dei et hominum homo Iesus Christus. non enim dubitanti discipulo suo mentiri potuit, qui dixit: ego sum ueritas, quando cicatrices uulnerum suorum, ut etiam manu tangeret, praebuit. quomodo enim huic in aliquo securi fidem haberemus, si discipulo suo sic mentitus esset? absit talis blasphemia nec eos ipsos in sempiternum reos teneat, qui hoc audent adserere aut credere; sed euigilent aliquando et intellegant, quam nefaria peruersitate ista credantur.

26. Nos autem Christum dominum uerum hominem suscepisse credimus et in ipso uisibiliter inuisibilem hominibus adparuisse, in ipso inter homines conuersatum fuisse, in ipso ab hominibus humana pertulisse, in ipso homines docuisse, a quibus esset recedendum, quid esset perferendum, quo esset tendendum. totum autem hoc nulla fecit necessitate. unde ipse dicit: propter hoc me pater diligit, quia ego pono animam meam, ut iterum sumam illam. nemo tollit eam a me, sed ego pono eam a

4 Ioh. 2, 4   5 Matth. 12, 48   11 Matth. 23, 9   17 I Tim. 2, 3   19 Ioh. 14, 6   20 cf. Ioh. 20, 27   30 Ioh. 10, 17 sq.

1 erigenda *P*   quia *P*   4 tibi] tibi est *M*   nuntiata *F*[1] nuntiatam *VP*   6 ac] et *VP*   7 faceret *P*   8 negando *V* negando suo *P*   9 faciendi *P*   effectus *V*   obstrepebat (*et in marg.* n̄ debebat) *F*[2]   12 nobis *F*[1]   15 sapientia *VP*   coinquinata *V*   16 ad] ob *VM*   18 dubitanti tibi *P*   20 huic] *om.* *V*   21 discipulos suos *P*   est *VPM*   22 blasphemie *P*   tenet *P*   24 nefariā peruersitatē *P*   25 Christum *om.* *V*   26 creditur *P*   28 recedendum] credendum *V*   29 quo] quod *VP*   30 nullo *V*   32 summam *VP*   tollet *V*   eam] ea (*bis*) *V*

me ipso; potestatem habeo ponendi eam et potestatem habeo iterum sumendi eam. non ergo mali necessitate amisit eam. uoluit enim, ut illa, quae in passione eius facta sunt, omnia fierent ad humanam naturam docendam, non ad suam tuendam. sicut enim nos, qui ex anima et corpore constamus, cum sumus inuisibiles secundum animam, uisibiles autem secundum corpus, omnia, quae uisibiliter siue honoris et beneficiorum accipimus siue contumeliae uel iniuriae patimur, ad animam, quae inuisibilis est, tamquam ad principem necesse est ut referamus, quia ipsa corpori principatur — nam et cum simus secundum animam inmortales, cum mortui corpore fuerimus, nos mortui dicimur — ita et dominus secundum carnem et formam serui, quam suscipere dignatus est, et contumelias passus et uincula et flagella et mortuus esse manifestatur: ut omnia ueridice ueritas et nihil falso fecisse credatur, quia potestate ac uoluntate uerbum caro factum est et natus et passus et mortuus et resurrexit nulla sua necessitate, sed uoluntate et potestate, cuius nulla pars aliquando depraedata, nulla nunc usque captiua est non solum diuinae sed nec ipsius mortalis quam suscepit, sed nec umquam capi poterit nisi ab eis, qui ei per fidem uoluerint mundo corde coniungi, non sicut deus Manichaei, qui necessitatis malo pressus hodie hic ex parte, quod negare non possunt, in miseriis et calamitatibus uolutatur.

27. Intellegite sane, si potestis, etiam inter ipsos homines quantum distet inter necessitatem et uoluntatem. si quis uerbi gratia merito peccati sui in carcerem iubente iustitia mittatur, alius adsit uir sanctus, qui eundem carcerem ingrediatur propter illius consolationem aut liberationem, numquid ambo in carcere ex una causa constituti sunt? ille missus est, ille ingressus; ille poenam patitur, ille misericordiam facit; ille ingressus est, cum uoluit, egressus est, quando uoluit; ille nisi interueniente indulgentia nullo iure poterit liberari. et hoc homines facere possunt et praestant libere beneficium, cum aliquando sibi nihil cupiant praestari. cogitate ergo iam, si deus potest pati aliquam necessitatem, cum possint homines bene facere uoluntate nulla mercede conducti, nulla necessitate conpulsi. nullam ergo necessitatem patitur deus neque

1 ponendi anima mea *in marg.* V 2 necessitatem V 3 ut illa] ab illo ut illa P passionē P 4 humanē P 7 qua P 8 contumelia P patimus V 9 quia] que P 10 et] ea P 14 ueredice F^1 ueredic& P falsa V 16 et passus] est passus P 18 captiua est] captiuitate P 19 his FVP 21 ex parte] expressus P 24 distat V 25 merit ob peccati P in *s. l. a m. 2* F 26 illus V 27 carcerē F 30 induliencia P 33 si *om.* P 34 uoluntatē nullam P 35 nullam] nulla V

necessitate facit, quae facit, sed summa et ineffabili uoluntate ac potestate.

28. Et tamen uos maxime secundum errorem uestrum non debuistis obponere istam contradictionem, qua dicitis: quid facturi erant Iudaei Christo, si nollet ab eis pati? quia secundum eiusdem Manichaei blasphemias Christus carnem non habuit nec aliquid a Iudaeis passus est. sic enim in epistula Fundamenti dicit: inimicus quippe, qui eundem saluatorem iustorum patrem crucifixisse se sperauit, ipse est crucifixus, quo tempore aliud actum est atque aliud ostensum. princeps itaque tenebrarum adfixus est cruci idemque spineam coronam portauit cum suis sociis et uestem coccineam habuit; acetum etiam et fel bibit, quod quidam dominum potasse arbitrati sunt. atque omnia, quae hic sustinere uisus est, tenebrarum ducibus inrogata sunt, qui clauis etiam et lancea uulnerati sunt.

29. Utquid ergo obponitis dicentes: quid facturi erant Iudaei Christo, si nollet ab eis pati? cum de passione ipsius ita sentiatis, ut non ipsum deum passum aliquid in corpore suo, sed principem tenebrarum illa omnia passum putetis. contra fidem autem nostram quomodo ista obponatis?

30. Nos enim credimus, ut in euangelio scriptum est, quia Christus uoluit pati, et, quando uoluit, passus est; non enim quando uoluerunt Iudaei passionem ipsam fecerunt. uolebant quidem tenere eum et occidere et secundum uoluntatem suam iam perfecerant scelus, quod conabantur, et iam rei erant inmanissimi peccati, quia uolebant, etiamsi nihil fecissent; tamen ille, qui potestatem habuit ponendi animam suam, quando uoluit eos facere permisit, qui legionibus angelorum potuit iubere, ut Iudaei perirent, uel uno uerbo suo omnes interimere.

31. Dominus ergo Christus secundum hominem, quem suscepit, passus est; et nullum membrum eius hodie tenetur a Iudaeis uel mortalis corporis, quod susceperat, sicut supra diximus. nam deus uester, o Manichaei, labe ac uastitate inpendente pressus est, non

26 cf. Ioh. 10, 17 29 cf. Matth. 26, 53

1 ac] hac *P* 3 uestrā *P* 4 obponere] hoc ponere *V* 7 pássus est] ēe passus *V* 10 aliud actum] hauctum est aliut [a'q,] aliut *P* 11 idemque] id est quae *V* 16 obponitis] hoc ponitis *V* 17 cum de] unde [quia] de *F* unde de *V* 20 uestram *P* 23 uoluer*t̆ (*corr. ex* rit) *F* quidam *P* 24 perficerent *P* 25 rei erant] regerent *P* 26 illę *V* 28 ut] et *VP* 29 interimeret *FVP* 31 nullum] in nullum *FV* 32 mortales *V* sup [at] *F* 33 o] ho *P* ac] a *P*

libera uoluntate processit ad pugnam, sed necessitate conpulsus est; nec praestare aliquid uoluit, sed resistere conabatur. qui etiam in sua substantia, non in suscepto mortali corpore deuoratus atque conmixtus est; qui ex parte hodie tenetur, ex parte in globo semper tenebitur. et tamen quis ferat tam incredibiles blasphemias, quas isti de ipsa passione domini proferre non dubitant?

32. Omnes apostoli, omnes linguae rationales dominum Christum passum esse clamant, omnis sana fides Christum pro nobis passum confitetur, et Manichaeus daemones omnes illas passiones adserit pertulisse. non enim propterea dicit eos passos, quia de ipsis dominus triumphauit et de ipsis nos per patientiam triumphare docuit. sed quia dominum Christum negant habuisse carnem mortalem. quibus dicimus: si non habebat carnem mortalem, quid erat, quod tenuerunt Iudaei? quid erat, quod in cruce pendebat? quid confixum erat clauis in ligno? quid est percussum lancea, unde sanguis et aqua profluxit? si enim uisa sunt tantum fieri et facta non sunt, phantasma erunt: quod nefas est credere.

33. Si autem uere facta sunt, non tamen in carne mortali, sed in ipsa diuina substantia facta esse dicitis, mutabilem dicitis esse diuinam substantiam et uisibilem carneis oculis et palpabilem carneis manibus et uulnerabilem ferro: quae rursus nefas est credere. et ideo dum timet dicere Manichaeus, quia ista facta non sunt, et iterum timet dicere, quia in diuina substantia facta sunt, et non uult confiteri, quia nec intellegere potuit, quomodo filius dei, per quem facta sunt omnia, sine aliqua mutatione uel coinquinatione diuinae substantiae suae hominem cum carne susceperit: coactus est dicere, quia non Christus, sed princeps tenebrarum cum suis sociis illa omnia passus est. miseri! non timetis, ne dicatur uobis in iudicio: ego uos liberaui, pro quibus passus sum; ite, ille uos liberet, cui meas ascribitis passiones.

34. Dicitis magno errore, sed tamen dicitis Christum cotidie nasci, cotidie pati, cotidie mori. numquid forte in iis, qui credunt et pro nomine ipsius tribulationes mortemque patiuntur? non, inquiunt, sed in cucurbitis et poris et in portulaca et ceteris huiusmodi rebus. magna ridicula, magna caecitas: superius passi-

2 quia *P* 3 in suscepto] ex suscepto *P* 5 incredibilis blasphemia *V* 6 propherre *P* 7 rationes (nes *in ras. et in marg.* nabiles *a m. 2*) *F* 8 esse] eum *P* 12 habuisse] abbuisse *P* 13 quid] qui *V* 14 tenuerunt] teneř *P* confixus *P* 16 profluxit] profulsit *P* 17 phantasmata erant *PM* nephas *P* 19 substantiā *V* 22 diceret *V* 25 uel *om. F* 26 carnē *V* 27 coactus] quohactus *P* 30 cui meas] cum *eas (a *ras.*) *P* 31 dicitis] dicitis tamen *VP* 32 his *FVP* 34 in porris *VPM* in *ante* portulaca *om. VP* 35 superioribus *P*

onibus daemonum, hic passionibus holerum homines liberantur a peccatis.

35. Item cum eis dicimus: quid factura erat deo gens tenebrarum, si nollet cum illa pugnare? dicunt: nihil fieri potuit deo incorruptibili. non enim si quis uerbi gratia sphaeram uitream solidam unguibus lacerare uoluerit, aliquid ei umquam faciet saeuitia unguium suorum. sed si uel talem substantiam diuinam isti esse fingerent, ut omnis saeuitia gentis tenebrarum talis ad illam esset, quales sunt ungues lacerantis ad sphaeram uitream, non deus Manichaei hodie luctum pateretur de partis suae abscissione uel amissione: quam partem dicunt, cum in fructibus uel in herbis fuerit, id est in melone uel beta uel talibus rebus, et principium suum et medietatem et finem nosse, cum autem ad carnem uenerit, omnem intellegentiam amittere; et propterea magister hominibus missus sit, quia stulta in illis facta est pars dei, et propterea non sit missus melonibus, quia sapientem habent animam.

36. Quis ista credat uel ab hominibus aliquando uel inter homines posse dici? sed tamen quomodo nihil mali patitur substantia dei uestri, cum et in pomis ligatur et in carne excaecatur uel cum uolens redire deicitur ad terras a gente tenebrarum? sed si nihil ei mali contigit uel contingit, falsa omnia sunt, quae Manichaeus dixit in epistula Fundamenti, quae caput est omnium uanarum fabularum, uel in Thesauro, qui thesaurus est omnium turpitudinum et blasphemiarum, uel in ceteris omnibus libris, in quibus tanta loquacitate nihil aliud quam infelicitatem substantiae dei, quam conmixtam dicit principibus tenebrarum, et in diuinis uirtutibus tristitiam propter illam magnam sollicitudinem ut liberetur adfirmat. nam reuera nihil mali aut potuit aut poterit pati substantia dei nec aliquem habet inimicum, qui eius partem ingenitam corrumpat, sed homines sunt deo uel potius sibi inimici non obtemperando praeceptis dei et cupiditatibus se potius corrumpendo, non deum.

1 hominis *V* 3 qui *V* 4 cum] cū̦l *V* potuit] potherit *P* 5 incorruptibili] incorruptibili deo *P* spérâ *F* speram *V* sperauitream *P* 7 uel (*s. l. a m. 2*) *P* esse isti *P* 8 gentes *V* ad illam] ut illa *F* 9 ad sphaeram] adesphorā (*in marg.* ad hanc speram) *F* ad speram *VP* non] nā *P* 11 parte *P* herbis (h *s. l.*) *P* uerbis (u *s. l.*) *V* 12 melōne *F* mellone *P*. 14 et] ei *P om. V* 17 hominibus] omnibus *VP* 18 posse dici] post sedici *P* mali *om. V* 19 legatur *P* 20 redire] reire *P* ad] a *P* 21 nihil] michi *VP* contingit] contigit *V* falso *P* 22 cụput *V* 23 tesauro *V* thensauro *F* thensaurus *F* 24 turpitudinem *V* plasphemiarum *F* blasphemiorum *VP* ceteribus *P* omniū *P* 25 infelicitate *V* 28 réuêra *F* 29 inimicum] amicū *P* 31 se] sed *V*

37. Duorum uero testamentorum concordiam si simplici oculo intendere uelitis, o Manichaei, facillime uideretis. rabide enim ferimini in id, quod scriptum est: spiritus dei superferebatur super aquam et: uidit deus quia bonum est et: Adam ubi es? et: deus zelans et: ignis edax et: gladius meus et cetera talia, non considerantes, quia, si alius ita caecus sit, ut reprehendere uelit illud domini, quod in euangelio dictum est: non iurabis per caelum, quoniam sedes est dei; neque per terram, quia scabellum est pedum eius, et hoc dicat quod uos mira dementia dicere soletis: ubi erat deus, antequam esset caelum et terra? aut quod scriptum est: et miratus est Iesus, cum mirari nemo soleat nisi de re, quae illi erat incognita, uidere autem quia bonum est, non sit ignorantis sed quia placuit ei quod fecit. aut illud, quod scriptum est dicente domino: quis me tetigit? et de Lazaro: ubi posuistis eum? et: ego ueni non pacem mittere super terram sed gladium et: ignem ueni mittere in mundum et: ueni, ut qui non uident, uideant, et qui uident, caeci fiant et: uendite res uestras et emite uobis gladios et apostolus: zelo dei uos zelo et: reuelabitur ira dei de caelo super omnem inpietatem et cetera innumerabilia ab ipso domino uel ab apostolis dicta uel facta, quae insanissime poterunt homines accusare non intellegentes. nam et auari uel flagitiosi possunt aliter accipere, quod dominus ait, ut si quis dimiserit, quae habet, septuplum aut etiam centuplum in hoc saeculo accipiat; aut si aliquis uxorem, ancillam uel etiam meretrices dimittere propter dominum uelit spe illius multiplicationis faciat, non amore iustitiae. possunt etiam horrere male intellegentes quod ait: si quis non manducauerit carnem meam et biberit sanguinem meum, non habebit in se uitam. nam quod ait: qui dixerit fratri suo fatue, reus erit gehennae ignis, si dicant stulti, ecce pro conuicio gehenna

4 Gen. 1, 2. 10 5 Gen. 3, 9; Ex. 20, 5; Deut. 4, 24; Deut. 32, 42 8 Matth. 5, 35 11 Luc. 7, 9 14 Luc. 8, 45 15 Ioh. 11, 34; Matth. 10, 34 17 Luc. 12, 49; Ioh. 9, 39 18 Luc. 22, 36; II Cor. 11, 2; Rom. 1, 18 25 cf. Matth. 19, 39 28 Ioh. 6, 54 30 Matth. 5, 22

1 concordia *VP* simplicio *P* 2 uelletis (et *s. l. a m. 2*) *F* uideritis *V* 3 feremini *V* in id] innit *P* ferebatur *PM* 5 ad adā (ad *s. l. a m. 2*) *F* 7 uℓlit *P* 8 sedis *FVP* dei est *VP* 10 diceret *V* 12 mirare *V* nemo] neme *P* solet *V* 13 quia *om. V* 15 eum] illum *VP* uenio *P* 16 igne *V* 19 uobis *om. F* 24 ut] aut *FV* demiserit *F*[1] 26 dimitere *P* 27 amoris *P* orrere *VP* 29 habebit (be *s. l. a m. 2*) *F* abebit *VP* 30 fatuę *FV* 31 gehenne *F* conuiuio *FV* geenne *P*

minatur, quem dicitis misericordem ignoscere peccata: nonne ignorant, ubi caput habeant, et tamen aliquid sibi uidentur dicere? aut quod tam multas animas necandas daemonibus in porcis tradidit, cum tales animas dicatis esse porcorum quales sunt hominum? aut quod arborem, in qua fructus, quia non erat tempus, non inuenit, uerbo aridam fecit quam animam intellegentem dicitis habere?

38. Ecce quanta iniquissimi et caeci homines de diuinis eloquiis possunt dicere, sicut uos in ea, quae mystice facta uel dicta sunt in ueteribus libris, ignorantes ferimini, ut temere accusetis, quod non intellegitis. haec autem cum de nouo testamento uobis obiecta fuerint, dicitis diuina et spiritalia significare. ueteris autem testamenti sanctas litteras figurate posse accipi negatis, cum et ipse dominus figurate inde quaedam dixerit et apostolus Paulus omnia illi populo in figura contigisse scribat. nam et ipse regulam monstrans multa inde exposuit. sed forte dicitis solita uanitate et obtunso corde contra dominum uel apostoli auctoritatem loquentes ueteris testamenti dicta exponi prorsus non posse, solum autem nouum in talibus exponi posse. et non consideratis non uos habere quid dicere, si ab aliis inpiis uobis dicatur uetus potius exponi posse, nouum non posse. mens autem sana utrumque testamentum considerans quaecumque in uno inuenerit expositionem admittere, sine dubio in altero declarabit. multum adparet inperitia uestra uel potius malitia. adtendite in actibus Leuci, quos sub nomine apostolorum scribit, qualia sint quae accipitis de Maximilla uxore Egetis. quae cum nollet marito debitum reddere, cum apostolus dixerit: uxori uir debitum reddat, similiter et uxor uiro, illa subposuerit marito suo ancillam suam, Eucliam nomine, exornans eam, sicut ibi scriptum est, aduersariis lenociniis et fucationibus et eam nocte pro se uicariam subponens, ut ille nesciens cum ea tamquam cum uxore concumberet. ibi etiam scriptum est, quod cum eadem Maximilla et Iphidamia simul issent ad audiendum

3 cf. Luc. 8, 32 6 cf. Marc. 11, 13 15 cf. I Cor. 10, 11 27 I Cor. 7, 3

3 negandas *V* 4 homines *P* 5 quos arbore^{i} *P* 6 uerba *V* animam *om. V* 10 feremini *FVP* 11 abiecta *V* 12 spiritalia (*dupl. pos.*) *F* ueteri *P* 13 figuratur *P* 14 figuratur *P* inde] indie *P* 15 figurā *FV* futuram contigisset *P* scribet *P* 16 dicit *V* 18 expone *P* 20 quod *VP* dicatis *P* 22 expositione amittere *V* expositione admitere *P* 23 declarauit *VP* 24 hactibus *P* leucii (*alt.* i *add. m. 2*) *F* quos] quod *V* 25 scribit quam •ariti debitum redere *sqq. P* 26 egêtes (es *in ras.* e *ex* i *corr. uid.*) *F* eg&es *V* 27 similiter—suam *om. P* 29 eam] eum *P* scriptum] dictum *P* fugationibus *FV* 30 uicarium *V* 32 ea demaximilla *F* hifidama *V* ifidama *PF* issent] essent (n *s. l.*) *V*

apostolum Andream, puerulus quidam speciosus, quem uult Leucius uel deum uel certe angelum intellegi, commendauerit eas Andreae apostolo et perrexerit ad praetorium Egetis et ingressus cubiculum eorum finxerit uocem muliebrem quasi Maximillae murmurantis de doloribus sexus feminei et Iphidamiae respondentis. quae colloquia cum audisset Egetes credens eas ibi esse discesserat. quid ad haec dicitis? rogo uos. quare non timuit Maximilla per turpissimum lenocinium ancillae suae ligare animas in carne? cum autem illum puerulum tam turpiter credatis esse mentitum, quis uobis credat loquentibus, quando si mentiamini, dominum uos dicitis imitari?

39. Sed uos temeritate pleni adhuc inruite in ueteres libros, ut quae nescitis potius accusare quam discere laboretis. considerate, quae ibi miracula sint. si miraculis noui testamenti delectamini, ibi mortui primo suscitati, ibi leprosi primo mundati et alia multa quae diligenter et pie quaerentibus ad aedificandam fidem innotescunt. si autem bonis praeceptis delectamini, ibi primitus scripta sunt duo illa praecepta, quae sublimiter dominus laudat de diligendo deo et proximo, ibi dimittenda domus parentes et filii et cetera propter dominum, ibi non reddendum malum pro malo, ibi orandum pro inimicis, ibi inimico ignoscendum, ibi tradenda maxilla ad accipiendam alapam et quaecumque in nouo testamento praecepta sunt non solum ibi mandata sed etiam a sanctis uiris omni uigilantia conpleta. numquid et hoc poterit dicere malitia uestra quaecumque bona et magnifica ibi scripta sunt falsa esse et adposita? illa uero, quae non intellegentes putatis mala, ea tantummodo uera esse? debetis enim adtendere alios similiter inpios ita de nouo testamento facere posse, ut quaecumque ibi sunt, quae non intellegentes putauerint mala, ea reprehendant et dicant ipsa ibi esse sola uera, illa autem omnia, quae ibi aperte magnificata sunt, dicant esse falsa atque ab amatoribus domini

18 cf. Matth. 22, 37 sqq.; cf. Matth. 19, 29 19 cf. Rom. 12, 17; 20 cf. Matth. 5, 44; cf. Luc. 6, 27; Matth. 5, 39

1 puerolus *F* leutius *V* 2 andrea *P* 3 perrexerit] perdix̄ *V* perrex̄ *P* p̄teritum *V* egetes *F*¹*V* aeg&es *P* 4 earum *VP* fincserit *P* fingeret *FV* maximilla murmurantes *F* 5 et Iphidamiae] eifidama *V* eifidamę *F* & ei'fide me *P* respondentes *FP* quae colloquia] que tū loquia *P* 6 cum] quia cum *FV* ea sibi *P* ibi] ubi *V* discesserat (*sup. exp.* a *scr.* i *a m. 1*) *F* discessent *V* 7 quare] quasi *V* 9 puerolum *F*¹ 11 liberos *F* 14 mortuo *P* 15 diligentib' *FVP* hedificandam *V* 18 deum et proximum *P* parentis *P* et *om. P* 19 redendū *P* 20 orand[vm] *F* horatū *P* tradendā maxillā *FV* 21 ad *om. V* 24 bone *P* 26 esset *V* debitis *P* 28 quae] in quae *P* reprehende *P* 29 esset *V* 30 magnifica dicat̄ ēe falsa *V* magnifica sunt et essę falsa *P*

adposita, ne omnia uiderentur fugienda, ut et uos et illi tali caecitate percussi iam iudicati et damnati fugiamini. tandem uigilate et a blasphemiis conquiescite atque omnium sanctarum canonicarum scripturarum, si christiani esse cogitatis, auctoritatem recipite et quae non intellegitis accusare nolite, sed potius eorum intellectum desiderate.

40. Nam quale est etiam illud, quod resurrectionem carnis negatis? Paulus apostolus clamat: seminatur in corruptione, resurgit in incorruptione; seminatur in contumelia, surgit in gloria; seminatur in infirmitate, surgit in uirtute; seminatur corpus animale, surgit corpus spiritale; et uos contra reclamatis carnem hominis non posse resurgere et eam tenebrarum principem habere auctorem, cum eandem apostolus membra Christi et templum spiritus sancti esse dicat. nescitis, inquit, quia corpora uestra membra sunt Christi? quod non utique secundum infirmitatem praesentis corruptionis, quae de peccati originalis poena descendit, sed secundum adoptionem futurae resurrectionis dicit, sicut et alibi ait: et ipsi in nobis ingemiscimus adoptionem expectantes redemptionem corporis nostri. alibi etiam eandem carnem ecclesiae conparauit, cum de coniugio loqueretur, dicens: nemo enim umquam carnem suam odio habet, sed nutrit et fouet eam sicut Christus ecclesiam. quod ergo alio loco dicit: caro concupiscit aduersus spiritum, spiritus autem aduersus carnem, non carnem damnat, ut eam tamquam inimicam existimemus, sed admonet potius, ut subiugemus nobis eam, ut ad bona opera concipienda et parienda uelut coniux spiritui seruiat: quod dicit non posse fieri nisi gratia dei per Iesum Christum dominum nostrum. non enim natura carnis, sed poena eius nobis reluctatur, quia peccato meruimus esse mortales. nam iterum dicit: corpus uestrum templum est in uobis spiritus sancti. et tamen cum ipsa caro propter praesentem infirmitatem foenum appelletur,

8 I Cor. 15, 42 sqq. 14 I Cor. 6, 15 18 Rom. 8, 23 21 Ephes. 5, 29 23 Galat. 5, 17 30 I Cor. 6, 19 32 Es. 40, 6

1 talę (i *s. s.*) *F* tale *V* 3 a *om.* *FP* 4 et esse *P* auctoritate *V* 7 i illud (i *in ras.*) *F* quod] quo *V* post *P* resurrectione* (s *er.*) *V* 8 corruptionē *V* 9 resurget *P* incorruptionē *V* surget *P* 10 surget (*bis*) *P* 13 habere auctorem] abere principem hac torē *P* 15 inquid *V* quod] que *P* 17 originali *P* 18 et *om.* *P* 19 iniemescimus *P* adobtionem *V* expectantes||expectantes redē cionis *P* 20 eundem *P* ęclesia *F*[1] 22 hodio *VP* fouit *VF*[1] 23 ęclesiam *F* 25 dampnat *V* inimica *V* 26 ut] uh *V* ut ad] ad *V* concupienda *VP* 27 seruat *P* 28 posset *P* 29 relutatur *V* 30 peccatum *V* 32 cum ipsa *om.* *V* appellatur *P*

creditis Iohannem de foeno aurum fecisse et non creditis deum omnipotentem de corpore animali spiritale corpus facere posse. nam propter ipsam conmutationem carnis, quae futura est, quoniam de ista carne caeleste corpus deus facturus est, quando erimus aequales angelis dei, propterea uerissime dicit idem apostolus: caro et sanguis regnum dei non possidebunt.

41. Sed non mirum, quod ita caeci estis, ut non posse ab omnipotente deo ista fieri putetis, cum etiam dicitis mundum uel omnia, quae facta sunt, non potuisse aliter deum facere nisi magna et miserabili necessitate et nisi esset materia, quae illum ad operationem mundi adiuuaret, ut inde posset partem suam liberare. eligite ergo nunc, quid sequi uelitis: deum minus potentem et infirmum, qui necessitate partis suae in miseria constitutae a materia, quam ipse non fecerat, ut mundum faceret adiutus est, an deum omnipotentem, qui nulla necessitate, sed propria uoluntate et summa potestate dixit, et facta sunt, mandauit et creata sunt; qui uocat ea, quae non sunt, tamquam ea, quae sint.

42. Uos ergo homines, qui ista inpietate Manichaei estis decepti, fugite, festinate, dum licet, ne damnationem aeternam ab illo iusto iudice mereamini; paeniteat uos peccatorum uestrorum, si cupitis liberari, et nolite audire Manichaeos dicentes: non peccamus nos, hoc est animae lucis, sed peccat gens tenebrarum. si enim ita est, quare nos terrent, ut eis credamus? non enim possunt dicere, quia infidelitas non est peccatum, cum scriptum sit: qui non credit, iam iudicatus est.

43. Si ergo infidelitas peccatum est, et non peccat nisi gens tenebrarum, restat, ut ab omni peccato pars lucis inmunis inueniatur. omnes ergo ad regnum redeunt, quia ipsi non peccant, et nihil timendum est alicui animae, quia nihil peccat, et falsa sunt, quae Manichaeus dicit, succisiuam lucis partem, hoc est animas

5 cf. Matth. 22, 30   6 I Cor. 15, 50   16 Psal. 32, 9 Gen. 1, 3   17 Rom. 4, 17   25 Ioh. 3, 18

1 fęno (u *in* o *corr.*) *F*   2 corpora *P*   3 nam] An *P*   4 dñs *P*   6 possidebit *VF*[1]   7 estis] esti *V*   8 mundum] nondum *V*   10 miserabile *F*[1] mirabili *V* mirabile *P*   matheria *P*   12 elegite *V*   13 necessitatē *P* necessitate est *V*   miseriae *P*   ad materie *P*   15 an] ante *V*   deum *om.* *P*   necessitate *P*[1]   17 qui] quia *V*   ea *post* tamquam *om.* *VP*   19 decepti *om.* *P*   20 lucet *P*   damnationis *P*   iuste *P*   21 iudicē *V*   mereamini paeniteat (mereamini p *in ras.*) *P*   errare peccatorum pondere uestrorum (errare *et* pondere *add. m. 2*) *F*   22 liberare *F*[1]*V*   23 ita] ista *V*   27 ergo] enim *P*   28 ut *om.* *V*   31 dixit *V*   subsiciuā *VP*, (*in marg.* succidiuā *a m. 2*) *F*

peccatrices damnari ad custodiam globi, ut aliqua securitas diuinis regnis in periculo constitutis tandem aliquando conparetur. necesse est ergo, ut aut pars lucis peccet aut pars tenebrarum. sed si pars lucis peccat, deus peccat, quod nefas est dicere; si autem pars tenebrarum peccat, ipsa uocatur ad regnum per eum, qui dixit: non ueni uocare iustos sed peccatores, quia non est opus sanis medicus, sed male habentibus. illa autem diuinitas de diuinitate et lux de lumine tenebrarum generi degenerans in aeternum sociatur.

44. O detestandum mentis errorem talia credentium! uellem tamen, ut adtenderetis et uidere uelletis eum, quem naturaliter summum malum esse dicitis, non posse fieri, ut malus sit, quoniam si quicquid facit, sic facit, ut a natura sua recedere et aliter facere non possit, prorsus nihil peccat; si autem nihil peccat, nihil mali faciat et ideo, si nihil mali fecit, non est utique malus. restat itaque, ut pars dei, quae deus intellegitur, quam animam dicitis, sola sit rea omnium peccatorum et omnia illa, quae accusanda insanissime putatis, in deum uestrum refundatis. sed quid ueritas clamat? corpus cum exanime est peccare non posse, sed per ipsum posse peccari; animam uero inrationalem quidem peccare non posse, quia nec praecepta rationis potest accipere neque ad beatitudinem peruenire, sed in suo gradu seruare ordinem naturae, quem accepit; rationalem autem, quia potest recte factorum rationabilia praecepta percipere et recte factis ad aeternam beatitudinem peruenire, si hoc peccando noluerit, iuste ad inferiora damnari, quia inter ipsam et deum non separat nisi uoluntas praua.

45. Legite, Manichaei, et omni uigilantia ista discutite et magis magisque legite atque discutite, sed animo aequo, non animo inimico. legite illud adtendentes, quia erit uobis in futuro iudicio ista scriptura testis, si agnoscentes uera esse, quae dicta sunt, ad sinum matris ecclesiae catholicae, quae sola ueritatem docet, omni cursu non festinaueritis.

6 Matth. 9, 13

1 custodiãndą (ã *corr. ex* e) *F* custodiendã *VP* 2 cũparereturur *P* 3 aut *pr. om. P* 6 non] non enim *P* 7 illae *P* 8 degerans *V* 10 detestandam *P* 11 uelitis *V* 12 possũ *P* 13 a] an *P* 15 male (*bis*) *P* faciat] facit *VP* fecit] facit *PV* 19 exanime est] ex anima ẽe *F* 20 peccari *om. P* inrationalẽ (lẽ *s. l. add m. 2*) *F* irrationa**lem (bi *er.*) *V* 23 factụrũ *F* facturum *VP* 25 peccandũ *P* 26 ipsa *VP* parua *V* 28 mẹquo *F* 29 quia erit] querit *P* 30 testes *P* 31 docet] decet *V*

46. Iudicate tandem atque eligite, Manichaei, quem sequi uultis: patrem ingenitum, filium unigenitum, spiritum sanctum in patris et filii unitate communem, unum deum omnipotentem, incorruptibilem, inadibilem, incommutabilem, uerum, bonum, sanctum, clementem, iustum, qui non habet partes quia unus est, neque eius particula separari ab eo potest, quia inseparabilis est, neque aliquid eius inmutari potest, quia totus incommutabilis est, neque uel leuiter quoduellet eius substantiae corrumpi potest, quia totus incorruptibilis est, qui uoluit, et facta sunt omnia, quaecumque sunt, quaecumque uiuunt, quaecumque intellegunt — ipse enim summa substantia, summa uita, summa ueritas est — qui praecepit, et ordinata sunt omnia suis locis et tamporibus bona; qui rationalem creaturam omni ceterae creaturae praeficere dignatus est; qui ei per superbiam a suis legibus uoluntate lapsae et uisibilia sequenti misericorditer per suos ministros ac per se ipsum signis quibusdam uisibiliter et exemplis et praeceptis demonstratis, quibus consurgere ualeret atque ad aeternam uitam renoua-
47 retur loqui dignatus est; quem praedicat catholica fides: an illum deum, qui falso dicitur incorruptus, quia postea inuenitur malo necessitatis obpressus; timidum, quia inminente labe ac uastitate conpulsus ad bellum est; ignorantiae plenum, si suae parti quid contingere posset, uidere non potuit; crudelem, si praeuidit miseriam futuram partis suae et qui cum ea securus posset quiescere, tamen eam misit ad miserabilem pugnam; malum, si cum sibi fieri a mali natura nihil posset, tamen conatus est eam ipse delere; temerarium, qui ausus est congredi cum ea, a qua eius pars et captiua teneretur et in sempiternum macularetur; conmutabilem, quia iam ex parte mutatus est; corruptibilem, quia iam ex parte corruptus est; ex parte meretricantem, ex parte mentientem, ex parte blasphemantem, scelera omnia ex parte facientem, quia his omnibus ex parte conmixtus est; lugentem, uelo luctuoso tectum; subiacentem daemoniis ut lutum figulo et usque ad turpem personam necessitate perductum, ut in pueros et uirgines transfiguratus daemonum libidinem accenderet: quem

1 atque] aut *VP* elegite *VP* legite *F* 5 qui] quia *P* 7 immutare *P* 10 ipsæ *F* ibsae *P* 11 praecępit *F* 14 ei] et *P* eiquę (quę *m.* 2) *F* uoluptate *P* lapsae] lapsa est *F* 17 ualere *V* 19 deum *om. P* falsa *V* 20 mala *VP* tumidum *P* 22 contigere *P* 23 praeuidet *P* 25 si] se *V* est *om. P* 26 ipsae *P* qui] quia *V* quiahusus *P* ea] eam *P* 28 conmutabilem] contumabilē *P* 29 ex partem & ricantem *V* 32 luctuose *V* uelut *P* luctum *V* 33 ad *om. P* 34 uirgines] in uirgines *V* libidine *FVP* accenderē (ē *in* et *corr. est*) *F*

praedicat Manichaeus, aut certe, si potest, neget conscientia uestra teste uobis uero deo aeterno, qui omnes iudicaturus est, unum istorum uobis ipsis negate.

48. Si autem uera sunt, quae dicimus, tandem respicite, tandem uidete, in qua estis morte constituti. humiles estote, si optatis liberari, et nolite superbe et inpie dicere uos ipsos esse deum omnipotentem. hoc enim dicitis, cum animas uestras partes eius esse adseueratis; non enim deus in parte maior, in parte minor est. sed potius dicite uobis: deus incommutabilis est, nos commutabiles sumus; deus incorruptibilis est, nos cupiditatibus nostris corrumpimur; deus incoinquinabilis est, nos peccatis nostris coinquinamur; deus ipsa sapientia est, nos stulti ad sapientiam peruenire conamur; deus ipsa aeterna et beata uita est, nos peccatis nostris miseri sumus et optamus fieri beati: non ergo sumus pars substantiae eius. si enim eius partes estis et haec tanta patimini, restat, ut et ipse iam ex parte haec omnia patiatur et amplius pati potuerit, quod eius contigit parti, nisi per uestram miseriam sibi prouideret. uidete uos ergo quid estis. si partes estis eius, deus estis, si geniti ab illo estis, similiter deus estis: quid tanta peccatorum corruptione turpamini? si autem facti ab illo estis, hoc confitemini, et non iam eritis Manichaei.

49. Manichaeus enim duas dicit esse naturas, unam bonam et alteram malam: bonam quae fecit mundum, malam, de qua factus est mundus. si autem uos deus fecit, non inuenit Manichaeus, unde uos deus fecerit. si enim de se ipso uos fecit, hoc estis quod ipse. non ergo debeatis tanta peccatorum corruptione turpari, sicut iam dictum est. si autem de alieno uos fecit, non ad illum pertinetis, quia sic uos fecit quomodo mundum. si autem nec de se ipso nec de alieno uos fecit, sed tantum omnipotentia sua uoluit, et facti estis, hoc dicite Manichaeo et renuntiate eius errori. sic enim decet omnipotentem facere, quae uoluerit, sicut catholica dicit: ipse dixit, et facta sunt; ipse mandauit, et creata sunt. dicite uobis: non sumus partes eius, sed sumus opera eius. dicite uobis: si deus necessitate passus est et euadere aliter non potuit nisi partis suae pateretur detrimentum, quis aliquando poterit de talibus necessitatibus liberari? aut quis erit, qui protegat deum non ualentem se ipsum protegere? aut quando me de hac necessitate

31 Psal. 32, 9

1 negat *V* 2 uero uobis *P* 4 recipite *P* 5 obtatis *VP* 6 dicaere *P* ipsos uos *P* 8 *pr.* partem *V* 11 corrumpim' *V* inquoinquinabilis *V* quoinquinamur *V* 12 ipse *P* sapientia *V* 14 non] nos *V* 17 contingit *P* 19 dš est seieniti *P* 22 enim] autem *P* 26 debebatis *P* 28 sic] si *VP* 31 dixit *V* 36 protegat deo *VP* 37 uolentē *VP* protegeret *P*

captiuitatis poterit liberare, qui me in integris regnis custodire non potuit? non enim peccantem me inde dimisit, sed ad peccata ipsa me misit. aut quando mihi in alienis miserabiliter constituto prodesse poterit, qui, ut sibi prodesset, me ad tantam perniciem dedit, ne pugnaret? si incorruptibilis est ipse deus, quid ei factura erat illa mali natura, si nollet cum illa pugnare, ne nunc sic ego cruciarer? aut quae ista iniustitia, ut ad globum damner, cum, ille ut modo aliquantulum securus sit, ego hic tanta sustineam? certe quoniam et ego hoc sum quod ipse, quoniam pars eius sum, nullo in regnis eius insignibus indigenti aut infimo constituto uicibus istam miseriam patiamur, ut et ego aliquantulum requiescam et regna illa sine periculo possint esse pacata. quamquam timendum sit, ne ista natura mali nec in globo ipso inclusa custodiri possit. si enim incorrupta regna corrupit et inuiolatam dei substantiam uiolauit, quomodo pars illa lucis, hoc est animae peccatrices, quae uitiatae globo custodiendo infiguntur infirmae ac debiles, quomodo non absorbentur ab ea, ut iterum regna illa diuina nullo iam ualente obsistere tota conturbet? quis enim iam audeat procedere ad bellum, quando cum illa parte, quae processerat, tam inique actum est, ut eius requie nulla sui ciues ad sempiternam globi custodiam damnarentur? aut si non potest perrumpere globum, ut ad lucidum illud tectorium damnatarum animarum perueniat, quid opus est eam contegi diuinorum damnatione membrorum? si autem potest perrumpere globum, quis ei resistet saucius, qui integros sauciauit? absit tam grauis et tam abominanda blasphemia. nolite istam iniquitatem ad aures uestras admittere; nolite tali negotio mortifero uos inplicare. fugite Manichaeum et ad ueritatis catholicae ubera toto desiderio conuolate.

2 f; & (ad s. l.) peccata *F* a peccata *V* 3 ipse *V* 5 ne] non *FVP* 6 mala *P* neç *V* 8 ut *s. l. F* 12 pacata] peccata *P* 13 mali natura *P* 14 inuiolata deus *V* substantia *P* 15 uiolauit. *cetera desunt in FV* 16 uititae *P* 17 obsorbentur *P* 20 actum est] hauctum est *P* pro eius requie *Maur.* nulla *scripsi:* nulli *PM, om. Maur.* ciuis *PM* 22 illū *P* 23 contigi *P* autem] enim *P* 24 resistet] resistit et *P* resistit *M* que *P* 26 admitere *P* 27 catolicae *P* 28 hubera *P*. Explicit tractatus bī Aug. epī contra Manicheos fol. 30 *M*

II.

Commonitorium

Augustini quod fertur.

C = codex Coloniensis LXXX saeculi VIIII.
B = codex Laudensis 133 saec. X ineuntis.
S = codex Sorbonicus 15302 saec. XIII.
P = codex Parisinus 1908 saec. XIII.
T = codex Tellerianus nunc Parisinus 1918 saec. XIII.
D = codex Dauensis 275 saec. X.
Maur. = editio Maurina a. 1680.

II.

COMMONITORIUM SANCTI AUGUSTINI

Quomodo sit agendum cum Manichaeis, qui confitentur prauitatem huius nefandi erroris.

Cum anathemauerint eandem haeresim per hanc formam infra scriptam libellumque dederit unusquisque eorum confessionis et paenitentiae suae atque anathematis eis petens in ecclesia uel catechumeni uel paenitentis locum, si libellus eius episcopo placuerit eumque acceptauerit, det ei epistulam cum die et consule, ut nullam de superiore tempore molestiam uel de publicis legibus uel de disciplina ecclesiastica patiatur. et post ipsum diem si aliquibus indiciis Manichaeus adparuerit, sentiat iustitiae seueritatem, quae talibus adhibenda est: id est, ut ab eius consortio uel amicitia uel quacumque societate christiani se abstineant secundum apostolicam disciplinam. commendentur autem religiosis catholicis uicinis uel cohabitatoribus suis, siue clericis siue laicis, per quorum erga se curam frequentent audientiam sermonis dei et quorum testimonio possint innotescere; nec facile admittantur ad baptismum, si catechumeni sint, nec ad reconciliationem, si paenitentiae locum

2 Incipit communitorium sancti Augustini quomodo sit agendum cum Manicheis qui confitentur prauitatem huius nefandi erroris *fol.* 146[b] *C*[1] *fol.* 88 *L;* incipit cõmonitoriũ beati augustini ad uniuersam eccłam destinatum sub qua cautela manichei si conuersi fuerint suscipi tebeant *fol.* 355[b] *S*; cõmonitiorũ sci augustini epi eccłę catholicę quomodo sit agendum cum manicheis qui conuertuntur et quos penitet huius nefandi (nefandissimi *D*) erroris *fol.* 54[a] *P fol.* 112[a] *T fol. D* 5 Cum manichei qui confitentur et quos penitet huius nefandissimi erroris anathematizauerint *sqq. S* anathematizauerint *PS* heresim *D* heresem *LC*[1] *post* haeresim *add.* manicheorum *DP* per] secundum *DSPT* hanc *om. DSPT* 6 libellumquae *L* libellumqu. *C* dederint *L* edederint *C* 7 eis] eorum *DPT, om. S* 8 cathecumini *CLSPTD* penitentis *SPL* episcopo *om. S* 9 eumquae *L* acceptauerit] susceperit *DPT* det— patiatur (u. 11) *om. CL* cum consule et die *S* nullam] neque *S* 10 *ante* molestiam *praebet* aliquam *S* 11 de *ante* disciplina *om. SPT* aliquid *S* 12 indicii *S* Manichaeus] manicheis *L om. S* saeueritatem *C* 13 talibus] talibus rebus *DP* 14 qualibetcumque *P* 15 disciplinam] auctoritatem *S* commendetur *CL* *post* autem *praeb.* qui epistolas ab episcopo acceperint *DSPT* uicinis *om. CL* 16 coabitatoribus *C*[1]*DP* 17 se curam] se securam *S* frequenter *S* ad audientiam *DPT* 18 admittam *L* admittanτ (τ *s. l.*) *C* 19 cathecumini *CS* cathecuminis *L* sunt *SPT* paenitentiae] sapientiae *L*

acceperint, nisi periculo mortis urguente, uel si eos aliquanto tempore probatos esse cognouerit episcopus per eorum testimonium, quibus fuerint commendati.

Forma ergo, secundum quam debent hanc haeresim qui corriguntur anathemare, haec est.

1. Qui credit esse duas naturas diuersis principiis existentes, unam bonam, quod est deus, alteram malam, quam non creauit deus, ⟨habentem principes suos et mala sua, quae non creauit deus⟩, anathema sit.

2. Qui credit duas naturas bellum inter se gessisse et partem naturae dei in eodem bello principibus tenebrarum et omnibus generibus ad malam naturam pertinentibus fuisse permixtam et ab eis teneri conligatam, obpressam, inquinatam, per quod et credi facit dei naturam esse mutabilem et coinquinabilem, anathema sit.

3. Qui credit partem dei ligatam et inquinatam teneri in daemonibus et in omnibus animalibus fruticumque generibus et per escas Manichaeorum electorum solui atque purgari, ut credatur pars dei polluta teneri in cucumeribus et melonibus et radicibus et porris et quibuscumque uilissimis herbulis, et ei subueniri, cum ab electis Manichaeorum ista comeduntur, anathema sit.

4. Qui credit hominem primum, qui est appellatus Adam, non a deo factum, sed a principibus tenebrarum genitum, ut pars dei, quae in eorum membris captiua tenebatur, copiosius et abundantius in terra teneatur, et isto modo creatum, cum masculi et feminae principes tenebrarum concubuissent et fetus suos maiori principi tenebrarum dedissent, et ille omnes comedisset et cum sua coniuge concubuisset atque ita ex illa Adam generasset, ligans in illo magnam partem dei, quae ligata fuerat in omnibus fetibus principum tenebrarum. quos ei manducandos dederunt, anathema sit.

5. Qui credit principes tenebrarum ligatos esse in caelo habentes in se conligatam in angustiis atque angoribus uitalem substantiam, hoc est partem dei, et eo modo liberari de membris eorum, cum

1 acceperunt *SPT* urgente *SPTDC²* eos] quos *S* 4 heresem *C¹L* 5 anathematizare *SPD* 6 duas esse *DPS* 8 habentem—deus *om. CL* 12 generibus] gentibus *DPS* 13 teneri] tenebris *S* conligatam *C¹* colligatam *PDS* oppressam *CSDP* per quod] quod *ST* 14 naturam dei *S* 15 daemonibus] holeribus *CL²* 16 fru*ticumque (c *er.*) *P* fructuumque *S* et] ut *S* 17 ut *om. S* 18 teneri *om. S* cuccumeribus *LC¹* radiculis *SPTD* 19 quibusque *SPT* herbis *S* eis *ST* 22 tenebrorum *C¹L* pars (s *s. l. a m. 1*) *C* 23 copiosius (i *ante* u *s. l. a m. 1*) *C*; copiosius—teneatur *in mg. L* habundantius *SPTD* 24 teneretur *DSPT* 25 faemine *C* fa&us *C* foetus *L* 26 et cum—concubuisset *om. CL* 27 illa] ea *D* 28 fa&ibus *C* 29 eis *S* 30 habentes—in *om. S*

beatus pater, qui lucidas naues habet diuersoria et habitacula, id est solem et lunam, uirtutes suas transfigurat in feminas pulchras, quas obponat concupiscendas masculis principibus tenebrarum, et in masculos pulchros, quos obponit concupiscendos feminis principibus tenebrarum, ut per ipsam concupiscentiam soluatur ex eis uitalis substantia, id est pars dei, et ex eorum membris liberata purgetur, anathema sit.

6. Qui credit partem dei, quae de commixtione gentis tenebrarum non potuerit liberari atque purgari, damnari et in aeternum adfigi horribili globo, in quo globo includitur gens tenebrarum, anathema sit.

7. Qui credit legem, quae data est per Moysen, non esse ab uno et uero deo datam nec spiritu boni dei et ueri locutos prophetas, qui fuerunt in populo Israhel et in canone diuinarum scripturarum habentur apud catholicam ecclesiam, anathema sit.

8. Qui credit non habuisse ueram carnem filium dei, dominum nostrum Iesum Christum, neque natum esse de Maria uirgine neque ueram mortem fuisse perpessum et a mortuis resurrexisse, sed tantummodo spiritum fuisse sine carne, sic autem adparere uoluisse, ut et caro putaretur, quae non erat, atque hoc modo contradicit euangelio, ubi legitur domino ipso dicente: *uidete manus meas et pedes meos; palpate et uidete, quia spiritus ossa et carnem non habet, sicut me uidetis habere*: qui ergo sic confitetur deum, ut uerum et integrum etiam hominem neget, anathema sit.

9. Qui credit Manen siue Manichaeum, qui supra scripta omnia, quae anathemate et damnatione sunt digna, praedicauit et docuit, spiritum sanctum habuisse paracletum, cum ea omnia docere non potuerit spiritus ueritatis, sed spiritus falsitatis, anathema sit.

10. Et praecipue ipse Manes siue Manichaeus, qui omnes supra

21 Luc. 24, 39

1 diuersoria] qui uersoria *L* qui diuersoria (di *s. l. a m. 1*) *C* 2 uirtutes suas *om. CL* pulcras *S* 3 et—tenebrarum *om. S* 4 quas C^1L 5 his *S* 9 dampnari *SPD* *post* damnari *add.* eam *in LCPT* eterno *DTP* 10 affici *CLPT* affligi *D* et horribili *S* in quo globo] ubi *S* 12 per *s. l. a m. 1 C* ab uno] a buno *L* a bono *DPT* 13 datum C^1L spm *S* dei boni *SPTD* locutum *S* per prophetas *S* 14 canonae *L* scripturarum diuinarum *SPTD* 17 nostrum *om. SPT* uirgine maria *DSTP* 18 resurrexisse] reuixisse *PTD* 19 sine carne *om. S* sic] si C^1L autem *om. P* 20 et *om. S* qui *S* atque] qui *C* quae *L* 22 quia] quare *D* carnem et ossa *STPD* 23 quia *S* 24 deum] xpm deum *DSPT* 26 manin C^1LS manen (n *fin. s. l.*) *P* scribta *L* 27 dampnatione *DS* 28 paraclytum *CLD* paraclitum *SP* 29 potuit *SPTD* 30 manis C^1LS qui* (a *er.*) *C*

scriptas inpietates et alias sacrilegas fabulas docuit et conscripsit et credendas miseris persuasit, intendens spiritibus seductoribus et doctrinis daemoniorum mendaciloquorum, anathema sit.

Item forma epistulae, quam dat episcopus conuersis, ista est.

Quoniam te Manichaeorum auditorem te paenitet fuisse, sicut ipse confessus es, anathema dicens blasphemiis et inpiissimae atque inmundissimae haeresi eorum, ex qua te nonnisi fides catholica saluum fecit: habebis hanc epistulam aduersus eos, qui tibi temporis praeteriti errorem, quantum ad istam nefariam pertinet sectam, obiciendum putauerint, quae scripta est die illo et consule illo.

Electis uero eorum, qui se conuerti dicunt ad catholicam fidem, etiamsi et ipsi secundum superiorem formam eandem haeresim anathemauerint, non facile dandae sunt litterae, sed cum dei seruis esse debebunt, siue clericis siue laicis in monasterio uel xenodochio, donec adpareat penitus ipsa superstitione caruisse. et tunc uel baptizentur, si non fuerint baptizati, uel reconcilientur, si paenitentiae locum acceperint. nec acceptis cito litteris loca mutent et per eandem scriptam incautis in se quaerendi sunt, si quos nouerunt, ut et ipsi sanari possint et sic suscipiantur.

1 impietatis *S* *post* sacrilegas *add.* damnabilesque *in ST* ac damnabiles *in DP* 3 et *om. CL* mendatiiloquorum *L* mendacii loquiorum (i *in* loquiorum *s. l. a m. 1*) *C* 4 formae *L* forme *C*[1] epistolae *SPT* *pro* quam—est *praebet S* de quodā ep̄o ip̄i' conuersis *om. CLS* 5 te *ante* paenitet *om. SPT* penitet *DL* penitet (t *fin. s l.*) *S*[2] sicut] ut *P* 6 inpiissime *L* 7 heresi *CL*, (i *s. l.*) *P* haeresi eorum] hereseorum *D* 8 facit *ST* 9 pra&eri *C* 10 die] de *C* 11 eorum] manicheorum *D* fitem *S* 12 etiamsi] si *S* heresem *C* heresim *L* 13 anathematizauer̃ *SP* 14 laicis *om. CLDP* in *om. CL* cenodoctio *S* xenodocio *LC*[1] 15 appareant *PT* paenitus *CL* superstitio necaruisse *L* 16 si—baptizati *om. S* fuerant *CL* 17 accepti scito *L* *post* loca *praebent DSPT* in quibus fuerant commendati deserant. 18 mutent *usque ad finem omittunt omnia DSPT* incautis *scripsi:* incautisse *CL* 19 Commonitorium beati Augustini de heresi Manicheorum *D* Explicit commonitoriū bī Aūg ad uniuersam ecc*l*am destinatū sub qua cautela manichei si conuersi fuerint suscipi debeant *fol. 335*[b] *S* Commentariū beati Augustini de heresi manicheorū sub execratione anathematis exp̄l. Quod iste Manes non sit auctor huius heresis sed potius quidā stutianus *fol. 55*[a] *P fol. 103*[a] *T*; *subscriptionem om. CL*

INDEX SCRIPTORUM.

A) LOCI SCRIPTURAE SACRAE.

B) LOCI SCRIPTORUM LATINORUM.

Corrigenda.

4, 4 nugatoriae *pro* negatoriae *legendum est.*

5, 19 formidulosis *in text. recipiendum et in app. crit. scribendum erat:* formidolosis *SPMVpmb*

29, 14 in numero

36, 17 potest *legendum est pro* fotest

37, 14 *in app. crit. scrib. est:* inquisitioni (ne *corr. in* ni) *p*

52, 3; 54, 26; 70, 25; 72, 4 quodsi *pro* quod si *scribendum erat*

55, 9 *debebam propter anaphoram* aut *omittere*

62, 22 et, quod; *sic distinguendum est*

72, 28 adaequari!

116, 4 prop—terea

119, 24 quodsi, *non* quod si

126, 11 ueteri *pro* uetere

127, 5 generationis parentum;

129, 10 sua . namque

134, 2 *in app. crit. nescio quo casu addere omisi in codice P haec sequi:* predicatū est dicente propheta hieremia; Bonum est uiro cū portauerit iugū ab adulescentia sua sedebit singulariter . et silebit (sedebit *m.* 1) quia leuauit super se ponet in puluere os suū si forte sit spes dabit percútienti maxillā suā saturabitur obprobriis.

141 *legendum est* 8 I Cor. 15, 39 sqq.
144, 8 exposuerunt,
144, 9 relinquerent
157, 14 adhuc *pro* adhue
158, 4 timore
159, 14 quie—scat
171, 28 imitarentur
174, 26 quodsi
193, 20 laqueis animus
194, 19 *inter* corpore *et* oculis *non erat distinguendum*
218, 6 animaduertitis
229, 17 (et 607, 2) di—stinxit
264, 22 substantia
267, 23 exinaniuit
304, 14 *erat uerbum*
311, 16 Iudaei
315, 11 *in app.* tuuis (*alt* u *s. l.*) *G*
318, 27 *in app. legendum est* 27 *pro* 17
326, 11 *post* in *distinctio delenda est*
354, 25 de—scendentes
374, 11 praedicabant
378, 1 in paterna
390, 12 quis, *non* quis—*et* 391, 16 dis—cedunt
414, 3 quaestionem
430, 13 subuenias, iam; *sic distinguendum erat.*
455, 22 dissimiles *legendum pro* dissimile *et in app.* dissimiles *b delendum est.*
482, 19 cicatrices
495, 18 quod *pro* iquod *legendum est.*
495, 23 interpretaris
500, 11 quo *pro* duo *legendum est.*
500, 16 temptari; i *intercidit.*
509, 15 sociatis *pro* socialis
516, 15 cogebatur
516, 16 talibus
522, 14 Faustus
547, 26 putare.
558, 3 dimittitis *pro* dimittis
587 *scribendum erat:* cf. I Tim. 1, 17
607, 2 di—stinctas
610, 12 illum, *non* llum
614, 26 pot—estis
615, 7 *sic distinguendum est:* prouidisset, nullaque

663, 16 *in app. crit. scribendum erat:* haud *b*: aut *lib.*
692, *scribendum erat:* 7 cf. Tob. 2, 1
727 14 pot—estis *pro* po—testis
734, 24 *pro* ei plana *legendum est:* et plana
738, 2 et uos *pro:* es uos
747, 18 *pro* caritatem *fortasse scribendum est:* claritatem.
749, 15 *pro* suscipiens, *quae est scriptura codicum. rectius fortasse edit. Maurina* suspiciens *exhibet.*
757, 24 *fort. rectius scribitur:* discriminat ad cibos *pro* discrimen ad cibos *uel* discriminat cibos, *quae* libri *offerunt.*
796, 13 *in app. crit. scribendum erat:* halitū *inter uocabula* salutis *et* ammittant *sup. lin.*
818, *in app. crit. uerba* 20 et] ut *T* ant *R exciderunt*
854 M = Monacensis 1315 saec. XI *delendum et* Vindobonensis *legendum est*
857, 19 *post* incorruptum *distinctio* (.) *intercidit*
865, 6 *lege* accommodanda
888 cf. Psal. *legendum est pro* Paul.
916 *scribendum erat*: cf. Col. 1, 15 . 16
953, 32 ipsum *pro* psum *legendum est*
pag. XI *uersu* 22 libros *pro* libri *legas*

Typis expressit Rudolphus M. Rohrer, Brunae.